다시 하귀중학원을 기억하며
REMEMBERING HAGWI SCHOOL AGAIN

* 이 도서의 국립중앙도서관 출판시도서목록(CIP)은 e-CIP홈페이지(http://www.nl.go.kr/ecip)와 국가자료공동목록시스템(http://www.nl.go.kr/kolisnet)에서 이용하실 수 있습니다(CIP제어번호: 2013001452).

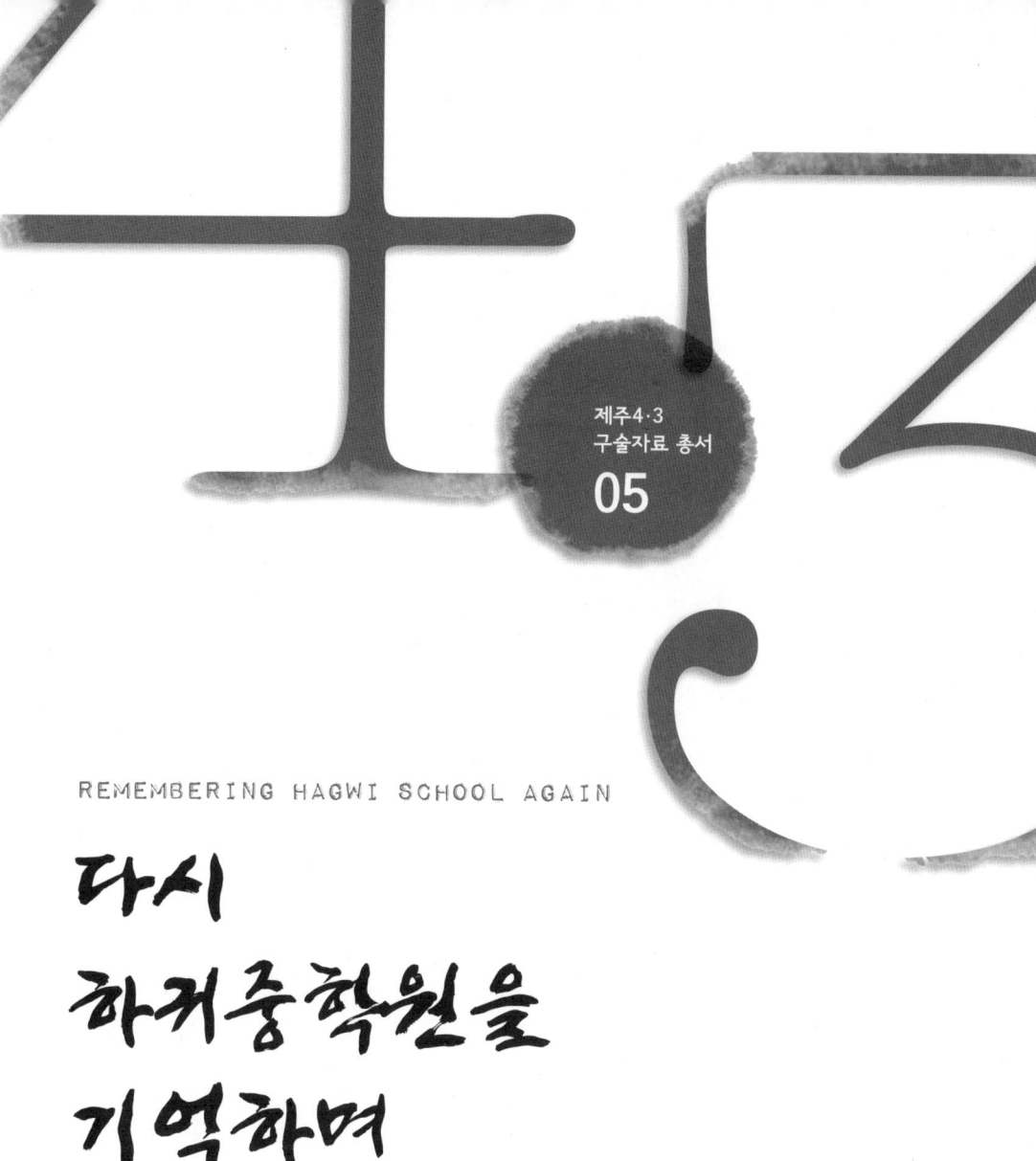

제주4·3 구술자료 총서 05

REMEMBERING HAGWI SCHOOL AGAIN

다시 하귀중학원을 기억하며

| 제주4·3연구소 엮음 |

한울
아카데미

* 제주4·3 구술자료 총서 5권과 6권은 제주4·3평화재단의 출판비 지원에 의해 발간되었다. 제주4·3평화재단에 감사 드린다.

제주4·3 구술자료 총서 5권과 6권을 펴내며

 4·3, 65주년을 맞는다. 4·3은 한국 현대사에서 가장 큰 비극이라고 한다. 오늘날 제주 사회의 모든 질곡과 갈등의 시원도 4·3이라고 한다.
 억새 숲에서, 바다에서, 한라산에서, 행방불명된 사람들이 있었다. 억울한 죽음들을 목격했고, 죽음의 문턱에서 살아나온 사람들이 있었다. 엄혹하고 한 맺힌 세월을 살아낸 사람들의 이야기를 모았다. 4·3을 직접 몸으로 살아낸 제주 사람들의 이야기를 담는다. 서리서리 맺힌 역사를 가슴에 품고 살아온 이들의 본풀이를 한 권의 책에 엮는다.
 4·3 구술증언이 공식적으로 채록되어 출판된 것은 지난 1989년 '제주4·3연구소'가 창립되면서 발간된 『이제사 말햄수다』 1, 2권이 처음이었다. 그 후 조금씩 용기 있는 사람들에 의해 얼굴을 내밀던 4·3 증언은 반세기가 지나 「제주4·3사건 진상규명 및 희생자 명예회복에 관한 특별법」(이하 「4·3 특별법」)이 제정된 후 더욱 활발해졌다.
 정부는 2000년 1월, 「4·3 특별법」이 공포됨에 따라 4·3 진상조사에 착수해 2003년 10월 15일 '제주4·3사건 진상규명 및 희생자 명예회복위원회'가 작성한 「제주4·3사건 진상조사 보고서」를 확정했다. 그리고 노무현 대통령은 정부의 보고서 채택에 따라 2003년 10월 31일 제주도를 방문해 국민들에게 '과거 국가 공권력의 잘못'에 대해 진심 어린 사과를 했다.

이제 4·3은 한국 현대사 속 그 숱한 질곡의 과거사에서, 정부 이름으로 발표된 공식 진상조사 보고서를 갖추고 대통령이 직접 현지를 방문해 사과한 유일한 사건이 되었다. 현재까지도 희생자와 유족의 신고가 꾸준히 이루어져 1만 3,564명은 정부 심사를 거쳐 '빨갱이'가 아닌 '4·3 희생자'가 되었다. 2005년 이후부터 진행된 제주4·3연구소의 희생자 유해 발굴 작업에서는 총 시신 396구가 발굴되었다. 이 중 유골 71구는 DNA 감식으로 신원을 확인해 유족의 품으로 돌아갔다.

'제주 4·3 구술자료 총서' 발간 작업은, 그간 수행된 채록 작업의 결과물을 공개하라는 제주4·3연구소에 쏟아진 많은 사회적 요구에서 시작되었다. 그러나 무엇보다도 이 작업에는 체험자들이 점점 고령화되면서 세상을 뜨고 있는 지금, 구술을 구슬처럼 꿰어내는 작업이 시급하며 중요하다는 판단이 동시에 작용했다.

구술자료 발간사업은 먼저, 지난 2005년에서 2008년까지 5년 동안 연구소가 수행한 '제주4·3 1,000인 증언채록 사업' 과정에서 진행된 1,028명 증언 채록의 결과물을 엮어내는 작업으로 시작되었다. 그 첫걸음으로 2010년과 2011년에 각각 두 권씩 발간되었고, 해마다 이어지고 있다. 이 사업은 앞으로 제주시를 시작으로 행정구역별로 제주도를 한 바퀴 순례하며 진행될 계획이다.

이번 '제주4·3 구술자료 총서' 5, 6권에 수록된 애월읍 증언자들은 모두 31명이다. 우리는 이들의 입을 통해 그간 숨죽여 살아왔던 이들의 민중사를 공인된 역사의 장으로 불러낼 것이다. 이들을 만난 지 이미 7~8년이 지났기에 이 책에 실린 구술자들 가운데는 이미 풍진의 세월을 뒤로 하고 세상을 뜬 이들도 있다. 그리고 기력이 많이 쇠잔해져 기억 투쟁을 벌일 여력조차 없어진 분들도 있다. 이러한 점 때문에 구술 채록이 얼마나 중요한지를 새삼 실감할 수 있었다.

어렵게 면담에 응해주었던, 굳이 제주어로 말한다면 '남자 삼춘'과 '여자 삼춘' 들, 말하고 싶지 않았던 기억을 더듬어낸 이들이 없었다면 이 역사는 꿰어낼 수 없었을 것이다. 오래된 기억이지만 4·3의 기억만큼은 지울 수 없어 흑백 필름을 돌리듯 그 시대로 다시 돌아가 아픈 사연을 더듬어주신 이 땅의 어르신들께 다시 한 번 깊이 머리를 숙인다.

구술증언에는 한계가 있기 마련이다. 그러나 우리는 1차 채록으로 모은 이야기들의 한계를 뚜렷이 인식함과 동시에 그것을 뛰어넘는 대중화 작업이 필요하다고 생각했다. 애초 우리의 작업은 기존의 역사에 편입되지 못한 역사적 사건들을 직접 경험하거나 목격한 사람들이 아직도 많이 생존해 있다는 관점에서 시작되었다. 그런 만큼 그 분들의 기억이 더 흐려지기 전에 그들의 목소리를 담아낼 수 있었다는 점은 다행스러운 일이라 생각한다.

또다시 도서출판 한울에 큰 신세를 지게 되었다. 한울은 지난 1989년 제주4·3연구소가 한국 구술사에서 보기 드문 4·3 증언집 『이제사 말햄수다』 1, 2권을 펴낼 때도 흔쾌히 출판해주었다. 23년 만에 다시 한울과 먼 길을 가게 되어 감회가 새롭다. 새삼스러운 인연에 감사할 뿐이다.

당시 우리는 온전히 제주어로 구술된 증언집을 출간하며 증언자들의 실명을 쓸 수 없었다. 4·3 이야기를 공개적으로 하는 것도 어려웠던 시절, 구술집을 낸다는 것만으로도 대단한 용기가 필요했다. 당시 한 판의 내림굿처럼 풀어낸 체험자들의 '날것 증언'들은 지금도 학계와 4·3 진상규명 작업에 상당한 역할을 하고 있어 다시 대장정에 나서는 길에 큰 빛으로 다가온다.

이 책이 나오는 데는 많은 분들의 도움이 있었다. 4·3 증언의 대중화 작업 필요성에 다시 공감해주신 도서출판 한울의 김종수 사장님과 고경대 님, 윤순현 님, 서성진 님, 백민선 님, 누구나 읽어내기 쉽지 않은 제주어를 하나하나 교열을 통해 바로잡아준 제주대학교 국어국문학과 박사과정의 권미소 님의 도움은 저 눈 속의 한라산을 보는 듯하다. 아울러 1,000인 증언채록 사업에 노고를 아끼지 않았던 김은희 님과 많은 팀원들, 이번 작업에 편집 실무를 맡아 고생한 최영희 님, 모두가 제주의 푸른 바다다. 그러나 무엇보다 자신의 상처를 있는 그대로 진솔히 구술해주신 경험자들에게 고마운 마음을 전한다.

제주4·3연구소 소장 김창후

차례

제주4·3 구술자료 총서 5권과 6권을 펴내며 _ 5

제1부 다시 하귀중학원을 기억하며 13
1. 우리가 하귀중학원 1회 | 고택주 15
2. 매형 덕에 하귀중학원에 2회로 들어갔어요 | 강태중 39

제2부 4·3과 여성 53
1. 한 여성 후유장애자의 한(恨) | 고순호 55
2. 4·3 장한 어머니상을 받다 | 양경숙 71

제3부 고향마을에서 살아남기 89
1. 경찰청 통신과에서도 근무해봤어요 | 강우택 91
2. 주정공장 운전수였죠 | 강종국 101
3. '변사(變死)'로 올린 부모님 사망신고서 | 강창옥 117

4. 우리 예원동은 상귀리에서 수산리로 행정구역이 바뀌어부럿어요
| 강창영 145

5. 할머니 묘소를 찾아강 절을 허멍, "잘못했습니다" 하고 싶어요
| 박동수 157

6. 죽을 고비 넘은 것만도 서너 번 | 박창호 175

7. 북부예비검속유족회 회장입니다 | 양용해 195

8. 형님 이재만 검사와 이창우 경사를 말한다 | 이창현 215

9. 당시 믿을 건, 우리 집안뿐 | 임두병 233

제주4·3연구소와 제주4·3 구술자료 총서 _ 252

주요 4·3 용어 해설 _ 260

제주시 애월읍 지도 _ 268

주요 제주어 용례 _ 269

찾아보기 _ 274

일러두기

1. 이 총서는 구술 내용의 이해에 무리가 없는 한 구술자가 사용한 제주어를 살려 정리했음.
2. 필요한 경우 괄호표 안에 제주어의 표준어 표기나 그 의미를 표시함.
3. 구술과정에서 구술자가 생략한 말 중에 내용 이해를 위해 그 내용이 필요한 경우, 생략된 부분에 괄호를 넣어 생략된 말을 표기했음.
4. 구술의 이해를 위해 필요한 주요 4·3 용어는 책의 뒷부분 '주요 4·3 용어 해설'에 실었고, 그 외 개별 사항은 본문에 각주로 넣었음.

제1부

다시 하귀중학원을 기억하며

1 우리가 하귀중학원 1회
2 매형 덕에 하귀중학원에 2회로 들어갔어요

다시 하귀중학원을 기억하며

고택주

고택주는 1930년생으로 4·3 당시 애월면 하귀1리(동귀리)에 거주했다. 그는 1945년 하귀중학원을 1회로 입학했다. 그 후 1947년 3·1사건이 발생하면서 4·3이 시작되자 하귀중학원과 함께 많은 고초를 겪었다. 그는 하귀중학원의 생생한 역사를 증언할 수 있는 몇 안 되는 생존자로 현재 제주시 삼도2동에 살고 있다.

(채록일: 2004.8.31 | 채록 장소: 제주4·3연구소)

1

우리가 하귀중학원 1회

하귀중학원

내가 지금 일흔다섯 살이에요. 원 고향은 하귀1리, 지금 동귀리죠. 거기 동쪽에 항개동네라고 있어요. 해방될 때가, 내가 1930년생이니까, 열여섯 살이네요. 일제 때 국민학교 다니단 해방되는 그 해에 졸업을 했어요. 3월 25일에 졸업허고 8월 15일에 해방이 된 거예요. 그 당시 국민학교는 현재 하귀초등학교 자리 그대로였어요.

해방되던 해죠? (그때) 하귀에 중학교가 생겼어요.[1] 당시 제주도에 6

---

[1] 하귀중학원은 인민위원회에서 활동하던 고창옥(학원장)이 지역민들과 함께 1945년 10월 15일에 설립했다. 설립 당시 1학년 한 개 학급에 학생 50명을 모집해 개원했다. 교실은 하귀1리 공회당을 사용했고, 학생들은 다음 해 8월 5일자로 1학년 수료증을 받았다. 해가 바뀌고 학생이 늘어나자 자연히 교실이 모자랐고, 2학년은 미수동 공회당(현 귀일교회 자리)에서 수업을 받았다. 8~9명의 교사들이 국어, 공민, 수학, 역사, 동·식물, 위생 등의 과목을 가르쳤다. 강의는 대학 강의에 버금갈 정도로 수준이 높았다고 한다. 그러나 당시 다른 지역 중학원들과 마찬가지로 사회적 분위기에 따라 진보적 색채가 강했고, 이에 미군정 당국의 많은 탄압을

년제 중학은 하귀에 있는 단국중학교뿐이었어요. 학교 창설된 것이 오현이나 제중보다 빨랐죠. 그런데 솔직히 얘기허민 학교 선생덜이 약간 좌경이 많았어요. 지금에 와서는 그런 생각이 나기도 해요. 겐디 그 당시에는 뭐 좌경이다, 이렇게 얘기헐 수 있는 게 아니고 사회 분위기가 다 그랬잖아요? 해방돼가지고 교과서가 지금 같이 일정허게 나오지도 않았어요. 전부 프린트로 헌 게 교과서였죠. 매일매일 프린트가 나왔어요. 그러면 그 당시 잉글리쉬북, 영어책이 그렇게 나왔고. 또 한국 역사, 그 책이 여러 가지로 유행했었어요. 그 외 수학이나 뭐 이런 거는 거의가 프린트. 겐디 그런 것덜이 우리 학년에 비해서 과중하다 할까? 지금 같으면 우린 중학 과정에 있었던 게 아니라 대학 과정에서 가르치던 그런 거를 많이 배운 거예요. 허지만 거기에서 가장 뭐했던 게 역사, 1학년 때 보면은 우리나라 5,000년 역사 다 배웠어요. 당시 역사 선생이 상당히 부지런한 분이었는데 2학년 때 동양사 배우고, 3학년 때 서양사 배우고, 4학년 때 시대사 배우고, 이거는 완전히 대학 과정이었죠. 대학도 그렇게 안 가르쳐 줄 거예요.

 그때 선생님덜…… 다 죽었어요. 역사 선생님은 4·3 때 지금 농협 쪽에서 창에 찔련 죽어불엇고……. 고성, 항파두리 출신 강 선생이라났는데, 그 선생 말고도 역사나 공민을 담당헌 사름덜은 뭐인가 자기가 알고 있는 지식을 학생들에게 전부 알려주기 위허연(위해서) 문헌이나 책자

받았다. 애월면 사람들의 노력으로 하귀중학원은 중학교로 정식 인가를 받아 부지를 확보하고 교실 신축에 들어갔다. 그러나 4·3의 발발로 사정이 돌변해, 서울에서 내려온 조정구가 학교를 인수하고 교장에 취임하면서 이름도 단국중학교로 바뀌었다. 조정구가 어떻게 해서 면민들이 피땀으로 이룩한 학교를 인수할 수 있었는지는 지금도 수수께끼로 남아 있다. 단국중학교는 1948년 여름과 가을에 일부 학생들을 대상으로 집중 강의를 하고 수료증을 수여했다. 그리고 조정구가 제주도를 떠난 1948년 12월경에 폐교되었다.

덜, 심지어는 알기 쉽게 애기허믄 마르크스·레닌주의까지……. 유물론, 유물사관 같은 걸, 이런 거는 대학교 4년 다녀도 못 들어볼 거예요. 그 정도였어요.

구엄 데모

경허고 솔직히 말해서 데모도 많이 했어요. 4·3 나던 1948년……. 제주도에서 2·7사건 때, 그때 많이 했어요. 그 전에도 저 구엄에 가가지고 데모허다가 경찰관에 포위당해서 많이 검속되기도 했었죠. 그때 (데모) 헌 사름덜 거의가 형무소로 갔어요.

그 당시 어떻게 됐냐? 우린 분쉬(분수) 모를 땐디……. 지금 가만히 보민 구엄은 문○백이네, 문○관이네 쪽은 뭐, 경찰관 쪽이었어요. 그러고 우리 하귀는 그 반대였죠. 솔직히 말해서 그건 속일 수 없는 사실이었어요. 경찰관 많은 구엄 사람들한티(한테) 하귀 사름이 많이 구속당했어요. 그러니까 이제 학생들이 데모를 구엄엘 가서 헌 거예요. 그 당시 많이 검속 됐죠. 뭐, 학생 자체가 뭐를 알아서 했겠어요? 지금 가만히 보면 그 주동자들이 다 있었던 거죠.

저도 데모 허레(하러) 갔어요. 그때가 3학년 땐가? 우리 사촌형허고 같이 가신디, 그때가 봄이었어요. 데모 헴시난(하고 있으니까) 경찰덜이 잡으러 와요. 겐디 옛날에는 집 지을라면 흙을 물에 개고, 보릿낭(보릿짚) 썬 거 허고 또 자갈 섞어놓고 허영 집을 지었어요. 아, 마침 그때가 오후 2시쯤인디 일부 애들은 신엄 바닷가에 강 숨엇단 잡히고 허명 산산이 해산되고 했죠. 그때 나는 신엄에서 참 고마운 사람을 만났어요. 경헤 가지고 집 짓는데 가서 바지를 이레 걷고(바지를 무릎까지 걷어 올리는 시늉을 함) 그 흙 개는 걸 도왔죠. 뭐, 막 밟아서 흙허고 보릿낭, 자갈을 잘

섞으민 되는 거예요. 그때 우리 사촌형허고 나허고 나이는 갑장이었어요. 우린 그치록(그렇게) 주인이 보호해줘서 살았어요. 경찰이 쫓아와도 우린 열심히 일허고 있었으니 살아난 거죠. 또, 사실은 그때 저는 체구가 작았어요. 그래서 '아, 이놈은 데모허던 놈이 아니로구나.' 그래서 넘어간 거죠. 우린 주인이 보호해주지 않았으면 형무소 가서 그때 죽었을 거예요.

사촌형은 그 후에 지명되어가지고 마포형무소에 갔어요. 나중에 단국중학교 학생덜은 거의 체포 대상이라났어요. 사촌형 이름이 고현술인데, 지금 어떻게 됐는지 몰라요.

그때 데모가…… 전교생이 갔어요. 뭐, 전교라기보단 3학년이 간 건데 얼마 되지는 않았죠. 당시 분교(1, 2학년을 지칭함)가 동귀리 사무소에 있었고, 우린 2리에 있었는데 한 학년이 40명 정도밖에 안 됐어요. 지금 보민 뭐, 꼭 데모를 해서라기보단 정부에서…….

남로당 체포령이 국회에서 통과가 된 적이 있을 거예요. 그래가지고 단국중학교는 그 계열이라는 식으로 데모허고 뭐 허고 허니까 무조건 잡아간 거예요. 그래서 다 형무소 가고, 또 어디 갔는지 행방불명된 사름덜이 참 많아요. 그때 잡혀간 사름덜을 보면 이름이 잘 기억은 안 나는데……. 고○탁, 야이는 공부를 잘 했어요. 1학년 때부터 쭉 급장도 했고, 무지허게 머리 좋은 아이랐죠. 또 나○○는 산으로 올라갔고요.

3·1절 행사에 참가하다

그 후에도 우리 동창덜은 계속 잡혀갔어요. 강○해, 문○희…… 많았죠. 그중 몇몇 살아남은 사람 외에는 행방불명되거나 다 죽은 거예요.

게니까 그 당시에 우리가 그렇게 데모허고 불순헌 일을 많이 했는데 이제 가만히 생각해보면 그 선생덜이 우리에게 사회주의 나라를 추구 허도록 가르친 거예요. 예를 들어서 원시 공산사회에서 자본주의로, 공산주의로, 사회주의로, 뭐 무정부주의로…… 이랬어요. 또 "역사의 수레바퀴는 흐른다." 이러고요. 막 그런 소리덜이…… 허허. 배움에 굶주릴 때니까 그런 것이 상당히 귀에 들어왔어요. (웃음) 또 학교 다니면서는 요즘 같으면 불순서적이라 헐까? 이런 것이 많이 나돌았어요. 가령 『공산주의 ABC』 같은 거. (웃음) 그래서 유물사관, 변증법, 뭐……. 우리야 그때 그러니까 뭐가 하나를 읽으믄(읽으면) 상당히 참고가 될 때였거든요. 솔직허니 아무거나 막 배우자고 헐 때 아니예요?

그리고 3·1절 이런 행사헐 때, 학생덜이 많이 동원됐어요. 북국민학교 거기서 3·1절 행사헐 때 참가했는데……. 그때가 1947년도? 맞아, 1947년 3월 1일 날. 3학년 때로구나. 그때 북국민학교에서 행사를 마치고 우린 딱 서쪽에 잇당(있다가) 집으로 가는데, 도두 그쪽에 가니까 총소리가 막 났어요. '아, 이상허다' 허고 있는데, 누가 달려와 가지고 총 맞고 어쨌다 해요. 그때 큰 사건이 발생했죠. 교통 기마병 김 순경이 교통정리를 허는데 사름덜이 엄청 많이 모였잖아요? 그거를 말 타고 정리허다가 애기가 말발굽에 다친 거예요. 게니까 군중덜은, 그때는 관덕정 마당이 아스팔트 헌 때가 아니고 그냥 신작로로 해서 돌멩이도 있고, 자갈도 있고 허니까, 그걸로 기마병을 맞힌 거죠. 겐 기마병도 발포를 했다고 허던데……. 이건 눈으로는 못 보고 들은 얘기예요.

그때 학교에서 북교 3·1절 행사에 참석헌 거예요. 경헷다가(그랬다가) 우린 어디로 돌아왔는고 허민 남쪽으로 가서 아라동으로 해가지고 왔어요. 동쪽 조천 사름덜은 동문통으로, 서쪽 애월 이런 데서는 서쪽으로 나왔어요. 우리 같이 유독 학생덜만은 남쪽으로 아라리, 오라리 쪽으로 해서 왔어요. 그냥 서쪽 사름덜허고 같이 왔으면 쉽게 왔을 건데…….

그러니 그 당시에는 다 조직이 있었던 걸로 봐야죠.

게니까 그 행사는 당시 인민위원회에서 주최헌 거예요. 그때 도지사가 누구냐 허민…… 아, 박경훈! 박종실이 큰아들. 또 인민위원회 위원장은 누게냐면 조천에 사는 안세훈! 그 당시에 안세훈이 대회사도 다 허고 했어요. 북국민학교에서, 우리 앞의서(앞에서) 전도가 다 모였죠. 북국민학교 마당이 가득 차고, 학교 운동장 밖에도 꽉 했어요. 그때는 애국허는 마음덜이 상당히 강했어요. 3·1절도 '아, 우리 독립투사덜이 고생해서 그렇게 됐다'고 생각했죠. 다덜 단결심이 좋았어요. 그 후로 요즘 보세요. 다 흐지부지해서 3·1절이 뭔지 행사허는 듸(데)도 엇고 헌데…… 그 당시는 굉장했어요.

혁명가(革命歌)쯤은 지금도 머리에 남아 있어요

우리가 학교 다닐 때 삐라, 솔직히 삐라도 막 붙이고 다녔어요. 그땐 모르니까 붙이렌 허믄(붙이라고 하면) 붙이는 거예요. 어디 모이렌 허믄(모이라고 하면) 또 가야 되고. 그러니 데모도 허고, 삐라도 허는디 특히 그때 유행됐던 것이…… 1947년 3월 1일 때, 제주경찰서장이 강동효라 났어요. '발포 책임자 강동효 처벌하라!' 아, 정말 저도 붓글씨로 그걸 쓰고, 전봇대에 강 붙였어요. 학교에서 다 배당해요. 그때는 경 안 헐 수가 없었죠. 여론이 그랬어요. "경찰관이 발포헹 사름을 죽인다는 건 있을 수가 없는 일이니 살인자 강동효 처벌하라!"허고요. 그 다음에 모스크바 3상회의나 신탁통치 문제도……. 그때부터 정당덜이 우릴 많이 이용했어요. 지금 와서 생각해보민 다 남로당이죠. 제일 먼저 우리는 신탁통치를 반대했어요. 아, 이러더니 얼마 안 가서 신탁통치 지지, 지지로 확 돌더라고요. 게니까 그때 좌우 분수령이 거기서 갈려분(갈려버린) 것 같아요. "모스크바 3상회의 절대지지!" 저도 그걸 붓글씨로 쓰고, 풀 들렁 뎅기멍(다니면서) 붙이고 헸어요.

당시 뭐, 학교 내에 무신 지하조직이 있거나 요즘 말로 그냥 써클이 있기도 헷주만 꼭 것만은 아니에요. 그때는 공공연히 그렇게 생각이 되더라고요. '아, 당연히 영 헤사 허는 거로구나.' 그 당시 다 그랬던 거 같아요. 사실 우린 모스크바 3상회의 절대 지지, 신탁통치 절대 반대허다가 곧 찬탁으로 돌았잖아요? 이래저래 막……. 그때부터 좌우에서 그러다가 뭐, 심지어는 '남로당 박헌영 만세!' 이런 걸 써 붙인 것도 봤어요. 벨벨(별별) 그런 주장덜이 다 나왔어요. 당시 실정은 그런 상태였다고 보면 돼요.

지금 보민 참말로 괴상헌 시기였어요. 우리가 삐라를 작성허는데 "지금은 이러 이러한 상황이다", "이런 것은 삐라를 써서 붙이자"허고 교육을 받았거나, 아니면 공부했거나 꼭 그렇지도 않았어요. 누가 허라고 안 해도……. 게니까 우리가 어릴 때 행동헌 거지만 뭔가 남몰래 프린트 해주고 배웠던 『공산주의 ABC』, 마르크스·레닌 책자, 이런 유물사관 책덜 영향 때문이었는지도 몰라요.

수업시간이었어요. 사회 담당선생님이 책도 읽고 가르쳐주고, 사회는 이렇게 흐른다, 역사의 수레바퀴는 이런 것이라고 말하셨죠. 마치 전에 대학생덜 데모허는 식으로 우리가 움직였다고 해도 과언이 아니었어요. 그 당시는 배움에서 옳고 그른 게 없었어요. 오히려 재미나고, 취미 있고 그렇게 흘러가더라고요. 경헌디 사회주의 이론이나 그런 거 헐때, 내가 개인적으로 자꾸 부닥치는 문제가 있었어요. 이런 역사의 흐름은 다 좋았어요. (그런데 그걸 보민) 노동자의 권익에 대한 게 나와요. 프롤레타리아와 부르주아의 대립이나 유산계급과 무산계급의 대립, 아니면 노동자의 권리 확보라든가, 무산계급의 독점, 뭐, 이런 것덜을 공부

하는데, 거기까지는 좋았어요. 겐디 어디서 탁 멕히느냐면(막히냐면) 사실 국가 없는 국민이 어디 있고, 기업주 없는 사원이 어딨습니까? 난 그런 데서 멕히는 거예요. 그래서 '아, 이런 거는 난 좀 이해가 안 간다'는 그런 게 좀 있었어요. 사실, 기업주 없는 사원이 없고, 사원 없는 기업주가 없는 것 아닙니까? 경헌디 이런 거를 알기 쉽게 허믄, 공동 생산, 공동 분배, 노동조합 이런 게 다 나오죠. 그런데 사실 어때요? 공동 생산, 공동 분배, 이거 다 어느 정도는 사회주의 물 먹은 얘기 아니에요? 그런데 우리나라는 어떠냐면, 지금 민주주의도 채 이루지 못허는 우리가 사회주의 선까지는 너무 먼 거 아닌가? 이런 느낌이 갔던 거예요. 그리고 아까 얘기헌 대로 채 이해 못 허는 거…… 노동자의 특권이라든가, 노동자의 독점……. 이런 거는 어느 정도 있을 수 있지마는 그 당시에는 이해가 잘 안 가더라고요.

어쨌든 찬탁으로 돌아서고……. 뭐, 이런 거는 이젠 50년 이상 흘러불엇으니 뭐라고 헐 수는 없지만, 상당히 잘못된 것도 있지 않았나 생각돼요. 그리고 그 뒤에 뭔 조직 같은 게 있었던 것 같다는 생각도 들고요. 사실, 민주주의 민족전선(민전)이니, 민애청이니 허는 조직의 노래가 얼마 전까지도 제 머릿속에 다 들어 있었어요. 이제는 많이 잊어불엇주만……. 겐디 그거는 음악 선생이 가르쳐준 것도 아니에요. 그저 하나는 참 신기해요. 그냥 뭐 기가 막힌 노래가 많아요. 민전이나 민애청 노래, 혁명가쯤은 지금도 생생히 기억해요. 그때 뭐, 「붉은 기」노래, 「적기가(赤旗歌)」죠, 이게 대단헌 혁명간데 안 부른 사람이 없었어요. 학생이믄 100% 불럿죠. 솔직헌 얘기가 붉은 기는 대중화 되다시피 해서 애국가보다 더 많이 불렀어요.

"높이 들어라 붉은 깃발을……." 이런 혁명가는 그 가사도 멋지지마는, 하여튼 그……. 그리고 "날아가는 까마귀야, 시체 보고 우지 마라. 비록 몸은 죽었으나 혁명 정신 살아있다."[2] 아주 기가 멕혀요. 그 당시는 젊은 때니까 하여튼……. (웃음) 사람을 끌어모으는 데는 최고였죠. 자동적으로 부르게 되는 거예요. 뭐, 학교에서 공산주의 책자 같은 거 사다 줄 리가 없잖아요? 가사나 음이 아주 멋져요. 단조 식으로 허면은 더 멋지죠. 해방되고 우리가 '해방전야'일 거예요. 그걸 가지고 학예회를 했어요. 사회과 변 선생님이 주도했는데 주로 해방, 일본 천황이 항복허는 과정 그런 것을 했어요. 겐디 당시 무슨 노래를 했느냐 허민 지금 애국가 못지않았어요. 「붉은 기」 노래를 우선적으로 불렀어요. 그리고 나중에는 민전, 「민애청가」……. 이런 혁명가덜이 가사도 가사지만, 그 음률이라든지 그런 게 한마디로 진취적인 거죠. 팍! 팍! 팍!

이제는 「민애청가」도 다 잊어불엇어요(잊어버렸어요). 우리 국민학교 다닐 때는 일본 군국주의 뭐니까 군가를 많이 불렀어요. 또 매달 8일 날은, 일본이 제2차 세계대전을 선전 포고헌 날이 12월 8일 아니에요? 그러니 매달 8일에는 군사훈련을 시키는 거예요, 교장이. 그런 식으로 우리가 일본 군가도 불러나고 했으니까 기질이 좀 있는 거죠. 뭐, 젊은 때이기도 했고요. 당시 노래는 일본 군가보다 더 멋졌어요. 일본 군가는 저리 가라 헐 정도로 가사라든가 곡조라든가 음률이라든가 모든 게 우수했죠. 일본 노래는 네 박자씩 탁탁 허는디 요거는 아주 마음적으로 진취허게끔 노래가 만들어졌어요. 지금 나이 들엉 생각해도…….

---

[2] 원래 이 노래는 항일 독립군의 「추도가」였다. 항일 독립군들이 희생자를 기리며 러시아 민요 「스텐카 라진(Stenka Razin)」을 우리 식으로 바꿔 애창했었는데, 해방정국에는 가사 중 '독립군'이 '혁명군'으로 바뀌어 널리 불렸다. 「추도가」의 가사는 다음과 같다. '멀리 산중 무주고혼 부모형제 다 버리고/ 홀로 섰는 나무 밑에 힘도 없이 쓰러졌네// 가슴 쥐고 나무 밑에 쓰러진다 혁명군아/ 가슴에서 흐르는 피 푸른 풀에 질퍽해// 날아가는 까마귀야 시체보고 우지 마라/ 몸은 비록 죽었으나 혁명정신 살아 있다'

관구왓에 짓던 하귀중학교 석조 건물

전 4·3이 나는 줄도 몰랐어요. 당시 항개동네 살았고, 학교까지는 걸엉 1km도 더 갔어요. 그러니 쉽게 이 얘기 저 얘기 들을 수 있는 환경이 아니었어요. 겐디 그날 학교에 가다보니 길에 핏자국이 있더라고요. 이게 뭔가 했죠. 결국 학교에 가보니까 스리쿼터[3]에 군인덜이 완전무장허고 학교를 딱 포위헹 있더라고요, 벌써. '아, 이게 4·3사건이 낫덴(났다고) 허는 거로구나' 했어요. 게난 뭐, 일부 선생님덜은 이미 도망가 버리고……. 물론 있는 선생님도 있었고 했어요.

그 후에, 우리가 여름방학까지는 공부허다 보니 2학기가 됐어요. 9월 달, 학기 초였어요. 그때도 시국이 쪼끔 어지러워져 갈 땐데 조정구 교장이 왔다고덜 해요. 뭐, 먼저 있던 선생님덜이영, 교장은 이미 다 도망가고, 또 잡아가불고 허연 학교는 비어 있었죠. 조정구가 와가지고…… 선생님덜을 데려왔어요. 음악 선생님이라든가 저, 서북 선생님덜[4]……. 조정구는 몇 달 있지도 안허연(않고) 갔어요. 그러니 학교도 곧 엇어지고(없어지고) 경헷죠.

4·3사건이 안 일어났으면 하귀에도 저 '관구왓'이렌 허는 듸(데), 하귀중학교가 생겼을 거예요. 그때 석조 건물로 네 개 교실을 만들고 했었죠. 겐디 하루아침에 것덜도 다 부서져버렸죠. 지붕은 안 씌운 상태였는데, 우린 '야! 다음엔 이듸 왕 공부헐 거다!' 그렇게까지 했었죠. 애석헌 일이에요. 사실 기초 공사가 다 끝나서 창문만 안 달았는데……. 완전히 창고 식으로 옛날 오현중학교 그런 모양으로 지었던 거죠. 겐디 그 쌩쌩

---

[3] 3 Quarter. 요즘의 2.5톤 트럭.
[4] '서북청년회' 출신 선생님들을 지칭한다.

허던 교실이 다 무너져분 거예요. 전 그걸 산에서 완 헌 걸로 의심허고 있어요. 왜, 그 사름덜이 도로 차단을 허고, 전선을 잘랑 통신을 두절시켜불고 다 했잖아요.

광령에서 맞은 5·10 선거

4·3 나고 좀 있어가니까 사름덜이 산에 많이 올랐어요. 여기는 군냉이보다도 개수동 쪽 사름덜이 더 많이 올라갔어요. 겐디 당시를 보면 산에 오른 건…… 제가 보기엔 남로당원 체포령이 내리니까 이북, 서북청년덜 월남해서 먹을 게 없으니까 얼마나 행패를 부렸어요? 이승만이가 다 시킨 건디……. 그러니 다 목숨 부지허려고 올라간 거예요.

저도 한 번 갔어요. 그때 어떵헨 갔냐? 5·10 선거……. 문제는 이 5·10 선거에서 단독정부 수립은 안 된다 해서 나온 거예요. 결국 요즘 여야가 있듯이 이 문제도 대립이 돼가지고……. 그때 5월 10일 날 선거를 포기허고 전부 산으로 올라가렌 했어요. 우리사 뭣 모를 때니까 부모 따라 갔던 거죠. 겐 광령 위에 강 하룻밤 살고, 5월 10일 날 선거 안 허고……. 동네에서 100% 다 올라갓덴 해도 과언이 아니었어요. 그때가 저 제헌의원 선거였는데 그렇게 반대허니 제주읍허고, 북제주군에서는 선거가 안 돼불엇죠. 남군에서는 오용국이 당선 뒷주만(됐지만) 이 모든 게 민주주의에 역행하는 일 아니에요?

우리가 아침에 가서 그다음 날 돌아왔어요. 그때 일단 광령에 갔다가 더 산으로덜 올라갔어요. 광령리도 마을을 비워야 될 거 아니겠어요? 거기도 선거를 헐 건데 안 헐려면 더 올라가야 했던 거죠. 이렇게 우리 하귀는 5·10 선거 문제로 해서 다른 동네……. 저 신엄이나 구엄 같은 듸는 다 헤신디 안 헤부니까 빨갱이 마을로 더 주목을 받게 된 거예요.

단국중학교

　조정구 교장이 왔을 때…… 지금도 그 사름이 어떻게 와가지고, 언제 하귀중학원을 단국중학교로 바꿔놨는지 몰라요. 하여튼 그 사름이 음악 선생 하나는 제대로 모셔와 가지고, 풍금도 가지고 왔어요. 그래서 '해는 져서 어둑은데(어두운데)……' 허면서 정식으로 음악을 배웠어요. 뭐, 그 전에야 음악 선생이 없어도 「붉은 기」 노래라든가, 「민애청」 노래 등등 뭐, 혁명가를 잘도 불렀지만 어쨌든 또 웅변부나 체육부가 있어서 우리가 참여도 했고 헌데……. 3학년 뒈믄(되면) 관구왓 학교에 간다고 했어요. 그 집만 무너지지 않아도 조정구가 아마 제대로 했을지 몰라요. 제가 보기엔 조정구도 한번 제대로 잡아볼려고 허다가 안 되니까 올라가분 거 같아요. 꿈같은 일이었죠.
　우리가 1948년 9월 학기부터 학교를 조금 더 다녔어요. 그게 10월 말[5]까지는 다녔던 걸로 아는데, 원래 단국중학교는 6년제였어요. 제주서 유일하게 6년제 중학교. 그러니까 우리가……. 어, 그때는 9월 1일부터 개학이니까 8월 5일자로 3학년 수료증을 받았어요, 조정구에게. 그래서 이제는 4학년으로 9월 1일부터 진학한 거예요. 겐디 그게 얼마 못 다닌 거예요.

눈 감으라 사건

　경허연 단국중학교가 흐지부지 뒈곡(되고) 허난 전, 특공대원이 뒈연(되어서) 마을 민보단 심부름을 했어요. 그때 언제부터 보초 서서 질 지

5　그해 말까지 다녔다고 하는 분도 있다.

키렌 헷냐 허믄…… 아, 성을 쌓으렌 헌 때가 있었어요. 마을마다 성을 쌓았죠. 1949년도 봄쯤으로 생각해요. 경헨 성을 지키는데 그쯤엔 뭐, 죽을 사름은 다 죽고, 산에 올라갈 사름은 다 올라가서 뭐 허고 허는 때 였어요. 우리 동귀1리도 바닷가를 제외허고 마을을 뼁 다 둘렀죠. 2리는 2리대로, 제주도 전 지역이 다 그랬던 거예요. 제주시만 열외허고. 것도 일주도로변 이하나 일주도로 붙은 마을은 다 성을 쌓고, 나머지 웃드르 마을6덜은 전부 소개령을 해가지고 내려왔어요. 예를 들어 광령이라든 가 금덕, 상귀 이런 듸(데) 사름덜은 거의가 하귀로 내려왔었죠. 그래가 지고 성 쌓으니까 이젠 지켜야 되잖아요?

그때는 관할지서 지시를 받아가지고 이것저것 다 했어요. 지금 기억 나는 일이 두 가지가 있어요. 하나는 자운당에서 72명이 죽은 사건7이 고, 다른 건 무장대가 기습헌 사건이에요. 음력 11월 20일쯤이었어요. 이 날, 우리 동귀 공회당 마당에 사름덜을 전부 집합시키고 호명헌 거예 요. 72명이 갔다가 한 일주일 만에 자운당에서 학살됐어요. 하귀1리 공 회당 앞에서 2년 선배…… 이름은 말허지 않겠어요. 그 양반이 명단 을……. 그 사름은 고성 사름이에요. 뻔히 아는 입장이니까 말허겠는데 요, 전부 임의로 만들었죠. 그 근거가 어디 있어요? 그 명단……. 그걸 지금 밝히고 싶은데 제가 보면은 죄 없는 사름덜이 전부예요. 날고 기던 놈덜은 다 산으로 가불고, 양민만 남아 있다 다 당헌 거예요. 그때 조흥 버스가 석 대 와가지고 민보단을 세워놓고 탁 해가지고 동쪽으로 끌고 갔단 말이에요. 우리 아버지도 갔죠. 겐 일주일 후에, 음력으로 스무여

---

6 중산간마을과 산간마을을 말한다.
7 하귀국민학교의 눈 감으라 사건을 말한다. 구술자의 이 사건에 대한 진술은 다른 사람들의 진술과는 조금 차이가 있다.

드레, 우리 고조부 제사를 허고 있는데…… 해 질 무렵이에요. 신엄 쪽에서 막 총소리 나더라고요. '이거 이상허다' 헌 그때가, 그게 학살허는 시간이었어요. 경헤 가지고 제사도 일뤳날 허는데……. 우린 그 눈 감으렌 허연(눈 감으라고 해서) 잡아간 일주일? 일주일 후에 자운당에서 죽었다 허는 소문만 들었어요.

그때 보민 군경덜이 막 총을 쏘멍 공회당으로 모이라고 했어요. 경허고 눈 감으렌 허지는 않았어요. 어린 아이고 뭐고 전부 나갔는데, 그땐 저도 갔었으니까 기억허죠. 공회당 마당이 가득했어요.

그 2년 선배…… 그놈이 명단을 가져가지고 이름을 호명허면서 "나오라, 나오라!" 했죠. 뭐, 꼭 하귀 사름만이 아니고 광령 이런 듸 전부였어요. 게니까 제가 지금 생각컨데는 어째서 우리 아버질……. 아버진 민보단 부단장이었어요. 그 구엄 문○백이허고도 친구였죠. 그분이 지서 주임이난 그 전에 우리 작은 고모부허고, 아버지가 잡혀갔을 때도 신엄 지서에서 살려주기도 했었죠. 겐디 그날 결국은 호명해가지고…….

그 호명헌 사름은 지금도 살아 있어요. 게니까 다시 허는 말이지만 그놈이 무슨 근거에 의해서 호명을 했느냐 이거예요. 제가 알고 싶은 건 그것뿐이에요. 가령 「보안법」을, 요즘 말로 「보안법」을 위반했다든가 어떤 뭐가 있겠죠. 설사 그렇다 해도 무게를 헤아릴 수 있는 거고요. 그런데 이런 뭐, 무조건 허고 일주일 만에 학살시켜분 거니 이해가 안 가요. 분명히 호명을 허면서 문서는 있었을 거란 말이에요. 그러니 그 문서를 빨리 좀 찾아주세요, 제발.

특공대원으로

또 한 가지는, 제가 특공대에 들어갔을 때 일이에요. 우리 선배덜이 앞장을 서가지고 특공대를 만들었어요. 단원이 한 스무 명은 되었죠. 그때 민보단 하르방덜은 매일 성을 지키멍 일직을 했어요. 그럼 우리 특공대는 지금 방위병이나 뭐, 허는 식으로 매일 가서 같이 근무했죠. 겐디 말이 그렇고 사실은 민보단에 강 심부름헌 거예요.

그때 보초를 한 초소에 두 사람씩 섰어요. 하르방 하나에 우리 젊은 아이 하나. 하루는 동네 어른허고 저기 관전동이렌 허는 데서 보초 서고 있었어요. 11시쯤 되면은 하귀지서에서 순찰을 와요. 순경이 총 메고 와서 "잘 지켜라!" 허는 거죠. 아, 그때…… 보니까 달은 훤허고, 겨울인디 저 서쪽으로 사람 소리가 막 나는 거예요. 고요헌데, '이상허다?' 했죠. 보니까 뭐가 온 거 같애요. 그래서 저는 순찰 온 줄 알고 같이 보초 서던 동네 어른한티(한테) "삼춘, 저기 순찰 왐수다!" 했죠. 겐 좀 있으니까, 우리가 모닥불 피우고 있는 듸를 총 멘 놈 둘이 지나가요. 지금도 기억이 나요. 그중 한 놈이 제 얼굴을 가만히 보는 거예요. 그땐 제가 쪼끄만 했어요. 할아버지 오바 큰큰헌 거 입엉 있으니깐 꼭 어린 애기 같이 보였던 모양이에요. 경헨 그때 잡혀갈 뻔헌 걸 전 다행히 살아났어요. 그날 특공대 중에 광령에서 온 분인데 양 씨라고……. 습격 온 산사름덜이 죽여불엇어요. 산사름덜이 기습 완 경헌(그렇게 한) 거죠.[8]

한대오름 토벌

또 우리 특공대는 토벌에 따라다녔어요. 한 번은 한대오름 토벌이 있었어요. 그때 산사름덜 사령부가 어디 있었냐 허민 한대오름에 있었던 거죠. 그래서 2연대 군인덜이 갔죠. 민간인도 1개 분대가 있었어요. 군

---

8 이 사건은 1949년 1월 8일에 발생했던 것으로 보인다.

인 하나가 분대장을 했죠. 우리가 한대오름으로 걸어서 갔어요. 밤중에 걸어가는데 저, 원[9]을 걸쳐가지고……. 그때 원을 지나멍 보니까 다 학살해가지고 흙만 덮어 있더라고요. 애기무덤 식으로. 그런 걸 하나 사진 찍어뒀어야 허는데 끔찍했어요. 우린 그런 걸 그냥 보기만 허면서 거길 넘언 노꼬메오름 사이로 허연 한대오름으로 갔죠. 경헨 거기 간 게 한 10시 반쯤이나 됐나?

그때 우리 민간인 분대엔 여덟 명 있었어요. 겐디 이상허게도 전부 하귀쪽 사름덜이었어요. 그날은 우리 민간인 분대가 젤 앞에 가게 됐어요. 우리 앞에는 지로인(指路人)[10] 허고, 완전 산사름 식으로 옷을 입어가지고 유도 공작허는 군인 몇밖에 없었죠. 그때 우리가, 사령부가 한대오름에 있는 걸 어떻게 알았냐면 군대에서 여자 연락병이 오는 걸 잡은 거예요. 그때 노꼬메오름에 군대 1개 분대가 주둔해 있었어요. 그 산꼭대기에. 경헨(그래서) 거기서 사령부가 어디, 어느 곳에 있다 해가지고 네 개 면, 제주시, 조천, 애월, 한림까지 토벌에 다 모이렌 헌 거예요.

겐 우리 팀이 젤 앞에서 가는디 바로 50m 전방에서 총소리가 "팡, 팡" 나는 거예요. 경허난 군인공작원이…… 권총 쌍총 탁 차고, 갈중이옷 출련(차려) 입언 산사름 식으로 앞에 가고, 지로인 허는 여자는 그땐 흰 저고리에 검은 치마 입었더라고요. 꼭 인민군 식으로 고무신 신고, 보선(버선) 신고 헨 가는디 총소리가 "팡" 났어요. 사령부에 보초 샀던(섰던) 놈덜이 공작원 소위허고, 지로인을 쏘아 죽인 거예요. 여자는 즉사했어요. 우리가 간 보니 군인덜이 우비로 덮어놨는데 발만 나왔더라고요. 보선

---

9 4·3 당시 현재의 제주 경마장 서쪽 경계선 부근에 있던 조그만 산간마을인 원동 마을을 가리킨다.
10 길 안내자를 말한다.

에 신은 벗어지고……. 소위는 위생병덜이 와가지고 담요 덮고……. 얼굴이 퍼렁했어요. 그때 소위믄 요즘 대령감인데…….

그때 거기를 올라간 보니까 (산사름덜이) 움막집을 짓어가지고, 어욱새로 덮고 살고 있었어요. 방앗간도 있고, 미싱도 있고, 등사기도 있고, 없는 것이 없었어요. 보니까 털실로 누가 짜줬는지 그걸로 허연 모자도 쓰고 있더라고요. 경헨 우리가 집중 사격을 허니까 이놈덜은 다 도망갔어요. 내중에 군인덜이 몇 사름을 붙잡아왔어요. 그때 우린 주먹밥을 점심으로 하나씩 받안 먹고 있었어요. 겐디(그런데) 우리 앞쪽 산 중턱에 산담 둘른 산소가 하나 있었어요. 거기서 군인덜이 붙잡은 산사름을 돌로 찍어 죽이는 거예요. 크……. 옷을 벳겨(벗겨) 가지고, 산담에 돌을 들더니 등을 꽉 찍는데 피가…… 붉은 피가 아니에요. 검은 피가 팍 나는 거예요. 하악!(얼굴을 뒤로 젖히며)……. 전 도무지 그걸 눈으로 보질 못했어요. 그러더니 또 산에 있던 나무……. 이만헌 야구 빠따 같은 걸 그치더니(자르더니) 이젠 막 패죽여요. 후우!……. 얼마나 악이 났겠어요? 자기네 소대장을 죽였으니 말이에요. 경헤도(그래도) 저는 속으로 '같은 민족끼리 어떻게 이럴 수 있는가? 사람 죽이는 것도 참말로 야만헌 일이다!' 통곡했어요.

나중에 그 한대오름에서 빼앗은 등사판이영 모든 거 조수(리)에서 올라갔다는 말이 돌았어요. 조수리 사건……. 학교 마당에서 사름덜 무지허게 많이 죽여부럿덴(죽여버렸다고) 허는 사건 있었잖아요?

그것이 제가 4·3사건을 겪은 중에 제일 지긋지긋헌 장면이었어요. 뭐, 그냥 우리 앞에서 총으로 쏘아 죽이는 것은 많았어요. 그 (하귀중학원) 역사 선생, 강 선생도 창으로 찔러 죽였는디……. 그건 한 2분이니까 끝났어요. 한 20명이 팍팍 한 번씩 찌르난 몸이 딱 오그라졌다가 펴지더니 그뿐이었어요. 사실 그 일도 끔찍했었지만 이건, 자기네 소대장이 죽엇덴 전우애를 발휘헌 이건 정말…….

제가 군인 가가지고 무전병으로 있었어요. 인민군덜이 젤 먼저 노리는 게 통신병이었죠. 한번은 그냥 걸어가는데 바로 앞에 있던 사름이 팍 쓰러지는 거예요. 허억……. 그땐 저도 악이 나더라구요. '전우애라는 게 4·3사건, 그때 그 군인덜이 했던 거, 그거였구나!' 허고 느껴지기도 했는데…… (고개를 설레설레 저으며) 사름이 어떻게……. 사실, 그때 다 죽인 것도 아니었어요. 반은 살렸다고요. 그냥 우리 앞에서 세 사름을 돌로 찍으멍(찍으면서) 본보기를 보인 거예요. 그때가 1949년 봄쯤 될 거예요. 한대오름 토벌 허믄 막 유명해요.

그때 군인덜이 잡아들인 사름이, 서이(셋)는 산담 안에서 막 돌로 므산(다치게 해서) 경허고, 또 더 잡앗덴 허는 말을 들었어요. 사실 그때쯤엔 산사름덜이 완전히 분산된 거예요. 게난 그때 그 사름덜……. 알기 쉽게 말허민 행정요원들 같아 뵈요. 등사판이니, 미싱이니, 뭐, 이런 거 다 있는 걸로 봐선 말이죠.

제가 토벌은 그때 한 번 갔고, 그러다가 하귀지서에서 순경덜이…… 뭐, 그땐 총 하나 들른 사람이 대통령이에요. 그러니 매일 우리 끌엉(끌어서) 광령 저 위에까지 수색 다녔어요. 성과는 별로 없었어요. 경허주만 은 산에서 내려왕 살아난 흔적은 있었죠. 밤에는 그때 마을이 다 소개해 부니까 그런 빈 마을에 강 살당 가고 헌 거 같아요. 순경덜허고 강 보믄 그래서 우린 '아, 여기 완 밥 헤 먹엉 올라갔구나!' 했죠.

연좌제의 굴레

그 후 제가 연좌제로 해가지고 골치가 막 아팠어요. 겐디 그것도 제가 군인 갔다 오면서 조금 정리가 됐죠. 그때 저를 담당하던 순경이 김○호

1. 우리가 하귀중학원 1회 33

엔 헌 사름이에요. 영화배우허고 이름이 똑같죠. 그러고 또 제주경찰서 사찰계 주임 경사 김○술이도 있었고…… 그 사찰계원덜 제가 명함까지 다 갖고 있어요. 그래가지고 그때 우체국 근무허는디 불러내요. 뭐, 신문을 뭘 보느냐, 협조가 부족허다…… 허면서 리스트에 오른 사름덜 감시허는 거죠. 게민 저도 공무원으로서 "뭐가 모자라냐?" 허고는 고집스럽게 묻죠. 하도 그래가니까 저도 오기가 난 거예요. 그때가 막 와이로 쓸(뇌물을 줄) 때 아니에요? 나이롱 양말이라도 하나 얻어 쓸라고 그랬던 거죠. 그만큼 썩은 시대였어요. 저 자유당 때.

저는 아버님 때문에 감시 대상에 올라갔어요. 아버지가 그때 민보단 부단장을 했으니까. 그러니 당연히 우리 아버진 죽을 사름이 아니었죠. 제가 어떻게 피해를 봤느냐 허민 5·16이 딱 일어나가지고, 제가 우체국에서 서무계 인사 담당을 헐 때예요. 직원이 당시 77명인디 전(全) 공무원 신원조회가 있었어요. 겐디 그 신원조회는 마침 제가 담당이었어요. 그때 다른 사름덜 거는 다 들어오는데 제 것만 안 들어왔죠. 보고헐 25일까지도……. 당시는 계엄령이니까 계엄사령부에서 자꾸 전화가 와요. 겐디 보니까 제 거를 서무과장이 딱 감추고 있었던 거예요. 봐준다고……. 그때 하귀지서에서 와가지고 조사헐 때 동귀리 사무소 사름덜이 나쁘게 얘기해분 건지 아니면 지서에서 잘못했는지, 저는 지금은 분간 못 허겠는데, 우리 아버지가 산에 올라가서 무장폭도 대장이 됐다…… 이렇게 돼버린 거예요. 게니까 제가 그냥 걸린 거죠. 그러니까 5·16 군사혁명 나가지고 전 공무원 신원조회를 했어요. 그때 저는 아버지가 무장대 대장이라고 걸려든 거예요. 동네에 이름이 같은 사름이 있었던 건데……. 김○옥이라고.

어머니가 고생을 많이 했어요. 우리 5남매 키우느라고. 뭐, 아버지가 서른아홉 살엔가 돌아가셨어요. 게니까 무지허게 그런 거죠. 거 말로 다 못 해요. 겐디 전 군대생활을 육군 본부에서 했어요. 좋은 보직 받아서 잘 있다가 나온 거죠. 경헨 나중에 어디 공채가 있더라구요. 꼭 합격 돼 카부뎬(될 것 같아서) 생각도 않고 한 번 이력서를 냈죠. 그러고 시험을 봤어요. 합격을 했죠. 그때는 시험도 좀 쉬웠고…… 뭐, 다른 거에도 안 걸린 거예요. 아, 근데 좀 있다 5·16이 난 후부터는 연좌제에 걸리더라구요. 공무원덜에게 연좌제를 발동시키니까 진급 시험엔 합격했어도 진급이 안 되는 거예요. 경허단 두 번째에도 어려워 보였는데 합격통지서가 딱 왔어요. 그래서 과장까지 했는데……. 그 후에도 자꾸 불러내가지고 뭐 허고, 웬만헌 거 있으민 트집만 잡을라고 해요. '에이, 이거 뭐!' 허연 우체국도 나와불엇어요. 1964년도쯤일 겁니다.

영모원 조성 논란

우리 하귀가 일제시대에는 하귀1구, 하귀2구로 돼 있었어요. 그때는 또 구장 시절이었죠. 그러다가 하귀리로 통합이 됐어요. 겐디 이게 하귀1리, 2리로 나눠지더니 어느 날인가 1리는 동귀로 이름이 바꿔졌어요. 하귀를 하도 빨갱이 마을이렌 헤부니까 동귀로 바꿔분 거예요. 그래서 하귀리, 동귀리로 행정이 분리됐다가 얼마 전에 완전히 합쳤죠. 하귀리로……. 그래서 회의도 여러 번 헷는디 지금 저 광령3리 자종이 아래쪽에 영모원(英慕園)을 '하귀발전협의회'에서 만들었어요.

저도 하귀발전협의회 임원이에요. 제주시 임원이죠. 거기에 전창수 전 시장, 강 군수네…… 누구누구 다 모여서 발기해가지고 했어요. 당시 그거 만드는 거에 대해서 누가 반대허거나 허지는 않았어요. 다 좋다고 했죠.

겐디 거기 보민 명단을 항일애국지사, 4·3희생자, 호국 영령 식으로 구분헌 거예요. 우리 하귀가 항일운동가덜이 많았으니 그분네를 우선 허고, 그 다음에 4·3 때 토벌대에 죽은 사름, 6·25 때나 월남 가서 죽은 군인, 경찰덜······. 뭐, 이치록 다 해가지고 했는데, 문제는 이걸 갈라놨어요. 애국지사 이런 거는 좋아요. 제가 한 가지 이의를 제기했죠. 이거 원 목적이 뭐냐고 물어봤어요. 그래서 보니까 산에서 죽은 사름 따로, 아래서 죽은 사름 따로 비석이 돼 있다고, 화합이 목적이면 비석을 하나로 만들고, 이름을 가나다순으로 써버리자고, 왜 비석을 따로 만들어서 불씨를 그냥 두느냐고 제가 그랬죠. 그러면서 이런 식이면 앞으로 참석 못 허겠다고 했죠. 하귀1리 리사무소에서 말한 거예요. 화합이 목적이믄 우리 아버진 산에서 죽었어, 우리 아버진 밑에서 죽었어, 누가 우리 아방 죽였어, 이런 소리 안 나올 수 있는 방안을 만들어야 좋은 것 아니냐 헌 거예요. 4·3을 기념헐라는 거면 위령탑을 세우자고, 탑을 4m 30으로 높이 해서 세우자고······. 겐디 그때도 제 말 알아들은 사름이 하나도 없더니 지금까지도 고집스럽게 탑은 안 쓰고 있어요.

이제 거기 명단이······ 한 298명이 올라있던가? 그거는 전체, 우리 하귀에서 피해를 입은 사름덜이에요. 그리고 순 하귀 출신덜. 겐디 경허지 않은 사름도 올라가 잇덴 허는디 좀 범벅이 된 거 같아요. 그러니 제가 그런 말 헌 거죠. 가나다순으로 다 써불라, 비석 하나 허당 모지라면 두 개 세우는 한이 있더라도 경허라 헷는디 경 안 됐어요. 그러니 4·3 때 민간인이라도 산에서 와서 죽여분 사름은 군경에 붙곡······. 곱 갈라분 거예요(선을 그어버린 거예요). 경허고 들리는 말로 한두 사름은 뺏젠(뺏다고) 허드라고요. 산에서 주동헌 사름덜······. 이런 사름덜은 휜허니까 올려서는 뭐 허다해가지고요. 에고, 게난 문제가······.

하귀중학원 동창생들

우리 하귀중학원은 동창회를 허젠 해도 인원이 없어요. 한 마디로 산천 좋은 집안 자손덜만 남앗덴 해도 과언이 아니에요. 결론적으로. (웃음)

이제 살아 있는 분이 1회, 2회, 한 3회까지 해서……. 우리가 1휜데 살아 있는 사름이 불과 대여섯 명? 2회는 우리보다 연령이 밑이니까 쪼끔 많은지 어떤지는 모르겠어요. 개교 60주년이 낼 모렌데 지금 보민 우리 동창 중에 일본 가가지고 대학 교수허는 사름도 있어요. (그 사름) 이호 출신인디……. 또 서울서 큰 기업주 허는 사름도 있고. 첨 똑똑헌 사름 덜이 많았죠.

선생님도 한 분도 없이 다 죽었어요. 연세적으로도 다 죽게 된 나이죠. 그 선생 중에 박영순이나 홍술생이 있는데 저 광령 사람, 대구사범 나왔어요. 일제시대에. 우리 국어 선생님이었는데, 참 기가 막힌 사람이었어요. 하여간 일제시대에 대구사범 나올 정도면 대단한 사름 아니에요? 살았으면 교육감은 자동적으로 헐 사름이었죠. 그러니 뭐, 그 당시에 최고의 인텔리들만 하귀중학원 선생을 헌 거예요.

다시 하귀중학원을 기억하며

강태중

강태중(姜太仲)은 1932년생으로 4·3 당시 애월면 하귀리에 거주했다. 그는 1946년 하귀중학원을 2회로 입학했고, 4·3의 와중에서 전기고문을 당하는 등 많은 어려움을 겪었다. 현재 4·3 후유장애인으로 애월읍 하귀리에 살고 있다.

(채록일: 2006.4.17 | 채록 장소: 자택)

2

매형 덕에 하귀중학원에 2회로 들어갔어요*

고마운 큰딸

제가 요즘은 심장이 안 좋안 일을 못 해요. 그러고 손도 영허고, 심장……. 심장병이라노난 (우리) 아이덜이 절대 일을 못 허게 해요. 큰딸이 잘 사니까 돈을 보내주면서 허는데 일을 허민 생활비 안 보내주켄 해요. 그러니 어떵 헙니까? 놀아야죠. 요즘엔 두어 시쯤 뒈민 저듸(저기) 옥다방에 강 앚앙(앉아서) 화투도 치고 해요. 우리 아이 어멍은 건강허니까 지금도 남의 밧(밭)에 강 일허영 일당 받아오죠. 그러니 우리 집이 잘 살지는 못해도 '중'으로는 살아요. 전 큰딸이 참 대견해요. 뭐, 부산서 살만이 살아서 그런 건지, 어려운 때 지네 부모가 학교 시켜주고 했다고 그런 건지, 봉급 타지면(받으면) 집에 좀 보내줘요. 고맙죠.

---

* 이 구술록은 제주4·3연구소가 '제주4·3사건 1,000인 구술 채록 사업'의 일환으로 2006년 4월 17일 면담했을 당시의 구술과 '제주4·3희생자후유장애인협회'가 2008년 12월 「제주 4·3 후유장애인 실태조사 보고서」를 발간하면서 정리한 구술을 종합해 재정리한 것임.

제가 1932년생이에요. 원래 여기가 전부터 살았던 집은 아니에요. 요 옆에 살다가 이 땅을 산 집 짓언(지어서) 나왔죠. 아버지는 일제 때 일찍 돌아가셨어요. 사실 저는 유복자예요. 제가 어머니 뱃속에 있을 때 아버진 돌아가신 거죠. 원래 형님 한 분허고, 누님덜 여럿이 잇어신디 지금은 누님 하나밖에 없어요.

고사리 공출

국민학교 다닐 때 참 별걸 다했어요. 4월 달 나민 전장에 식료로 보낸다고 고사리를 꺾어오렌 했어요. 게민 요 앞에 산에 가가지고 두 근 내지 서 근을 늘 공출했어요. 우리가 그거 한 500g 허젠 허민 서너 번 뎅겼어요.

그때 보민 학교 수업 마청 가는 게 아니에요. 아예 방학을 해요. 고사리 꺾어오렌 방학을 허는 거죠. 사실 방학 안 허민 일요일만 강 얼마나 꺾겠어요? 그러니 한 일주일 방학해서 3~4일은 고사리만 꺾으레 다니는 거예요. 어른덜은 고사리 공출을 안 허고 아이덜만. 게민 그땐 그냥 다 내는디 다 가져오렌 허는 날이 있어요. 그 날 우린 선생님한테 가져가는 거죠.

아, 또 일제 때 우리가 굴을 팠다……. 저, 요 근방 엉덕(언덕) 있는 듸(데). 우리가 그 방공호를 구축해가지고 공습이나 온다 허민 그레(그리로) 돌았죠.

구리선(銅線) 수집

해방이 뒈난(되니까) 아무래도 편해졌어요. 여기서 서귀포레 가당 보민 돌오름이라고 있어요. 뭐, 서귀포 앞에 마지막 오름이죠. 거기 일본군 전화국(통신대)이 있었던 모양이에요. 우리가 왜 그걸 아느냐 허민 그딜(그곳을) 가보니까 집이 철골로 다 지어졌어요. 경허고 교환대도 이서난 거 같고, 거 동선, 즉 말허민 구리선이 있는 거예요. 제가 그걸 어떵 아느냐 허민 우리 형님이 목공일을 했어요. 겐 일제 때 일본 사람이영 다니멍 돈도 벌고 허는디 그걸 보아뒀던 것 같아요. 그 구리쇠 줄, 동선을 말이죠. 그래가지고 있다가 해방 돼난…… 초기왓듸(버섯밭에) 사름덜이 먼저 알고 그걸 모아둔 거예요. 우린 그걸 사서 실으러 멧(몇) 번 뎅겼어요. 일본군덜이 설치를 다 못 허난 거기 쌓아뒀던 거 같아요.

그 후에 4·3이 났어요. 게니 가도 못 허고 그냥 뒀어요. 이젠 가보고 싶은 생각이 좀 나요. 제가 그때 거기서 참 고생을 많이 했어요. 생각해보세요. 길이라도 똑바로 있나, 또 거긴 멀어노니 하룻밤엔 못 다니잖아요? 그러믄 밤에는 지키는 거예요. 그 근처에 있는 초기왓듸(버섯밭에) 사름덜이 훔쳐가지 않게 말이죠. 겐디 그때 보민 동산에 방공호 모양으로 굴이 있어요. 우린 그 굴에서 잠도 자곡 했는데 한번은 초기왓 관리자가 나가라고 해요. 하…… 그땐 또 11월 달이니 한라산이 얼마나 추워요? 겐 우리가 돌돌(덜덜) 떨엄시난 들어오렌 허는 거예요. 얼마나 고맙던지…… 보난, 굴 한가운데에 불이 있어. 그러니 얼마나 따뜻헌지…… 우린 나중에 그 구리줄덜을 차 빌언 간 다 싣고 왔어요. 여기 동선덜 있는 것이 그때 우리 형님이 헌 거예요. 해방되는 해에.

자운당에서 학살된 형님 이야기

우리 형님은 이름이 강창효예요. 저보다 열여섯 살이나 많았어요. 겐디 다행스러운 건 일제시대에 징병으로 끌려가진 않았다는 거예요. 목공이난 이 근방에서 일헤신디 저 정뜨르 비행장에도 건물 지을 때는 강일했죠. 형님은 공부도, 국민학교를 좀 다닌 것밖에 없어요. 여하튼 형님은 4·3사건에 돌아가셨어요.

형님 돌아가실 때 우린 거기 안 갔어요. 국민학교 마당에는 안 간 거죠. 우린 아지트[1]가 있으니까 거기 강 숨어 있었던 거예요. 그때 거기 가시민 저도 죽었겠죠. 형님[2]은 학교 마당에 가니까 붙들려가지고 저 자운당 간 총살된 거예요. 형수님도 계셨고, 조카들도 어리긴 헷주만 있었어요.

전 나중에 어머니가 시신을 처리허레 가는 듸도 못 갔어요. 어머니가 가지 못허게 헌 거죠. 어머니허고 동네분덜이 갔는데, 왜냐면 가도 겁을 집어 먹으카부덴(먹을까봐) 그런 거 같아요. 제가 고문을 많이 받아가지고 가끔은 정신이 헤가딱(획까닥) 허기도 해가니까 그랬던 것 같아요.

큰 매형 박영순에 대한 기억

우리 큰 매형이 박영순인데, 오사카서 학교를 다녀가지고 교육면에서는 머리가 좋아났어요. 게서 해방되니까 여기 와서 하귀중학교[3] 교사를 했어요. 원래 매형이 동경서 공부했으면은 우익이 됐을 건디 대판(오사카)서 공부헤부니까 사회주의 사상을 가지게 된 거예요. 나중에(1947년) 일본으로 도피해가지고 거기서 살단 돌아가셨어요.

매형은…… 1995년돌 거예요. 그때 정부에서 독립유공자로 선정했어요. 저가 자세헌 건 다 모르주만 매형은 사회주의자 1호예요. 경헤서 다

---

1 여기서는 단순한 '은신처'를 말한다.
2 강창효. 1916년생. 하귀국민학교 눈 감으라 사건으로 1948년 12월 28일 자운당에서 학살되었다.
3 당시 하귀중학원을 말한다.

른 사름덜은 광주지방법원에서 재판 받아가지고 돌아와신디도 강문일 선생허고 두 분은 대구복심법원까지 갔어요. 당시 제일 주동이곡 허니까 거기까지 가곡, 독립유공자도 된 거죠. 그때, 여기 매형 기록을 보민 1936년 6월 25일에, 대구복심…… 뭐, 요즘 말로는 고등법원이지……. 거기서 징역 1년에 집행유예 4년을 선고받았어요. 경헨 나와신디 아마 1년 가까이 옥고를 치렀다고 들었어요.

이 기록을 보면, 매형허고 강문일 선생이 하귀에서 야학을 처음 헌 건 1933년 8월쯤이에요. 경헨 아이덜에게 우리 역사니 뭐를 몰래 공부시키곡 헌 거죠. 그리고 다음 해 말쯤에는 하귀 다른 야학과 통합을 해요. 그래서 60명이 넘은 학생덜에게 우리글도 가르치곡, 혁명가나 단결가 같은 노래도 가르치멍 뭐, 독립정신을 북돋운 거죠. 매형네가 체포된 게 아마 1935년 5월쯤이에요. 광주지법 목포지청이죠……? 거기서 1935년 10월 10일에 1심을 받는데, 일제놈덜「치안유지법」 위반헷덴 허연 두 분은 1년형을 받고, 다른 분덜 여럿은 집행유예나 기소유예를 받안 다 풀려났어요. 두 분만 대구복심까지 간 거죠.

매형은 해방 후에는 하귀중학교가 창설돼가지고 뭐 허니까 선생님으로 간 가르쳤어요. 경허단 3·1절 후일 거예요. 관덕정에서 발포 사건이 난 후일 건데……. 외도지서에서 체포허레 오니까 일본으로 도망가버린 거죠. 그때 매형은 보던 책덜을 다 두고 갔어요. 겐 집에 다 놔뒀는데 4·3사건이 나니까 무서운 거예요. 경헨(그래서) 그걸 친구네 집에도 갓다 두곡 허단 아무래도 안 되겠어요. 제가 고문도 받곡 뭐 헤가난 이젠 땅속에 아예 묻어버렸죠. 얼마 전까지도 멧 권은 잇어났어요. 얼마 전에 어떤 학자 분이 와가지고 옛날 이야길 허다가 책을 보더니 "이거, 나가 좀 보쿠다(보겠습니다)" 허여. "경 헙서" 허곤 그냥 책 멧 권 줘불엇어요. 또 두어 권 더 남은 건 하귀회관에 갖다 줘불고…….

매형은 사실 중학교를 창설헐 때 힘을 많이 썼어요. 그 덕인지 저도 하귀중학원에 2회로 들어갔어요. 학생 수가 그때…… 1학급에 50~60명쯤 됐죠. 3학년까지 있었으니 다 합허민 3학급이 있던 셈이죠. 그때 보민, 하귀중학원 학생덜은 주로 하귀국민학교 졸업헌 아이덜이에요. 상귀, 고성, 광령, 금덕 아이덜이죠. 매형은 그때 지리, 역사, 공민 과목을 가르쳤어요. 선생님은 많지 않았어요. 불과 네다섯 분 정도였죠. 큰 매부 박영순허고 고창옥. 고창옥은 교장 선생님이었고, 또…… 잘 기억이 안 나네요. 경허고 밖에서덜 많이 얘기허는데 사회주의 교육은 공식적으로는 안 받았어요. 그건 책을 봐가면서 따로 배운 거예요. 개인적으로 했다고 봐야죠. 그니까 그땐 공부명 말명 책들도 별로 없었어요. 그러니 이젠 프린트로 공부를 헐 수밖에 없는 거죠. 전 사실 공부는 중간 정도나 했나? 공부를 간세해서(게으름을 피워서) 잘 안 했어요. 하여튼 경허단 중학교는 그니까…… 1949년도에 폐교 돼불엇어요. 학생들이 없는 거예요. 다 붙들려 가불고, 죽어불고…….

3·1절 기념식

3·1절이……? 그때가 2학년 때였을 거예요. 그러니 몇 년도가 되는가? 1947년? 우린 전날, 여기 하귀교회4 아래 점포 있는 곳에 삐라가 붙어 있는 걸 봐났어요. '제주경찰서장 강동효, 때려 죽여라!' 그런 내용이었던 걸로 기억해요. 경허고 그때쯤에 응원 경찰 열여덟 명이 육지서 와가지고 거길 지나가다가 그 삐라를 본 거예요. 내용이 좀 뭐허잖아요?

---

4 당시에 있었던 미수동 공회당을 가리키는 듯하다. 여기서 하귀중학원 2학년 학생들이 공부했다.

게서 그걸 떼가니까 학생덜이 공격을 시작헌 거예요. 그때 거기 문으로 들어가는 듸가(데가) 경사지고 자갈이 깔려 있었어요. 학생덜이 그 자갈로 차를 막 공격헌 거예요. 게니 경찰덜이, "너희 놈덜! 다 죽인다!" 난리가 난 거예요. 이땐 저가 뭐, 매 맞거나 잡혀가진 않았어요.

또 3·1절 기념식에서 기억나는 건, 그때 북국민학교에서 했잖아요? 연사가 사회주의를 옹호헌 거, 그 외는 별로였어요. 연설을 둘인가 헷는듸, 하나는 조천 사람이고……. 경헨 끝나가지고 오는데 우린 배가 고픈 거예요. 그때 서문통에 빵집이 하나 잇어났어요. 우린 들려들언(달려들어서) 돈 이신 놈, 어신 놈 불문허고 다 먹으니 이젠 돈 내놓으라고 해요. 돈이 있어야지……. 난리가 났어요. 경헨 비행장 지나고, 도두 동산. 지금 저, 해태동산이옌(해태동산이라고) 허는 듸 오니까 막 총성이 나는 거예요. 사름이 여럿 죽고 다첫덴(다쳤다고) 헌 얘길 나중에 들었어요.

전기고문

양민증을 그때…… 1949년도쯤에 양민증이 나와났어요. 겐디 저는 양민증이 없는 거예요. 왜 그런고 허민 좌익분자라 해가지고 안 준 거죠. 어떵 헹 경 뒈시냐 허민, 그때 이 동네에서 중학교 같이 들어간 아이가 한 다섯 명 잇어났어요. 국민학교만 졸업헐려고 해도 돈이 드는디 중학교는 진짜 힘든 때였어요. 전 그래도 다행인지 집이 조금 살만 허기도 했고, 막둥이에 형님은 목공일을 허멍 돈을 좀 벌었기 때문이죠. 겐디 지금 생각해보민 중학교에 간 것이 잘 한 일이었는지 아닌지는 잘 모르겠어요. 그때 중학교에 다닌 것이 사회주의자여 뭐, 공산주의자로 몰린 이유죠.

제가 처음 제주경찰서 유치장에 들어간 게 1947년도 7월 달이에요.

하귀중학교 1학년 때였어요. 외도지서에서 아침 5시쯤에 와가지고 우리 다섯 명을 잡아갔어요. 삐라니 뭐니 붙이고 했다는 거죠. 겐 그날은 밥도 못 먹고 굶고 헤신디 다음 날 내보내줘요. 그때 콩밥 주니까 처음 콩밥을 먹어봤어요. 그땐 보민 1947년도에는 제가 고문을 안 받았어요. 경허고 유치장도 1947년도에는 사상범보다는 절도나 밀수범덜이 주라 났던(주였었던) 거 같아요. 사실 그때는 곤봉으로 엎드려가지고 두어 번 때리는 정도였고 뭐, 취조도 없었던 것 같아요. 다섯 명이 똑같이덜 그랬어요. "이 어린 것덜안티 뭐렌 헐 거냐?" 허곤 다 나가라고 했어요.

겐디 1949년도 되니까…… 제가 1949년 1월 달에 다시 잡혀갔는데 그땐 보니까 산에서 심어온(데려온) 사름덜로 감방이 앚을(앉을) 듸도 없는 거예요. 그때부터는 푸대접을 허는데 이제 전 병신이 된 거예요. 전기고문을 받은 거죠.

그때가 형님도 돌아가고 얼마 안 뒌 땐디, 거의 숨언 살고 있을 때였어요. 지금 이 집은 나중에 땅 사가지고 완 집 지언 사는 거고, 요 아래 집에 아지트를 만들어놓고 있었어요. 게서 거기 숨기도 허곡, 바깥에 나가믄 또 숨는 듸가 이시난(있으니까) 거기 친구허고 같이 숨기도 했어요. 겐디 저는 산쪽으론 숨으러 안 가봤어요. 나중에 같이 행동덜 헐 때 멧 번 갔다 온 것뿐이지 산엔 안 가봤어요. 단지 제가 헌 건 삐라 붙이는 거였어요. 뭐, 대통령 반대, 이승만 대통령 반대허는 삐라덜이었는데 선거 허지 말자는 삐라였어요.

하귀지서[5]가 그때쯤 생겼어요. 제가 잡혀갈 때난 1949년 1월쯤에. 처음엔 개인 초가집이었어요. 구엄 순경덜이 주로였어요. 우린 거긴 얼마 엇언 제주경찰서로 갔죠. 겐(그래서) 그때부터 전기고문을 받는 거예요.

---

5 하귀지서는 구엄 출신 문○백을 지서장으로 1949년 1월 30일에 설립되었다.

처음엔 그냥 엎드려뻗쳐 시키더니 요만헌 몽둥이로 무턱대고 두들겨 패요. 어디 구별도 안 허고 그냥 두드리는 거죠. 경허단 이제사 전화기가 많이 있잖아요? 집집마다. 겐디 그때는 전화기가 가설이 많이 안 돼서 멧 개 없어요. 그러니 아침에도 전기고문은 안 해요. 뭐, 정확히 말허민 못 헌 거죠. 경허당 한 10시쯤 경찰서에서 전신 사항을 다 받아난 끝에는 이제……. 10시쯤, 11시가 될 때도 싯주만(있었지만) 그때 전기를 떼어내는 거예요. 경비 전화라부니까 다른 전화나 그런 게 오믄 안 되었던 거죠. 경헹…… 전기고문 허젠 허민 먼저 물을 먹여요. 전 물을 먹으민 전기 통허는 것을 아니까 안 먹으려고 발버둥치죠. 그러믄 주먹으로 턱을 그냥 냅다 갈겨요. 물을 안 먹는다고, 악질이라고 지랄지랄 허죠. 사실 물을 먹으민 창자가 땡겨서 미치는 거예요. 게니 엄지손가락 두 개에 전기선이 감아정 손가락이 끊어지는 것 닮아도 그건 아픈 줄도 모르는 거예요. 하이고……. 그 전기고문을 제가 세 번 받았어요, 세 번. 이젠 이것이(오른손을 쥐었다 폈다 하면서)……. 그때부터 이상헨 게 집이 완 약도 먹고 뭣도 헤봣주만(해봤지만) 치료를 못 했어요. 이젠, 여길 봐요. 늙어가니까 20년 전부턴 영 손이 빙신이 됐어요. 손이 막 실렵고(차가워지고) 해요. 병원에서도 뭣이라고 못 해요. 그대로밖엔 어떻게 헐 수가 없는 거예요. 겨울 나믄(나면) 흰 장갑 정도로는 실려와서(시려서) 안 돼요. 따뜻헌 가죽 장갑을 항상 끼고 살아야 허는디…… 손이 실려와가믄 머리로 그 기운이 올라오는디 미치는 거예요. 머리가 히여뜩헤지곡(이상해지고)……. 게민 저는 그러다가 그냥 자빠져나 불카부덴(넘어져 버릴까 봐) 이상해져가믄 가만히 서 있는다든지 앉아있든지 허다가 다시 움직이는 거예요.

오현중학교 중퇴

다행히 그때 제주경찰서 사찰계에 조금 아는 순경이 있었어요. 경산 데 그 사름(사람)이 많이 봐줬어요. 검찰청에 넘기면서도 얘기했어요. 검찰청에도 안 넘길 건디 취조 받은 사름덜마다 명단에 너 이름을 써부니까 안 가민 안 된다는 거예요. 그래가지고 검찰에 가서 가장 약헌 형을 받고 나오라는 거죠. 겐 재판도 안 허고 집행유예로 나왔어요. 경찰서에 한 보름 살았던 것 같아요.

그 후 전 제주시(당시는 제주읍)에 완 살았어요. 하귀엔 있어봐도 골치만 아프고 해서 제주시 친척집에 온 거예요. 경헨 밥벌이 헐려고 목공일을 했어요. 또시(또) 오현중학교 2학년에 편입해서 야간반도 다녔죠. 경 허단 보난 이젠 시골집에 와도 조금은 괜찮아요. 야간 보초도 안 세우고 허는 거예요. 뭐, 실은 보초를 세울 수도 없었죠. 저는 요즘 말로 전과잔 거예요. 쪼끔 허민 심어가곡(데려가고) 심어가곡 헤부니까요. 학교는 오래 못 다녔어요. 방학했다가 개학했는데 못 간 거죠. 몸이 이상해진 거예요. 그러니 어머니가 제가 몸도 아프고, 형님도 돌아가불고 허니까, "공부고 뭐고 필요 없다. 죽어도 집의서(집에서) 먹곡 살당 죽게" 헌 거예요.

아, 그리고 제가 1949년도 2월 달엔가 막 경찰서에서 나와서 양민증을 만들 때는 안 됐어요. 앞에서 말헌 대로 사회주의자, 공산주의자라는 거죠. 그래서 제주시로 갈 때는 통행증을 하귀지서에 강 받은 거예요. 15일짜리. 경허당 그것도 못 받은 때는 검문 받지 않으려고 도두 바당으로 돌앙(돌아서) 오든지 저 외도 위로 해서 웃한질(산간도로)로 넘어오기도 했어요. 제가 양민증을 받은 건, 2차로 만들어줄 때니까 그게 1951년인가, 1952년이었어요.

예비검속

제가 6·25가 나니까 이젠 또 예비검속을 당헌 거예요. 그게…… 지금은 지서가 크게 있지만, 그땐 그, 이쪽으로 초가집을 빌령 조그맣게 있었어요. 그러니 유치장이엔 헌 것도 그냥 고팡(庫房)을 치완(치워서) 했어요. 저는 거기 있단 제주경찰서로 간 거예요. 한 달포 살았죠. 그때가 8월 달인데 산에서 산사름덜을 진압허명 막 잡아 온 거예요. 그래서 쪼끄만 유치장에 25~30명씩 막 담아노니 바로 앉지도 못했어요. 눕기는 뭐, 칼잠 잔덴(잔다고) 허는가? 그 더위에 몸도 못 돌리고 허는데 감방장이 강ㅇ선이었어요. 한 동네 형님이죠. 그 형님도 농업학교 4학년을 다니단 어떵허연(어떻게 해서) 잡혀완 고생헌 거예요. 그 형님이 많이 봐줬어요.

그러고 석방되고 얼마 엇언 저는 손을 이치록(이렇게) 못 써도 군대를 갔어요. 스물둘엔가……. 전쟁이 났으니 손이 이 정도헌 거는 어쩔 수가 없었던 거죠. 총은 잘 못 쏘고 했지만 중학교에 뎅겨났다고 서무계 조수가 됐어요. 힘든 일은 안 허고 군대 생활 헌 거죠. 중학교 2~3년 다닌 그걸 인정받아서 그런 거니 참 사름 사는 게 오널, 내일을 모르는 거라고 다시 한 번 생각했었죠.

후유장애인으로 살아가기

4·3후유장애인에 대해서 정부가 해주는 건 없어요. 도에서 의료비 조금 해주는 거 말고, 정부는 하나도 안 하죠. 후유장애인으로 정부가 인정은 해줬지만 돈은 한 푼도 안 준 거예요. 게난 저는 4·3 때 엎드리렌 해가지고 난로에 피우젠(피우려고) 해다 논 깬 소나무, 요만씩 헌 거, 그걸로 때려부니까 척추를 맞은 거예요. 겐 지금도 허리가 아프는디…….

뭐, 손만 아픈 게 아닌 거예요. 경허니 아이덜이 농사를 못 짓게 했어요. 오래 못 산다고. 게서 큰딸이 다달이 돈을 보내주는 거죠.

우리 할망은 그래도 좀 건강해요. 게니까 지금도 미깡 같은 거 따도렌(따달라고) 허민 가곡, 제가 다마네기(양파) 장사를 해났는데 이젠 다마네기 철 나믄 일허레 가곡, 또 양배추도 허고 해서 하루에 한 3만원은 버는 모양이에요.

제 아이덜이 7남매예요. 우리 집에 땅이 1,500평 있었어요. 겐디 그 땅……. 그거 다 폴멍(팔면서) 아이덜 공부시켰죠. 그러니 이젠 눔의(남의) 밧 빌려가지고 농사짓기도 허곡, 일 헤주렌 허민 강 일당 벌엉 오곡……. 그것이 오히려 더 좋아, 그냥. 이젠 정부에서 약값이영(약값이랑) 생활비영(생활비랑) 우리 후유장애인덜에게 쪼끔만이라도 더 줬으면 좋겠어요.

제2부

4·3과 여성

1 한 여성 후유장애자의 한(恨)
2 4·3 장한 어머니상을 받다

다시 하귀중학원을 기억하며

고순호

고순호는 1926년생으로 4·3 당시 애월면 하귀리의 바다동네 가문동에 거주했다. 그녀는 1948년 12월 30일, 무장대의 가문동 기습 때 무장대원에게 죽창에 찔린 후 평생 후유장애인으로 고통스러운 삶을 살아왔다. 현재 제주시 삼도1동에 살고 있다.

(채록일: 2005.10.12 | 채록 장소: 자택)

1

한 여성 후유장애자의 한(恨)*

돈 벌러 일본으로

내가 1926년생이난 지금 80이라. 친정은 하귀 바당동네 가문동. 아버지는 농사나 짓고, 밧(밭)이나 갈고 헌 농부였어. 경허니(그러니까) 난 학교는 마당만 구경했지.

제국시대에 내가 일본을 갔다 왔어. 여기서야 무신(뭐) 거 생활허기도 어려우난 돈 벌레(돈 벌러) 간 거라. 돈 벌레. 그때 열다섯에 나 혼자 건 거라. 일본에 삼촌덜이 잇어낫어(있었었어). 일본서 여러 가지 일 했지. 공장도 들어가고, 미싱도 해나고(했었고)……. 주로 미싱을 많이 했지. 옷 같은 거 만드는 거. 또 신발 공장에도 가나고(갔었고). 뭐, 이거 저거 여러 가지 다 했어.

---

* 이 구술록은 제주4·3연구소가 '제주4·3사건 1,000인 구술 채록 사업'의 일환으로 2006년 4월 17일 면담했을 당시의 구술과, '제주4·3희생자후유장애인협회'가 2008년 12월 「제주 4·3 후유장애인 실태조사 보고서」를 발간하면서 정리한 구술을 종합해 재정리한 것임.

한 멧(몇) 년? 5년쯤 산 거 닮아. 제국시대가 끝나갈 땐디 나중엔 팡팡 허는 거라. 미군기덜이 공습을 왕 집덜도 다 태와불고, 사름덜도 죽엄젠 허고. 겐(그래서) 고향에 돌아와 분 거라.

내가 군대환(君代丸) 탕 가고, 올 때도 군대환으로 왔지. 그 배엔 한 100명은 탔나? 그 이상 탔을 거라. 게민 가는데 3일, 4일은 걸려. 일기가 불순허민(날씨가 좋지 않으면) 4일도 가곡. 또 가다가 어디 머물러불믄(머물러버리면) 그냥 시간이 가는 거라. 먹을 거는 배에서 다 줬어. 아침, 저녁으로 다 줘. 젓사 뱃삯을 졍 감시난(가고 있으니까) 그런 거 같고……. 배 안에는 그때 보민 다 있어. 화장실도 잇곡 뭐, 배 안에서 다 살게 된 거지. 군대환이 그때 우리 실러다 뒨 다 부서졌을 거라. 폭격 맞안.

경허고 내가 들어온 다음 해에 해방이 됐어. 게난 내가 열아홉에 들어오고 스물에 해방이 된 거라.

밤에 곱앙 다니멍 허는 일 성공헐 수가 없어

해방 뒈난(되니까) 4·3사건이 시작됐지. 곧 6·25가 낭 왕왕작작허고(시끄럽고).

그때 젊은 사름덜이 삐라 뿌린다, 와쌰! 와쌰! 데모헹 다닌다 허는 건 말만 들었어. 나사 그런 뒨(덴) 참석 안 했지. 말로만 누가 감저(간다), 왓저(왔다), 갓다 오당 누게 총 맞앗저(맞았다) 헌 거라. 3·1절에, 관덕정에 갔다가 죽은 사름도 잇어. 나사(나야) 말론 들어도 그게 어떵 허는 건지는 아무것도 몰랐지. 무신 회(會)여, 무신 단체여 해도 난 정신이 섞여부난 몰라. 일본에 강 5, 6년 살당 와부난 더 어떵 돼가는 줄 모른 거라.

한 해, 두 해 허여가는(세상 돌아가는) 것이 한 3, 4년 이시난(있으니까) 산에서가 아주 성해(우세해). 그냥 왔다 갔다 허는 것이 센 거 같아. 겐

먹을 거 올리라, 우리 부모님네한테도 헌 거라. 우린 그때 그렇게 넉넉 허질 못 했어. 쌀도 올리지 못했지. 경허니 이젠 자기네 편에 안 붙엄젠(붙는다고) 때리는 거라. 말도 못 했어. 그렇다고 밤에 같이 강 일헐 수도 없었지. 밤에 곱앙(숨어서) 다니멍 허는 일이 애초에 성공헐 수가 없는 거라.

아래 경찰관덜도 꼭 마찬가지라. 아무 때나 집에 문 발칵 발칵 열멍(열면서) 들어오곡, 마을 사름덜 전부 길에나 공회당에 나오렌 허영, 뭐 맨날 괴롭히당 이 동네 누구누구, 젊은 사람덜 다 어디 갔냐고 물어. 게민 여기 사는 사름덜이사(사람들이야) 다 그 사름덜 간 자국을 알주만(알지만), 난 일본서 살단 오니까 우리 연배 아래 아이덜은 더 모를 수밖엔 엇일(없을) 거 아니? 그러니 젊은 청년덜 어디 갔냐고 날 잡아당 문초를 해도, "난 모르쿠다(모르겠다)" 헐 수밖에 없는 거라. 게믄 나한티 거짓말헌다고 멧(몇) 번 매를 들렀다 놨다 해. 경헤도 어떵 헐 거라. "난 여기 엇어부난 몰르쿠다" 헨 넘어갔지. 경허연 내가 살아났어. 그때 경찰관덜한틴 얼마 안 맞아봤어. 맞긴 맞아도 크겐 안 맞았지. 아이고, 어떤 사름은 죽게 두드려. 경허당 자기덜 눈치에 뭐헌 사름은 죽여불고, 공회당에도 불러낭 어디로 데려단 죽여불었어. 이북 청년덜은 어떵 말이라. 마을에 완 사름덜 다 죽이고 경 헤도 난 어떵 어떵 넘어왔어.

그러니 그거주(그거지). 경찰관덜은 산의 놈덜과 붙어 뎅검젠(붙어 다닌다고) 우릴 몰안 뎅기고, 산의 놈덜은 경찰관덜이영 붙언 뎅검젠 우릴 경헌 거라. 그러니 사름이 살 수가 없었던 거라, 살 수가 엇어(없어).

결혼은 했단 말뿐

내가 여기 들어와서 스무 살에 결혼했어. 옆 동네 1구 사름. 부모님 소개로 헌 건디 옛날은 다 경 헷주(그렇게 했지). 시집가기 전엔 얼굴도 못 봤어. 나영 갑장이라. 그땐 결혼해도 친정에서 살앗주. 경허당 제사가 있거나 무신(무슨) 큰일이 있으면 왔다 갔다 허는 거라. 남편도 지만씩 왔다 갔다 했지. 게니까 여자도 친정 지네(자기네) 집에 살곡, 남자도 이 녁 집이 산 거라.

결혼 허자마자 4·3사건, 그 시국을 당했어. 그러니 왕왕작작, 허이구!……. 남편은 목숨이 아까우난 어디로 뛰어낭 도망가분 거라. 그 연령이 무서운 연령이라낫주(연령이었지). 겐 나도 어떵 헐 수가 엇언 친정에서 혼자 살았지.

경허단 나중에, 조금 시국이 끔끔해지고(뜸해지고) 펜안헤젼(편안해져서) 소식을 들으난 남편은 일본에 갓젠 허더라고. 부모네가 일본더레(일본으로) 가는 배 이시난 수속 밟안 보내분 모양이라. 나사 그런 소식을 들었자 그땐 빙신이 된 후에난 어떵 허질 못헌 거라. 갈 수도 없고, 오지도 못허고……. 남편은 그때 일본 가난 여기 못 올 거로 생각허연 거기서 결혼도 허엿덴 허는 소식을 들었어. 이젠 경헨 살단 죽어실 거라.

난 결혼했단 말뿐이라. 그 시국에 누굴 원망해?

소개민들

산에 사름덜(중산간마을 사람들)을 믄딱(전부) 이 해변(해안마을)더레 소까이(소개)[1] 시켰어. 아래 경찰에서가 그 사름덜 곡식이라도 산에 올린덴 허연 알더레(아래로) 싹 내려분 거라. 경헤둰(그렇게 해서) 웃드르(윗동

---

[1] 외래어 표기법에 따라 '소카이'라고 표기해야 하지만, 구술증언의 특성상 구술자가 발음하는 그대로 표기한다(편집자 주).

네) 집덜은 다 태와불엇주게. 게민 소개 오멍 그 사름덜 놔둔 거 산사름 덜이 왕 다 파 가불고, 여기서도 아는 사름덜은 몰래 올라간 파다 먹엇 젠 허여.

그때 웃드르 사름덜 무조건 해변 내려오난 동네가 어떵 될 거라? 집이 조금이라도 구멍난 덴 다 들어가게 됐지. 집집마다 이 웃드르 사름덜……. 장전에서도 많이 내려오고. 친정어머니네가 고향이 광령이니까 그 연으로 허연 광령 사름이 우리 집으로 오고. 그 사름덜은 자식이 엇언 두 부부간만 내려완. 식구 엇이 간단히 온 거주. 우린 방을 따룬 못 줫주만 식구 어시난 마루 같이 쓰고, 부엌 같이 쓰멍 경헹 살았지. 식구 많은 사름덜은 널른(넓은) 집이덜 살고……. 목숨 살젠 허는 거난 같이 살았지. 또시(다시) 경찰의서(경찰에서) 경 허렌 헌 거난 고맙고 무신 거 헐 필요도 엇어낫어(없었어).

그때 1년인가, 2년인가 사니까 웃드르 사름덜 또시 다 올라가렌 헷어. 경찰의서 경허난 처음엔 광령으로 바로 올라가질 않고 중간에, 광령 조금 못 간 듸(데) 강 어막(움막)덜 헨 살앗주. 한꺼번에 올라가진 못해서……. 집 하나 엇이(없이) 태워부난 한꺼번에 올라가도 살 수가 엇일 거 아니? 경허난 중간이 올라간 어막, 이젠 천막이라도 허연 살단 차차 차차 해갔어(차차, 차츰 살아갔어). 밧이영 재산 잇인 사름덜은 원 고향으로 올라가고, 재산도 없고 헌 사름덜은 그냥 거기 눌러 앉고.

무장대 기습

해방되고 한 2년 만일 거라. 3·1운동[2]이 시작됐지. 그리고 또 2년쯤 지

---

2 1947년 3·1절 기념식을 말한다. 이때 관덕정 마당에서 첫 발포 사건이 나면서 4·3

나가난…… 내가 아마 스물넷이 뒈실(되었을) 거라. 사름덜이, 4·3이 나난 이레 가고 저레 숨고 살 수가 없다고 허둥대는디, 나중엔 산에서덜 내려완 막 난리친 거라. 그때 밤이라. 갑자기 산사름덜이 습격 완 집에 불을 팍팍 붙이난……. 걸린 사름은 막 때리고, 죽이고 첨……. 도망간 사름은 살아났어. 겐디 내가 그때 창에 맞은 거라.

그날 막 눈이 왔어. 정월인가, 설달인가, 음력으로.³ 눈이 허옇게 오난 내가 밖에 구경나간 거라. 눈이 부셔. 그런 것덜이 다 기억나는디……. 그때 아버지는 병으로 돌아가불고, 난 어머니허고 살 때라. 그날 밤, 어머니영 같이 누원 잠을 자고 있었지. 겐디 한밤중에 (길)목 지키던 사름⁴이 둘려완게(달려와서) "일어낭 도망갑서(도망가십시오)! 습격 들어수다!" 헤뒨 나가. 우린 그자 활딱허게 일어난 뛰어나갔지. 어머니는 앞에 나가고, 나는 뒤에 나가다가……, 어머니는 뒷밧(뒷밭)으로 나강 숨어신디, 난 또 무신 거 챙기젠(챙기려고) 허단 걸린 거라. 산사름덜 못 들어오게 허젠(하려고) 문을 잠그는디…… 횃불을 손에 들곡, 지금 촛불 킨 거 같이 허연 들어와. 그때 안에 들어온 건 두 사름 닮아. 얼굴은 다 가리고 눈만 영 나온 거라. 말도 안 해. 말이라도 헤시믄 음성으로라도 누군지 알 주만은……. 무조건 때려. 그 죽창, 죽창으로 때리고, 찔르고……. 게고 나중에 들으난 사람 죽인 듸덜은 칼 들렁 와서렌 허여. 니뽄도(일본칼)로……. 우리 집엔 죽창만 들런 완. 칼을 가져와시믄(가져왔으면) 나를 죽

사건이 시작되었다. 도민들은 이 사건을 지칭해 보통 3·1운동이라고 이야기한다.
3 1948년 12월 30일로 추정된다. 이 날, 무장대가 하귀리를 기습해 국민학교와 향사, 군인들이 주둔하고 있던 강명수 씨 댁 등 민가 4~5채를 불태우고, 개수동의 민보단장 고승천과 부인 문무생을 학살했다. 그리고 가문동을 기습해 민가 여러 채를 불태우고 식량을 약탈해 갔다.
4 당시 마을마다 성을 두르고 주민들이 밤낮으로 보초를 서며 산에서의 습격에 대비하고, 마을 출입자들을 감시했다.

이나 어떵 헤실 건디……. 발로 차고, 죽창으로 박아불고 경헷어. 그때 이듸(옆구리를 가리킴) 다 박아분 거라. 어떵 허연 몽둥이(죽창을 말함) 스친 것이 찔러진 거주. 그땐 몰랐어. 혈이 나온 것도 나중에 알았지. 뭐, 그때 난 정신을 잃어부난 아무 것도 몰랐던 모양이라.

그 사름덜 날 막 두드리단(때리다가) 옛날엔 초가집이난 불이 붙으믄(붙으면) 곧 내려앉을 거 아니라? 경헨 불로 자기네가 죽게 뒈어가난 그때사 나가. 난 그놈덜 나가는 걸 봤어. 그땐 정신이 좀 난 거라. 경허연 내가 말소리를 내고 "여기 있다!" 허난……. 밧거리(바깥채) 살던 사름이 들어왔어. 그 사름이 자기 옷 다 태우멍 날 밖으로 끌어냈지. 경허니 집 안에 있던 건 하나도 못 건진 거라. 우리 집허고 우리 옆집인 그때 손댈 거 하나 엇이(없이) 다 불에 타불엇어. 형편 엇엇어(없었어). 그때 딴 집덜은 덜 태왓주(태웠지). 우리 집은 길가에 잇어부난(있어버리니까) 뭐, 길목이니까 다 태워분 거라.

움막살이

그날, 경헨(그렇게해서) 다 불에 타부난 쌀도 한 줌 없고, 옷가지 하나 없어. 또 난 창에 맞아노난 갈 듸(데), 올 듸가 없는 거라. 그때 우리 동네 집덜은 웃드르 사름덜 완 다 들어가노난 빈 방이 하나 엇어. 쉐막(외양간)까지 다 들어간 사는 거주. 우린 할 수 엇이 밧거리 사름네 소낭밧(소나무밭)에 간 소낭(소나무) 비어다가 몇 개 걸치고, 새(초가지붕을 덮는 띠 풀) 비어단 지붕 덮언 비 줄줄 새는디도 한 2년 살았어, 거기에서. 난 옴짝도 못 허난 그냥 누원 있는 거라. 세간살이가 하나도 없고……. 경허난 먹고 사는 것이 힘들었지.

난, 여자 형제덜이 있었어. 겐디 시집강 이녁 만썩 멀리 살아부난 어떵 헐 수가 없는 거라. 우리 언닌 도두리에 살았지만 하귀엔 발 디디질 못했고. 우리 동생 하나가 결혼허연 외도 살았어. 이제 서울 간 동생이 외도 살단 어떵 허연 집을 완(와서) 본 거라. 보난 내가 경(그렇게) 두드려 맞고, 집도 불에 다 타불고 헌 거 아니? 게난 가이가 식량도 보태주고 허연 의지헨 산 거라마씀.

동생 남편은 그 시국에 군인을 갔어. 경헨 모슬포서 군인 살단 육지 나갔지. 이제 소령까지 올라갓단 제대허연 서울에 있어. 아직 살아 잇주. 그때가 동생 남편이 집이 잇곡 헌 땐디, 산에 안 올라가부난 산에서가 주목도 했던 거 같아. 청년단장이여, 뭐여 좀 했으니. 경허단 살아나젠 직업 군인으로 나가분 거라.

그땐 참 어렵게덜 살았어. 정월 들엉 굶기 시작허든…… 5월 나야 밧(밭)에 난 보리를 비어당 먹을 거 아니라? 보리 빌 때까지는 동네 부잣집도 남에게 빌려줄 쌀도 엇어. 난 아프기만 허난 배고프고 무시 거 헌 거는 생각도 못 헷주만……. 그때덜은 어디 곡식 있는 걸 알믄 다 빚져당 먹는 거라. 어머니가 다음에 일해 줄 걸로 허연 꿔단 먹고 경 정(그렇게 저렇게) 헴시믄(하고 있으면) 보리 나고……. 내가 속상험이야 말로 다 못 허주만 어머니는 참 곤란허게 살단 돌아가셨어. 나 때문에도 어머니가 고생을 많이 했어. 내가 일을 못 허고 헤부난…….

치료는 무신

곧 다친 때는 움직이지도 못했지. 그때 겨울에 다친 게 여름에 보리 헐 때가 돼도 움직이지 못햇. 벤소(화장실) 출입도 보듯이(가까스로) 뭐, 기엉 다녔지. 한 1년 누웡 살았어. 조금 걸어뎅기다 보믄 씽허게 아파. 게믄 눕고……. 멧 달 살아낫당 또 죽어가곡. 한번은 내가 '이젠 다 죽어

졈구나' 헤신디 나중엔 보난 살아난 있더라고.

　병원에도 못 갔어. 의원도 없고, 마을 밖에도 못 나갔지. 목을 지키멍 나가겔 안 해주는 거라. 게민 난 아프난 헐 수가 엇어. 밧에 강 쑥을 캐다가 삶으멍 아픈 듸(데) 붙이기나 허곡…… 또 쉐똥, 쉐똥 해다가 붙이고. 사실 병원도 없는 거라. 제주시에 보믄 후생병원이 겨우 하나 있었지. 내가 알기로 그땐 그 병원밖엔 엇언 허는디……. 한 2년 후에 목이 터지난 멧 번 갔다 왔지. 그 후에사 관덕정에 광신병원이 하나 생겨나고, 나사로병원도 생겼어.

　난 두드려 맞고 헌 거난 가믄 겨우 주사 한 대 놔 줘. 강심제엔 했어. 그건 뭐, 진통제난 임시로 쪼끔 아픈 거나 눌러주는 거라. 그땐 그것만 임시 놔줜게. 겐디 그것도 돈이 잇어사(있어야) 계속 맞을 거 아니라? 게니 병원에도 막 못 견딜 때만 한 번썩 갔어.

　나중엔 이북 사름, 이북 원장이 하귀 들어완 살멍 집을 빌언 병원을 차렸어. 그 이북 사름이 자기 허단 기술 이시난(있으니까) 출린(차린) 거주. 내가 하도 답답헨 허단, 그때 마침 교회를 나갈 때라. 교회를 나가난 그 원장 부인도 교인이라. 경헨 알게 뒈언 원장 부인네 집에 놀러가곡 허단 그 의원엘 가게 된 거주. 그때 원장이 말허는 거라. 병원에 뎅기지 맙센(다니지 말라고). "아주머니는 뎅겻자 두드려 맞은 거난 고치질 못헙니다. 돈만 들어가는 거라마씀. 그걸로 먹는 거나 많이 사당 먹읍서. 엇인 돈 써가멍 다니지 말곡. 진통제 같은 거 맞아나고 허믄 일생을 망헙니다. 이 병은 병원에 가믄 진통제밖에 안 놔줄 겁니다" 허는 거라. 게난 그 후부턴 원장 말대로 병원을 내가 안 뎅겻어. 돈도 없고……. 그 후엔 내가 버릇이 뒈불엇어. 병원에 강 주사 놓젠 허믄 먼저 물어봐. 거 무신 주사냐? 진통제카부덴(진통제일까 봐) 묻는 거지. 이젠 아파도 항생제만 사다 먹어.

장사

내가 친정에서 어머니영 오래 살았어. 경헨 허는디 우리 친정어머니도 80 나난 돌아가분 거라. 그러니 이젠 내가 갈 데가 없어. 그때 시에 아는 사름이 있었어. 동네 할머니라. 게난 내가 그 할머니를 부모님 같이 의지허연 서문시장에 간 거라. 장사를 했지. 큰 장사는 못 해봤어. 아무 것도 가진 것이 어시난 그저…… 준준헌 거(자잘한 것), 연필도 팔고, 공책도 팔고. 이것저것, 조금 조금……. 경허멍 살아오는디 허이구, 몸이 계속 아파…….

죽창에 찔린 후유증

그때 죽창에 찔련 좀 잇이난 고름이 나는 거라. 물처럼 질질질질……. 그게 여러 해 동안 경헷어. 그러니 내가 마른 빤스(팬티)를 못 입어봤어. 항상 젖언 있어. 이 옆구리에서 물이 내리난 어쩔 수가 엇어. 마른 빤스 입어 보는 것이 소원이라낫어(소원이었었어). 어떵 그걸 넘겨신지…….

그걸 멈춘 게……. 약을 계속 먹었지. 그 약국도 이젠 없어졌어. 잊어불엇저(잊어버렸네), 약국 이름. 저, 서문통에……. 애월 사름인디. 참 고마운 사름. 내가 처음 시에 왕 서문시장에서 상점 봄수덴 헷주. 게난 그 사름이 보난 불쌍도 허고 허여실 거 아니? 돈이 생기걸랑 가져 오고, 엇일 때랑 그냥 외상으로라도 가져당 먹으멍 하여튼 약은 그치질 맙센 헤서(끊지 말라고 해서)……. 그때 옆집이 애월 사름이 살아신디 물어본 모양이라. 내가 거짓말이나 아니 헴신가 허연. 게난 불쌍헌 아주망이옌 헌 거주게. 그 후부턴 무조건 먹읍센(먹으라고), 돈 잇인 때 물고 허멍……. 약을 여러 해 동안 먹었지. 한 2년은 계속 먹어져실 거라. 내가 지금도 그 사름 덕분으로 살아진 걸로 생각을 허여. 돈 나믄(생기면) 외상값 물고…… 내가 한 푼 빼먹진 안 헷주만……. 이제 그런 사름 엇어. 이제사 돈 엇이 가믄 약을 줘? 당최……. 게난, 그 원장이, 그 약국이 나를 살린 거라.

그때 첨……. 약을 계속 먹고, 주사도 강심제엔 헌 걸 맞았어. 병원에 못 가믄 나대로라도 맞아사 해. 뭐, 피부로 맞는 거난. 맞으믄(맞으면) 여긴 고름이 질질 나. 아휴!……. 그 서문시장에서 같이 장사허던 사름이 있어. 그 사름이 이제 동문시장에 강 장사허는디 만나믄 얘기해. "아이고, 성님! 그 고름 질질 나멍 살아젼? 이제까지 살아젼?"

경헨 허단, 오래 뒈가난 아물었어. 그 죽창 맞은 듸(데)가……. 별 탈은 어신디 지금도 그자 조금 힘이 엇이믄 땡겨. 경헐 땐 내가 늙어가난 이건가, 아니믄 그 창 맞은 거 때문에 이런 건가 생각허주.

구타 후유증 1

그거 매 맞고 한 5년……. 아니, 한 3, 4년 뒈어실 때라. (허리 부위에) 뼈가 튀어나온 거라. 그때 금방은 안 그랬지. 겐디 이 뼈가 나오기 전에는 막 그냥 이듸(여기) 저듸(저기) 쑤시고 아파. 안 아픈 듸가 엇어. 그때 여길 많이 맞아진 모양이라, 튀어나온 거 보난. 세 개가 하나씩 나왓주. 그거 하나 나오젠 허믄 한 달, 두 달 사름 죽는 거라. 죽을 듯이 옴찍도 못 허여. '아이고!' 허당 보믄 그것이 조금 나와. 게난 이제도 막 아파가믄(아파가면) 또 그거 나오젠 헴신가 허는 생각이 들어. 날씨 궂으믄(궂으면) 더 아팡 못 살아. 이제도 바로는 못 누워. 옆으로 눕지. 그 뼈를 누르듯이 허영 잠을 자는 거라.

구타 후유증 2

  귀도 많이 맞았어. 그때 맞은 후에는 막 붓더라고. 나중에 좀 지나가난 귀로도 물이 줄줄 나. 경헨 그건 나앗주만(나았지만) 그때부터 조금씩 조금씩 허더니, 이제 나이가 들어가난 차차 안 들리는 거라. 왼쪽이 ……. 오른쪽도 잘 들리지는 않주만 왼쪽보단 덜허여.
  그땐 귀 병원은 엇어났어(없었었어). 그러니 그저 집의서(집에서) 솜 허연 닦아내고 했지. 나중에 시에 온 후에는…… 그 병원도 우리 상가 옆에 잇어났어. 이름은 잘 모르겟는디 거기 쭉 뎅기단 한번은 보니깐 엇어졌어. 저 이도2동 어딜로 갓젠(갔다고) 허더라고. 그때 귀창을 맞아부난 속에 고막이 터져분 거라. 게난 병원이서 얘기해. 수술이라도 허영 뒌덴 허믄(된다고 하면) 헐 건디 수술도 못 허겠고, 이젠 그자 물이 날 때만 왕 치료 받으라고……. 못 고칠 거난 물 난 때만 오라 그 말이주. 내가 물이 나오믄 병원에 안 갈 수가 엇어.
  내가 보청기를 한 50대 때부터 헤져실 거라. 그땐 여기 보청기가 엇어났어. 나가 하르방을 다시 만난 사는디 말을 잘 못 알아듣는 거라. 게니 그 아덜이 서울서 일본 왔다 갔다 허는 사름을 알안 처음에 걸 상 보내준 거라. 경헹 내가 보청기를 끼기 시작헷주. 처음엔 조정헐 줄 몰란 있어도 못 꼈지. 경허단 저 관덕정 어디 의료기 허는 사름을 알게 뒈난 그걸 조정해줘. 이젠 고장나믄 바꾸고, 바꾸고 허멍 멧 개 썻주. 재작년인가……. 저기 노인당에 보청기허는 사름덜이 왔더라고. 경헨 노인덜 구제해 준다고 허멍 그냥 검사허더니 만들어 줘. 그때 해준 거 이제도 허고 있어.

재혼

내가 한 50세 뒈언(되어서) 하르방을 만나게 됐어. 14년 차이. 지금 사는 것도 그 하르방 의지허연 사는 거라. 지금 같으면 안 만날 건디……. 그때는 내가 죽으믄 내 영장 처리헐 사름이 없겠단 생각만 들어. 경헨 할머니 죽어분 할아버지를 만난 거라. 딸 둘, 아덜 하나 잇인 할아버지. 거긴 촌, 애월면 장전 사름인디 촌에 강 살젠 해도 나도 병신 뒈언 일을 못 허고 허난 아덜네가 "시에 삽서(사십시오)" 허멍 집을 마련해줬어. 겐 여기서 살당 할아버지도 돌아가고, 아덜도 육지서 죽어불고. 아덜만 살았어도……. 아들이 죽어부난 끝. 메느리(며느리)도 과부가 뒈언 자기 사는 것도 곤란헌디 이 할망까지 거념헐(돌볼) 수가 잇어? 지도(자기도) 지만 살고, 나도 나만 살고. 게도(그래도) 지금도 왔다 가곡은 해.

한번은 하르방 고향에서(장전에서) 공회당을 짓는다고 허는 거라. 돈을 기부 받을 거 아니라. 마을 유지덜, 이장 뎅겨난 사름덜…… 기부허렌 허여. 내가 500만 원 냈어. 보난 기부헌 사름덜 비석덜 헤단 세우곡 헌덴 허는디 우리 하르방은 나밖에 돈 낼 사름이 엇인 거라. 하르방이 이장도 헤나곡(했었고) 헷는디 비석 세와야겠더라고……. 어떵해? 옛날 장시했던 돈이영 모았다가 줬지.

앞으로가 걱정

아이고! 이제까지 어떵사 살아져신지, 원. 그때 살아난 생각허믄……. 그땐 사람만 보믄 무서웠지. 사람을 봐도 말을 못 했어. 저번에 도청에서 공무원이 완 "후유장애에 대한 지원이 따로 없을 겁니다" 해요. 게니난 4·3사건에 그만큼 맞아신디도 이제까지 살았다고 말만이라도 시원히 헤지난 이젠 죽어도 좋수덴(좋다고) 했지. 그 공무원 아무것도 몰라. 나한테 묻는 거라. "무사 말 못헙디가?(왜 말을 못하셨습니까?)" 허니 "그땐 말을 헐 수가 엇입디다" 허연 말앗어. 그때사 웃드르 사름덜 다 내려완 있을 땐디 눈을 다 가려부난 옆집에 사람 사 완 때려신지사 동네 사람이 완 때려신지사 이녁집이 사람이 때려신지사 알 수가 없었지. 경 허난 그땐 말을 허젠 해도 못 헌 거라.

 앞으로가 걱정이라, 앞으로가. 지금까지 사난 살아지켓주만 이번에 병원에 있을 때도 딸은 "양로원에 수속 밞앙 갑서(가십시오), 양로원에 갑서(가십시오)" 해. 겐디 양로원엔 돈을 아니 들르믄 갈 수도 없는 거 아니라. 우리 딸덜이 세상 몰랑 얘기허는 거라. 돈이 잇어사 양로원에도 가. 난 알고보믄 양로원에도 못 가고 그자 영 이래저래 사는 건디. 이제 난……. 죽을 때까지 살아가는 것도 걱정이고, 어떵사 죽어질 건지, 죽엉 어딜 갈 건지 다 걱정이라, 걱정. 게도 정신만 잇곡 허영 살당 가지믄 좋을 건디.

다시 하귀중학원을 기억하며

양경숙

양경숙은 1923년생으로 4·3 당시 애월면 수산리에 거주했다. 그녀는 동네 청년들에게 회의 장소로 자기 집을 빌려주었다는 혐의로 체포되어 온갖 고문을 받았다. 그러나 그녀는 자신이 입을 열면 많은 동네 청년들이 다치고, 마을이 깨질 것이라고 생각해 끝내 청년들의 이름을 발설하지 않았다. 현재 4·3후유장애인으로 애월읍 수산리에 살고 있다. 그녀는 2012년 제주4·3평화재단이 수여하는 '제주4·3 장한 어머니상'을 받았다.

(채록일: 2006.7.18 | 채록 장소: 자택)

2

4·3 장한 어머니상을 받다

일본에서 돌아오다

내[1]가 지금 여든넷. 원래 친정이 여기 수산이라. 결혼허연 일본 간 딸 하나 낳고, 3년을 살단 왔어. 그때 애기 아방은 안 왔지. 나중에 내가 또 가젠 허난 그땐 기라이(機雷)로 다 머 헤부는 거라. 게난 일본 가다가는 기라이로 배가 다 터정 죽어지카부덴(죽을까 봐) 안 갔지. 애기 아방이 그 딸을 잘도 아껴신디 죽으민 안 뒈지 안허여(안 되지 않아)? 경헨(그래서) 영(이렇게) 살단보난 이젠 그 4·3사건을 만난 이제까지 고통을 당헴서(당하고 있어).

애기 아방은 형제 엇인 독자. 그 사름은 여긴 와보도 못 허고 일본서

---

1 양경숙은 2012년 5월 12일, 제주4·3평화재단에서 수여하는 '제주4·3 장한 어머니상'을 받았다. '제주4·3희생자후유장애인협회'가 '① 4·3 때 심한 고문을 당하고, 후유장애를 얻어 일생을 고통 속에서 살아옴, ② 장애를 극복하고 2남 2녀를 훌륭히 키우며 가정을 일으킨바 지역민에게 귀감이 됨'을 사유로 추천해 수상했다.

죽어불언. 내가 역사를 다 말헤가민 첨……. 선선허주만 알아지메. 그냥 들어봐. 이제부터 시작허는 거라?

고문

일본 안 간 조금 살단 보난 그 4·3인가, 무슨 고통 오는 세상이 온 거라. 그때는 여길 살지 안 허고 저 아래 몇 가호 떨어진 듸(데) 살았어. 내가 스물닛엔가, 다섯인디…… 스물다섯 닮아. 어디서 누가 완 집 좀 빌리켄 허여. 뭐, 집 빌리는 것사 대수라 (허연) 빌려줫주. 게난 산에 사름덜이 오란 '회(會)'를 가진 거라. 나사(나야) 처음엔 아무것도 몰랐어. 그 사름덜이야 누군지 다 알아도 무신 사건으로, 무신 회를 가진 거는 몰랐지. 다 동네 사름덜이라. 장전 사름덜.

경헨 좀 잇이난(있으니까) 누가 그 회의헌 거를 지서에 강 말헤분 거라. 그때 우리 수산에 순경덜이 오란 마을을 지켯어. 특공대도 잇엇고. 날 잡아간 게…… 이제 회의 가질 때 어떤 놈덜이 왔냐고, 바른 말 허렌 해. 닦달을 허는디…….

옛날 초집(초가집)엔 천장에 보민 큰 낭(나무)을 가로로 놓고 허연 집을 짓었어. 그러고 집 안엔 보니 사과 상자 닮은 거를 책상이엔 딱 두 개 올려놘 있는 거라. 나 보고 그듸 올라사렌(올라서라고) 허드라고. 난 그때 어린 딸도 데련갓주만 잠을 자난 내버려두곡 올라샀지. 아, 그 전에…… 순경덜이 뭘 했냐 허민, 날 나이롱줄 닮은 걸로 뒷결박을 허고 그 줄을 천장에 잇인 그 큰 낭에 묶더라고. 겐 내가 책상 우에 올라사난(올라서니까) 책상을 탁 발로 차. 난 이젠 도새기(돼지) 달아멘 꼴이 된 거라. 팔은 뒤로 꺾어지고 몸은 천장에 도랑도랑 매달려시난(매달려 있으니까) 이건…….

그르후젠 그냥 때리는 거라. 이런 듸, 저런 듸 그냥. 경허멍 말 안 허민 죽인다고 순경덜이영, 특공대영 총을 양쪽으로 들이대곡. 허이구!⋯⋯. 어디 몸 의지헐 된(덴) 잇어? 발을 밟을 듸도 없고⋯⋯. 딸 하나 있는 거 살리커랑(살리려면) 바른 말 허라고 해. 난 경허멍 막 때려가난 정신을 잃어분 모양이라. 그땐 줄을 풀언 손목 묶은 거를 풀어줘. 나보고 쉐(소) 닮은 년이렌 해. 경해도 난 어떵 헐 수가 엇인 거라. 내가 입을 열민 우리 수산리가 다 판나는 거라. 내가 수산에 살젠 허민 말을 허면 안 돼. 죽어도 나 혼자 죽는다고 마음먹고 일절 말을 안 했지. 그땐 그러고 돌려보내줘. 집에 왔어.

겐디 그게 끝이 아니라. 겐 좀 잇이난(있으니까) 이번엔 엄쟁이 지서에서 왔어. 그때 신엄에 엄쟁이 지서라고 잇어났어. 거긴 가난 손부터 내놓으렌 해. 그러고는 몽둥이로 두둘겨 패기 시작허는 거라. 이 손가락 봐, 그때 빙신된 건디⋯⋯. 하도 때려놓으니까 다 부러져불엇어. 둥둥 붓고. 겐디도 사정 엇어. 경허단 이젠 옷을 다 벳경(벗겨서) 두드리젠 순경덜이 마주 서더라고. 겐디 손이 하도 붓어노난 옷이 내려가질 않안. 이젠 그냥 막 두드려.

나중엔 지네도 지쳐신지 지서 안으로 데려가. 그러고는 이번엔 발목을 묶어서 거꾸로 달아놔요. 경헤뒌 이젠 코더레(코에) 물을 막 담는 거라. 거 뭐렌 허지? 물을 막 코에 담는 거⋯⋯. 경허난 내가 살 수가 없지. 정신을 잃으민 그때 지서 옆에 물통이 잇어났어. 한길간데 지금은 다 메와젓주. 게난 그때가 음력으로 설달이라. 물이 꽁꽁 얼었어. 순경덜이 정신 잃은 날 얼음을 깨멍 그 물에 처박아. 난 그냥 죽어져시믄 좋주만 좀 잇이믄(있으면) 원수 같이 눈이 떠지는 거라. 게믄 다시 데려강 또 물고문허고, 때리고.

난 아무리 경해도 바른말을 헐 수가 없어. 우리 동네 사름덜⋯⋯ 이 사름은 산에 가고, 이 사름은 회에 오고…… 영 햇다간 우리 수산은 다 판나는 거라. 그때 내가 나 혼자 죽자고 마음을 먹었어. 혼자 딱 죽고, 수산을 살리자고……. 마음먹으니 순경덜이 딸신디 마지막 말 허렌 해도 배짱이 생겨. 뭐, 마지막 말 헐 것도 없고, 나 죽으민 딸은 외할머니도 잇이난 죽지는 안 허겠지 했어.

게니 나만 죽게 맞는 거라. 한 번은 어디 높은 듸 세와난 양쪽에 총을 딱 대더니, "바른말 해!" 허는 거라. 게니 "헐 말이 엇수다(없습니다). 내가 뭘 알아사 말을 헐 거 아니우꽈(아닙니까)?" 대답허니, "이년!" 허더니 와락 밀려부는 거야. 뒷결박헨 잇인디 아래로 밀린 거난 어떵 될 거? 여기 어깨가 팍 꺾어젼 튀어나곡, 이 손목도 묶언 뱅뱅 도려부난 이거 봐, 여기! 이 왼손 팔목에 영 튀어나온 거, 여기 손가락 꺾어진 거.

사실 난 그때 메칠(며칠) 맞은 걸로 빙신 다 된 사름이라. 내가 마흔…… 마흔 되기 전이부터 눈이 어두워졌어. 지금은 사람은 일절 몰라. 지네도 나중에 봐도 누겐 줄 알아보지 못헐 거라. 게난 나중에라도 나 봐지민 먼저 말을 허여. 경 안 허민 모를 거.

그르후제 내가 어떵 살아실 거 같아? 이 손가락이영 여기저기 다 꺾어져도 먹고는 살아사 헐 거 아니라? 검질(김) 메러 가. 경헨 엎어지고 허연도 검질을 다 메여봐서. 첨, 나 고생헌 말 다 곧젠(말하려고) 허민…….

그때 지서에 닷새 살단 다 죽언 나오난 동네 어른덜이 칭찬을 허여. 저 경숙이가 수산 다 판날 건디 살렸다고……. 겐디 이젠 세상이 다 달라졌어. 그…… 내가 살려준 집 자식덜도 날 보민 나무림이나 허지, 아무것도 몰라. 그때 어린 사름덜이난 알지 못허는 게 당연허주.

사실, 난 그때…… 경찰이영 살게 됐어. 묶언 뱅뱅 돌려도 말을 안 허곡, 높은 듸 올려세왕, "이년! 꼭 죽이고 말켜(말겠어)!" 허영 밀려도 팔목만 꺾어졌지, 정말 내 목심(목숨)이 질기긴 했던 모양이라. 그러니 나만 너무 고통을 받는 거라. 이젠 안 되겠다, 빨리 죽어져야겠다 허연 닷새 동안 물 한 모금 안 먹었어. 경헨 이 시간에 죽어질 건가, 저 시간에 경헐 건가만 기다리는디……. 그때 나 앞이 잡아간 지서에 가둔 사름 몇은 다 끄집어낸 죽였어. 그러니 '다음은 나지, 이다음은 나지' 생각허명 허는 디…… 내가 살아난 게 순경 알아노난 살아난 거 닮아. 아이고! 그매…… 그추룩(그렇게) 맞고, 어깨는 한쪽 팔이 빠젼 지금도 졸바로 쓰지도 못허고……. 이 어깨가 바람만 불젠 허민 나한티 소식을 알려와. 몸살로 그냥 쓰러지는 거라. 내가 노인당에 강 늪의(남의) 말 들으명 같이 놀긴 허주만 다른 할망덜은 내가 얼매나 아픈지 몰라. 스물다섯에 이추룩(이렇게) 된 게 여든 넘엉 내가 살암시난 첨 독헌 거라, 독해.

세상 나고 나 닮은 인간 어디 잇어? 이젠 그때 그 순경 알앙 무사 애기 나명 살아져신고, 그 생각뿐이라. 어떵 허당 이추룩 옛날 헤난 거 생각헤가민 저 세상 가고픈 생각만 나. 노인당에 강 앚아도(앉아도) 날 닮은 사람은 하나도 엇어.

그때 집에서 회의산지 뭣산지 헌 게…… 여름 넘언 가을이라. 경허단 첫 번 잡혀간 것이 12월 달. 두 번째가 1월 달인 거 닮아. 것도 얼마 전까진 다 기억헤 나신디 이젠 다 잊어먹언, 원. 우리 마을 지키레 온 순경덜 잇인 땐디 이듸서(여기서) 그 고생, 고생 다 허연 취조 받아놓곡 나중엔 또 엄쟁이 지서에 간 나흘 밤 닷새를 경헌 거 아니? 그때 빙신이 다 된 거라. 눈도 어두워불고, 어깨도 빠져불고, 거꾸로 돌아매영(달아매서) 코로 물 비우곡…… 동지 섯덜에……. 이제쯤 같으민 그걸 어떵 참아. 허이고! 그때가 스물다섯인디…….

4·3으로 병원 치료를 받다

또 생각을 말젠 해도…… 그때 하도 거꾸로 돌아매영(달아매서) 코로 물 질어담곡(길어 담고), 발창 두드리고, 빙빙 둘리곡 헤나난 그르후젠 영 살이 찌질 안 허여. 별걸 다 먹어도 기운이 나지 안 허고. 경헌디 요번에 4·3에서 검사 받으레 오렌 연락이 왔어. 거기 간 이것저것 검사도 허고 헨 와신디 나중에 통지 온 거 보난 몸에 존(좋은) 거 잘 먹으렌 허여. 지금 내가 뭘 잘 먹을 거라? 아무 생각도 안 나. 다 늙엉 낼 모레민 갈 건디 무슨 필요가 잇어.

지금 내가 눈 어둑곡(어둡고) 모든 게 안 좋으난 장애인으로 1급이라. 경허연 3만 5,000원…… 한 달에 한 번 나와. 그거뿐이라. 다른 배급도 엇어. 경헨 나보다 덜 헌 사름덜한티도 많이 나완게. 어떵 허난 나신딘 영 헴신고 물어보난 이 집이 내 이름으로 잇덴. 경허연 다른 건 줄 수 없덴 허더라고……. 첨, 이 막사리가 사름을 살려주는 거라? 그 3만 5,000 원은 4·3에 고생 안 헌 사람도 다 받는 거 아니라? 장애인증 엇인 사름도 받는 거 아니?

나 이런 증덜 많아. 보젠? 다 꺼내 오커메(올 테니) 봐.

면담자: (문서를 꺼내오는 구술자를 보며) 보염수과(보입니까)?

구술자: 다 보이진 안 허여. 어른어른해. 그러니 그자 밥 먹고 어디 올레나 나가곡……. 이런 거 쓸데엇이 너무 많이 와. 한 번도 써 보질 않아 신디 이거. 겐디 버릴 수는 엇인 거 아니라?

면담자: 이건 교통 이용권인게마씨. 버스 탈 때.

구술자: 아 그거…… 차 불르민 온덴 허는 걸, 나 한 번도 안 써봤어.

면담자: 아, 할머니! 게난 이건 병원 갈 때 차 불르민 오는 거라마씨(것

입니다). 시각 장애인덜한티 발급해준 거. 병원 갈 땐 많이 이용헙서(이용하십시오).

구술자: 허이구! 내가 그걸 바레졈시민(바라고 있으면) 차를 불르주만은…… 경 허젠 허민 이거 가정 올레 나강 누게신디 들어야 허여. 번호 잇덴 해도 보이지를 않으니깐. 이것덜 석 달에 한 번씩 오메. 겐디 이치룩(이렇게) 쌓앙 놔두는 거뿐, 한 번 써보질 못해서 서귀포 조케네(조카네) 집이나 손지네 집이 갈 때도 누게가 왕(와서) 인솔허영 감주(가지), 나 혼잔 못 허여. 우리 딸도 시에 살아부난 잘 못 만나. 나영 같이 늙어감주. 이제 예순싯(예순셋)이가?

순경을 알아사 살아나간다

그때 내가 매 맞안 죽게 뒈가난 어느 제주도 순경이 말을 해줘. 사름을 알아사 살아나간다고. 경헨 제주도 순경을 알안에 살단 보난 그 사름도 죽어불고. 그 순경에 아기를 몇 둬서. 겐디 작년에 차 사고로 족은아덜은 죽어분 거라. 마흔시 설에(마흔세 살에). 그 다음부턴 세상이 그자…… 이거 '내가 사는 세상은 다 됐구나' 허는 생각만 나.

그 순경은 납읍 사름이라. 각시도 싯고(있고) 뭐 헌 사름이라도 내가 매 맞지 말젠 허난 어쩔 수가 잇어? 그 사름 엄쟁이 지서에 근무헐 때첨, 어진어진헌 사름이랏주. 경허연 허난 내가 다음부턴 매도 안 맞고, 시국도 편안해지고 허더라고. 경헤신디 어떵 그냥 살단 보난 아기도 서너 개 낳고……. 겐디 나 그 사름 덕 본 거 하나도 엇어. 하나도.

지금, 내가 먼저 일본서 데령 온 딸은 시에 살아. 그 딸신디는(딸한테는) 내가 못 해준 게 너무 많아. 첨, 미안해. 가이한티는(그 아이한테는)……. 어린 때 내가 하도 살기가 곤란허난 육지로 보낸 거라. 나중에 지네냥으로 결혼허연 제주도로 들어왔어. 일본에 잇어난(있었던) 아방도 죽었어. 그 딸은 난 여덟 달만이 들어와부난 아방 얼굴은 알 수가 엇주.

'회의'에 대한 기억

그때 어떵헨 우리 집이서 회의를 허게 뒈신지, 건 잘 몰라. 집은 크지 않아도 혼자 살안 아무도 엇고……. 그보단 나중에 생각헤보난 그런 거 닮아. ᄋ시록허게(구석지고 고요하게) 조끔 냇가로 떨어진 듸(데)라, 우리 집이. 게난 완 회를 헌 건디 어떤 년이 밀고헤분 거라. 나 그 사름이 누군지 알아. 그 사람도 병으로 나보단 먼저 죽어불언.

(그때) 회의엔 댓 사름 왔지. 그 사름덜 4·3 땐 다 살앗어. 그땐 안 죽엇주. 나중에 군인도 간 죽고, 그냥 아판 죽고 했어. 주장헤난 사름덜은 아니라. 우리 수산이나, 장전에서 주장헤난 사름덜은 다 죽었어. 산에 올라간도 죽고……. 경헌디 그 사름덜도 뭐 별 거 엇어. 산사름덜 말 들언 "이거 허라, 저거 허라!" 허난 경헌 거라. 그때 경찰이든, 우에 산에서든 시키는 말 아니 들을 수가 엇어. 안 들으민 양쪽에서 왕 죽여부는디(죽여버리는데) 어떵 헐 거라?

난 매 맞은 거 말고는 별다른 일은 없었어. 그때 산에 따로 쌀을 올리거나 안 헌 사름이 엇주만 그런 것도 엇고. 아, 몇 번은 산에서덜 왕 우리 집 털어간 적이 있구나. 내가 보민 밤중에 고팡문 열고 산뒤(밭벼)영, 옷이영, 씰 같은 거 가져가불엇어. 내 손으로 준 건 엇어. 그때도 어떵사 헤신지 난 마음이 영 산 쪽으로 가질 안 허더라고.

예순일곱, 그때도 죽단 살아났어

4·3 때 경 매 맞아난 아프기 시작헌 게…… 그르후젠 말로 다 헐 수가 엇어. 나중에라도 병원도 가곡, 치료라도 헤시믄 좋아실 걸 이젠 예순일곱에라신가(예순일곱이었던가) 병이 난 거라. 그때 다 죽엇젠 관까지 들어왔어. 옷 다 입지고 죽은 걸로 허연 관에 들여놓젠 허난 내가 살아난 모양이라. 나보고 죽은 사름 살아낫덴 허매. 겐디 그때 난 죽어져시믄 얼마나 좋아실 거라게. 이 고생 더 안 허고, 첨.

내가 이치룩(이렇게) 사름덜허고 말만 시작허민 헐 말, 안 헐 말 다 허명 (울음)……. 말을 허지 말저(말자), 말저(말자)…… 영 허당도 시작허민 이거……. 게도 내가 영 시원허게 사름덜허고 말허고, 울고 나민 몸도 좀 풀어져. 시원해지는 거라. 가슴이 다 터지곡.

예순일곱 때 그때, 내가 다 죽어가난 관에 들어갈 옷도 입지곡 허단 어디 병원장인가 데려왔어. 경헨 주사를 놔신디 내가 살아났다고 해. 그르후제 내가 우리 아이덜한티 허는 말이 있어. 가만히 내불주, 무사 병원장 데려당 주사를 놓앙 살려놨느냐? 영 늙도록 살앙 뭘 허여? 여기선 아멩(아무리) 늙어도 자기 먹을 건 자기가 해져야 살아. 아무것도 못 허명 여든 넘게 사는 게 뭐라?

요즘 내가 안 아픈 데가 없어. 어깨 쑤시고, 몸살로 쓰러졍 눕고. 노인당에 가도 누워지는 거라. 게민 눔(남) 부끄러왕 집이 강 누웡 자켄 와불어. 게난 난 이 세상 사름이 아니라, 어디 저승 사름이주. 목숨만 여기 있는 거……. 난 이 세상에서도 온 보람을 못 헌 사름.

아니, 하나 있구나. 거 무사…… 수산 살렷덴 헌 거? 그건 내 마음으로도 잘 했구나, 이제도 생각이 들어. 그때도 내가 지서에서 오난 그 사름덜이 막 환영을 해주고, 여기 성을 쌓으명도 난 당최 나오지마랑 몸조리

허렌 헷주. 것덜도 이젠 다 지난 일이라.

두 오라방의 죽음

수산에서도 사름덜 많이 죽었어. 지서에서 잡아당도 죽여불고, 동네에서 통시(변소)에 숨은 사람을 죽여불고……. 길에 뎅기는 사름을 무조건 죽였어. 무조건. 죄 엇인 사름덜 많이 죽엇주.

우리 가족 중에도 4·3에 죽은 사름이 여럿이라. 사촌 오라방도 아무 죄 엇인 사름인디 심어단 저 동귀 바굼지오름(파군봉)이옌 허는 듸(데) 데려당 죽여불엇어. 또 우리 동생 형제가 잇어났어. 그중 큰 오라방은 내가 여기서 고통 받을 때는 서울 살 때라. 나보다 세 살 밑이난 이제 살아시민 으든(여든)하나. 그때가 한 스물둘쯤 뒈실 건디 대학교 다 마치고 허연 선생으로 가켄 헐 때라. 그리고 족은(작은) 오라방은 하귀에 잇인(있는) 중학교를 뎅길 때랏주.

하루는, 그때가 작은아버지 제사를 우리 어머니가 헐 때라. 그 제삿날이 음력으로 8월 스무 닷샛날. 경헨 그 제사를 순경덜이 하도 위험허게 뎅기난 어둡기 전이 빨리 넹겨불자(넘겨버리자) 허연 해가 져갈 무렵에 제상을 딱 벌여놨어. 겐디 순경덜이 들이닥쳔, 게 우리 족은 동생을 잡아가는 거라. 아이고, 경헨 그날 저녁은 하귀 학교에 데려간 막 두드려 분 모양이라. 나중에 하귀 사름덜이 "아이고! 언치냑(어제 저녁) 학생 하나 죽엇저, 죽엇저" 했어. 우린 경해도 어디 나강 물어볼 수도 엇어. 잘못 나다니당 막 위험헌 때난 우리가 어떵 될지 모르지. 우린 겨우 하귀서 "어디 학생 하나 죽엇저" 허는 말만 든 거라.

큰 동생은 그르후제 들어왔어. 동생이 경(그렇게) 뒛덴(되었다고) 허는 소문도 듣고 헌 모양이라. 사실 큰 동생 서울 보냉 대학 시키젠 우리 어머니 밧(밭)도 다 팔고 헤신디 큰 동생도 그때 오란(와서) 그뿐이라. 어디 친구 집이 뎅겨오켄 허연 나간 후젠 소식이 없는 거라. 도저히 소문도 못 들어. 내가 동생덜을 둘이나 그 사태에 잃어분 거라.

그 큰 오라방 이름이 양창희.[2] 행방불명이주. 결혼은 헷주만은 살아보도 못 했어. 지 공부허젠 육지 가불고 허난. 우리 어머니가 오라방덜을 얼마나 애껴신지 국민학교 때는 어떵 헌 줄 알아? 조금이라도 나은 듸(데) 강 공부 시킨덴 하귀는 놔두고 애월에 보냈어. 게난 오라방덜은 놈의(남의) 집 빌언 살멍 공부허당 일주일 뒈민 와. 어머니영 나영은 보리쌀 좋은 걸로 잘 장만헤뒷당 오민 주는 거라. 오라방덜은 첨, 그거 먹으멍 애월국민학교 헷주게. 아이고, 그때 생각허민…… 공일날(쉬는 날) 오라방덜이 집에 오민 우리 어머님은 감저(고구마) 쩡 따뜻허게 놔뒷당 줘. 경허단 나중엔 우리 아버님이 일본 살고 허난 큰 오라방은 일본 간 중·고등학교 다 허고, 대학곤 서울 간 헌 거라.

작은 오라방은 이제 죽어신지 살아신지 그것도 몰라. 이름이 양창범[3]인디 그때가 열일곱? 어렷주. 우리가 두 오라방이 경 뒈난 대가 끊어져 분 거라. 사실 우린 아버님 일본 있고 허난 밧덜이영(밭들이랑) 재산이 살 만큼은 잇어났어. 겐디 그 동생덜 공부 시키젠 허난 하나둘 허단 다 엇어진 건디……. 지금도 내가 뭘 먹젠 허민 가슴 미어지는 말이 잇어. 한번은 동생이 돈 좀 많이 보내렌 허젠 경 헤신진 모르주만, 밥도 못 해먹고 주머니에 생쌀 집어낭 뎅기멍 그걸로 끼닐 떼운덴 허는 말을 친구가 전허는 거라. 그러니 '아이고, 우리 오라방덜! 밥도 한번 실컷 못 먹어

---

2 1928년 8월 20일생으로, 당시 수산리 654번지에 거주했다. 「4·3 특별법」에 따라 '행방불명자'로 신고해 2002년 11월 20일 정부로부터 '행불' 희생자로 인정받았다.
3 1932년 2월 18일생으로, 당시 수산리 654번지에 거주했다. 「4·3 특별법」에 따라 '행방불명자'로 신고해 2002년 11월 20일 정부로부터 '행불' 희생자로 인정받았다.

봤구나.' 생각허여가민(생각해가면) 가슴만 미어터지주. 그후제 내가 양자를 큰 오라방 알로다(아래로) 데련. 지금은 가이가 제사를 다 지내메.

경찰 서방

경찰 서방허곤 살아보진 안허연. 그자 가멍 오멍 살앗주. 각시 잇이난(있으니까) 자기네 집이 간 살았어. 난 그 집이 어디로 올레가 난 줄도 몰랐어. 그 하르방이 죽으난 내가 그 집을 처음으로 가 봤어. 경헨 '아, 이런 듸(데) 살았구나' 헷주, 그 집에 일절 뎅겨보지 않았어. 난 나대로, 죽으나 사나 내 힘으로 살았어. 그 집의 거, 요만헌 아이덜 머리털 하나, 양말 한쪽이라도 그 집의서(그 집에서) 도와준 게 엇어. 경해도 이젠 거기 아덜덜도 다 크난 조금은 날 생각허는 모양이라.

내가 한이 맺힌 게, (우리 집에) 불났을 때……. (그때 내가) 여기 안 살안 조끔 저기 내려간 듸 살고 잇엇주. 거긴 내 집도 아닌 어머니네 집이라. 어머니 돌아가부난 내가 거기 강 산 건디 화재 만난…… 먹을 것 하나 엇이 다 태와불엇어. 경허난 난 그 아기덜 서너 오누이 데리곡 아방 사는 집이를 갓주. (큰)어멍인가 헌 사름이 잇어. 내가 사정 얘길 헤시난 게도 쌀 한줌 보태멍, "요거라도 강 한번 밥 해먹어!" 허주만은 경 안헤도 나…… 게난 그 궨당덜이 보리쌀 한 말씩 모아단 줜게. 난 지금도 한이 뭔 줄 알아? 먼저 가분 아기덜 먹을 거라도 잘 멕이당 보내시믄 헐 건디 경 못 헌 거, 그게 한이라. 나 그 집의 것 요만이도 가져본 거 엇어. 그 사람 몸에서 아기난 거뿐. 몇 년 살지도 않앗주. 가멍 오멍 뎅견 갓주, 한 달이나 같이 살아보질 않안.

내가 혼자 일허멍 아기들 다 키왓어. 그러니 내 이름에 재산이 있을 리가 엇주. 그렁저렁 허멍 겨우 이 집 하난디 이것도 고치젠 허난 돈이 잇어? 어떵 어떵 아이덜도 조금, 저기 일본서 살아난 친구덜 조금, 다덜 조금씩 조금씩 도와줨. 옛날엔 이 집을 300만 원에 짓어신디 이거 수리 허젠 허난 그럭저럭 1,000만 원이 들어. 내가 돈이 엇이난 어떵 허연 헤겨신지, 원.

지금도 가슴이 미어져. 내가 그날······ 그 아기덜 데련 납읍까지 찾앙 가시믄 아방이옌 헌 사름은 쌀이나 한 줌 졍 보내얄 거 아니? 큰어멍이옌 헌 사름도 마찬가지라. 내가 갓건(갔으면) "화재 만난 집이 엇어불언 왔구나" 허영 뭐······. 그때 갈 듸도 올 듸도 엇인 우릴, 뭐 허레 와시니 허영 발도 문간에 들여놓지 못 허게 허더라고.

내가······ 그 아기덜한티 물 한 모금만 줘도······. 아니라. 그거 무신 그 사름 잘못이 아니고, 내 잘못이라. 그 사람 나쁜 건 엇어. 겐디 아방이옌 헌 사름은 보난 아팟덴 허연게. 일절 말을 안 해. 게도 죽어갈 땐 날 찾아렌 허더라고. 난 안 갔어. 강 뭐 헐 거? 나안티(나한테) 미안허덴 말이나 허지, 돈 한 푼 주켄 허질 않을 거 아니?

4·3유족 지정 병원

우리 오라방 둘은 내가 신고했어. 4월 3일 날 내가 저기 (위령)제 허는 듸(데)도 가. 겐디 물어볼 거 있어. 이것가(이거야)? 병원에 댕기는 거?

면담자: 아, 4·3후유장애인 카드!
구술자: 응, 이거. 이건 병원 정해진 듸는 가민 돈 안 받앙 약이고, 뭣이고 해주는 증서 아니라? 겐디 내가 가고픈 병원에 가민 이게 안 돼. 정해진 병원이 너무 적은 거 닮아.
면담자: 도나 나라에선 병원을 계속 늘렴수다마는 아직도 경 많지는

않아마씸. 게난 할머니 같은 유족분덜이 자꾸 도에 말을 헤사 헙니다. 잘 다니는 안과나 이비인후과 같은 듸도 더 많이 정허렌 허곡.

구술자: 아, 경헴구나. 요번이도 보난 몇 군데 늘려선게. 아이고, 고마움도……. 저기, 거기가 어딘가 제주의료원? 아니, 제주의원? 내가 뎅기는 데라. 거기가 도남에 있던가……? 뭐, 어딘진 잘 모르커라. 내 다리가…… 이젠 다린 다 버련. 다리가 자꾸 아파. 겐 내가 그디 강 뼈주사 닮은 거…… 무신 주산지는 잘 몰라. 그거 맞으난 이만큼이라도 걸어뎅겸서. 내가 거기를 한 번 가오랏어. 난 그듸가 좋아 뵈여. 겐디 그 제주의원인가, 어딘간 안 올라 있더라고. 게민 내가 사용허는 병원을 따로 올려야 될 건가?

면담자: 지난번부터 어르신덜이 많이 다니는 병원을 다 적언 올리렌 헷주마씸? 경허난 걱정 말앙 그 병원에도 가봅서.

구술자: 응, 늘리긴 헤선게. 내가 요번에 대학병원에도 간 다른 검사도 허곡 했어.

면담자: 병원에 강 검사허렌 무신 통지가 나왔지예?

구술자: 응, 나오란. 내가 또시(다시) 요번에 검사헌 거 통지를 받안. 걸 보난…… 내가 앉았다가 일어사민 머리가 빙빙 돌곡 허여. 빈혈이라. 오랑 다시 검사허렌 허더라고. 지금까지 안 갔다 왔어. 뭐, 검사를 더 받앙 좋을 건가, 말 건가? 받앙 뭐 허랴 허단 못 감신디…….

면담자: 강 다시 검사허고, 먹는 것도 좋은 걸로 드셔야 될 때우다. 것 밖엔 무신 약이 엇일 거 닮아마씀.

구술자: 다들 경덜(그렇게들) 나한티 말을 해. 겐디 좋은 건 무신……. 난 그냥 배부르게 밥만 먹으믄 뒈주(되지). 내가 화기가 잇어. 그러니 인삼 같은 것도 못 먹고, 그자 밥이나 실컷 먹당 가불민 말 거라.

요즘은 무거운 걸 들거나, 좀 영헌 계단을 올라가거나 허민 눈이 완전

왁왁헤불어. 그냥 거기 쓰러짐직 허민 어디 영 짚엉 앉아. 그러고 정신 나민 걸엉오는 거라. 길을 가당도 요즘은 아이구, 눈이 왁왁, 정신이 캄캄해져.

친정 식구들

큰 오라방 양자가 우리 오라방 제사는 다 지내. 착허주. 겐디 저 4·3위령제나 그런 때 같이 가자 허민 안 가. 젊어노난(젊으니까) 귀에 잘 들어오질 안 허는 모양이라. 내가 걱정허는 게, 그런 제에 가면은 설명허는 사름(4·3 유족회 관계자)이 이젠 젊은 사름을 더 데령옵센 허는 거라. 경헤야 후에 제사라도 지낼 거 아니냐는 거지. 거, 맞는 말이라. 우리 같은 늙은 할망덜 뎅겨봤자 뭐……. 나도 걱정이라. 어떻든 야이를 그런 듸(데) 다니게 헐 방법을 찾아사주(찾아야지).

큰 오라방은 엊그제 음력 유월 스무 날 제사. 그건 내가 잊어 불지 안 허메. 그때 어머님이 유월 스무날은 '닭 잡아먹는 날'[4]이엔 허멍, 닭을 잡앙 줘 나난 잊어불지 안허여. 어머님이 그 날로 왜 큰 오라방 제사를 헌 건지는 잘 몰라.

겐디 작은 오라방은 생일날로 해. 요즘엔 생일 아침에 메[5] 한 그릇 올리고 허여. 게난 우리가 족은 오라방 생일날 뒈민(되면), 아침엔 메 한 그릇 허영 작은 오라방한티 올리고, 저냑이는(저녁에는) 큰어머니 제사를 허는 거라. 복잡허여. 이거 다 나중에 쓰지 말아. 필요도 엇일 걸…….

---

4 '닭 잡아먹는 날'은 음력 유월 스무 날에 닭을 잡아먹는 풍속을 말한다. 이 날 닭을 잡아먹으면 보약이 된다고 해 예부터 집집마다 닭을 잡아먹는 풍속이 있었다. 지금도 이 날이 되면 많은 사람들이 닭 음식을 먹는다.
5 제사 때 신위 앞에 올리는 밥을 의미한다.

요새, 영 허당 테레비 같은 듸서 '4·3 때 잃어분 사름덜'을 찾아가민 내가 탁 끼와져(꺼져). 난 잃어분 사름을 하나토(하나도) 못 보는디 어떤 사름은 저치룩(저렇게) 찾앙 헴신고 허연. 이런 것도 듣지 말아. 들엉 가나(들어서 가나), 썽 가나(써서 가나)…… 아무 소용 엇일 거 아니라. 난 속상만 더 허지.

경허고 우리가 딸이…… 여럿이랏어. 겐디 다 죽어불언. 살아남은 건 3형제. 내가 제일 우에 될 거. 우이(위에) 성님덜은 다 죽어불고, 동생 둘인디 하나 동생은 부산에 있고, 하난 납읍에 살아.

동생덜이사(동생들이야) 그제사 어려부난 뭣을 알아? 우리 어머님은 화병으로 돌아갔어. 아덜 성제(형제) 그 공부시키곡 허여신디도 어디 강 죽어신지도 모르니 화가 안 날 수가 엇어. 게난 이제 동생은 화병에 걸린 어머니 치료헐 약을 구허레 뎅긴다고 다니단 뱀에 물련. 거 멀쩡헌 큰 길에서 물련 허난 배염독이 머리로 올라감덴(올라간다고) 빨리 약 쓰렌 난리라. 이젠 아이고, 난 나이든 어멍은 죽고 대고(죽거나 말거나), 동생이나 살려놓젠 또 부지런을 떨언. 나중엔 어멍은 죽고, 동생은 벨 약 다 허단 보난 살아난. 이제 납읍 살아. 아기덜도 멧 나고 허영 잘 살메. 가이는 나이가 나보단 막 어려. 이제 예순아홉.

그때 우리 어머니는 오라방덜 죽언 몇 년 안 된 돌아갔어. 가만 있어 보자, 어머니가 쉰일곱에 돌아가셔시난 내가 마흔도 안 된 때 돌아가셨어. 뭐, 오라방덜 죽언 몇 년 안 된 때라. 우리 어머니나 아버지 두 분 다 쉰일곱에 돌아가곡 헌디, 난 여든 넘도록 뭘 허멍 살아졈신고……. 아이구, 선선해. 여든이 뭣이라? 옛날엔 으든(여든) 나도록 산 할망 엇어…….

이젠 헐 말 다 헌 거 닮아. 다른 건 더 허젠 해도 생각이 안 나. 지금까지 헌 것도 하도 기가 막히고 해노난 바로사 말헤졈신지 거꾸로사 헤졈신지사……. 이젠 정신이 섞어져부런 안 뒈커라. 그만허주.

제3부

고향마을에서 살아남기

1 경찰청 통신과에서도 근무해봤어요
2 주정공장 운전수였죠
3 '변사(變死)'로 올린 부모님 사망신고서
4 우리 예원동은 상귀리에서 수산리로 행정구역이 바뀌어부럿어요
5 할머니 묘소를 찾아강 절을 허멍, "잘못했습니다" 하고 싶어요
6 죽을 고비 넘은 것만도 서너 번
7 북부예비검속유족회 회장입니다
8 형님 이재만 검사와 이창우 경사를 말한다
9 당시 믿을 건, 우리 집안뿐

다시 하귀중학원을 기억하며

강우택

강우택(姜禹澤)은 1928년생으로 4·3 당시 애월면 유수암리에 거주했다. 그는 일제강점기 일본에 살며 중학교를 졸업했다. 해방 후 귀국해 고향에 살다 4·3의 발발로 세상이 뒤숭숭해지자 제주 읍내로 와 경찰에 투신했다. 형은 경찰에 잡혀가 대구형무소에 수감되었다가 한국전쟁 후 학살되었다. 현재 제주시 용담동에 살고 있다.

(채록일: 2006.7.10 | 채록 장소: 제주4·3연구소)

1

경찰청 통신과에서도 근무해봤어요

제주4·3연구소를 방문하다

(2006년, 제주4·3연구소를 찾아와)

강우정이 잇수과(있습니까)? 우리 번지가, 본적이 1925번지라. 애월 유수암리, 저 금덕리. 우리 형님……

내가 일흔아홉입니다. 형님은 나보다 아홉 살 위난 (살아시믄) 90? 아니, 오든 오답(여든여덟). 88세. 형님이 행방불명인디 어디 기록에 엇어마씸(없습니까)?

연구소 관계자: 이건 수형인명부입니다. 여기 일반재판이나 군법회의 1, 2차 재판에서 판결 받은 사람들이 다 나오는데 형님 이름은 없습니다. 옆집에 강우○라고 있습니다. 인천형무소 갔다고 나와 있습니다만?

예, 그거는 우리 일가. '우'자 돌림이니깐. 우리가 3형제입니다. 강우정이 위에 형님이고, 내 밑에 동생이 하나. 우리 형님은 4·3 때 결혼해서 딸이 하나 있었죠.

당시 우리가 직장이 있을 리가 없었어요. 농촌에서. 그저, 일본서 와 가지고 해방이 돼가지고. 해방이 되니까 이제 9월 달에 여기 고향으로 와서 한국말도 제대로 못 했어요. 말도. 아마 모르지마는 군법회의나 재판 과정도 그자 "예, 예." 대답은 허였겠지요. 내 짐작에. 말이 통하지 안 허연. 일본서 오란(와서) 잘 모를 때니까. 일본서 들어와 가지고.

4·3의 기억

우리 형제들이 다 일본에서 생활하다가 들어왔습니다. 저는 중학교까지 일본서 했지요. 해방되는 해, 1945년도에 졸업했어요.

거, 뭐 날짜는 기억이 안 나고 해요. 난 몰랐는데 사상이 무언지……. 그때 열여덟 때니까, 나이가. 중학교 졸업하면서 와근에(와서) 18세 때니까 그저 뭐 사상이 뭔지 전혀 모르고. 느닷없이 밤에 막 뒤숭숭해서 보니까 고함덜 치고. 그래서 난 겁이 나가지고……. 우리 어머니가 대왓(대나무밭)에 강 숨어불렌 헤수다(숨어버리라고 했습니다). 하여튼 집에 있으면 끌려가는 거예요. 끌려가. 오라고, 자기네하고 같이 이제 동조해서 활동하자고 그건데. 나는 저기 대왓에, 집 뒤에 있는 수리대왓에 (숨었어요). 촌에는 그런 것이 다 있었거든요. 거기서 일주일 살았어요. 일주일. 밥도 그자 어머니가 날라다 줜에(줘서) 대왓듸서(대나무밭에서) 밥 먹고. 경허연 한 일주일이 지나니까 도저히 안 되겠어예? 그래서 이젠 부모님한테 얘기해서 시에로 와불었죠. 시에로.

그때 우리 형님은……. 내가 제일 먼저 제주시로 와불고, 그 다음에 형님은……? 그때 나영 같이 시에 와불었더라면 살아……. 이런 변을 안 당했으면 모르지마는, 촌에 잇어버리난 이렇게 돼분 거고. 또 동생은 그때 나하고 그자 앞서거니 뒤서거니 왔어요.

경헨 제주시에 와서 삼도2동, 옛날에 저 탑동에 장공장 알지요? 장공장? 거기 옆에 우리 일가 어른이 잇어가지고 이제 우선 거기다 방 하나 해가지고 기거 생활을 했죠. 그래서 이젠 직장을 구해야겠다 해서 그때, 전매청, 전매지국. 그 당시에. 이제 소사로 들어갔지요. 급산가? 급살 거라. 나이도 그렇고 하니까요.

행방불명된 형님…….

4·3 때 제주시에 있으면서 의심받거나 그래 본 적은 전혀 없어요. 웃드르(한라산이 있는 쪽의 마을) 사름이렌 허믄 무조건 의심해났다고 허지만 난 주위 환경이 의심받을 만한, 머 그런 게 아니었거든요. 왜냐허믄 그때 여기 와서 바로 직장에 들어갔어요. 전매청에 있다가 경찰에 갔거든요. 바로 한 몇 달 허다가 떳떳허게 뭐, 사상적으로 의심받아서 그런 거는 전혀 없었지만 경찰에 갔죠. 내가 경찰 9기라. 첫 근무지가…… 통신과, 제주경찰 감찰청. 저 옛날 제주신문사 그 자리, 통신. 내가 공업학교 전기과를 졸업했으니까 그쪽 분야로 간 거예요. 그때 인적 자원이 모지란 때니까 전기과 중학교 나온 사람도 별로 없었지요.

내가, 음……. 9기는 1948년 12월 달에 들어갔어요. 그러니 1945년도 해방돼가지고 유수암서 2년 살고 그러다가 1948년도 겨울에, 2월 달에.

경찰에 있으면서 형님 잡혀갔다 뭐 했다 한 소식은 들었죠. 들엇수다(들었습니다). 그때는 아주 마을이 소란스럽게, 한두 사람 한 게 아니고 마을 각처마다 그런 문제가 제기돼가지고요. 저, 구엄국민학교? 글로덜(그쪽으로들) 수용해가지고 재판 받앙 육지 보내고 했죠. 그럴 때니까 한

부락에서도 몇십 명씩 그렇게 됐어요. 무신(무슨) 죄가 있어서가 아니죠. 우리 형님이 아침에 쉐(소)를 목장에다 올리거든요. 근데 목장에 올리러 가다가 폭도덜이 내려오난 그랬는지, 다 심어가 불었수다(데려가 버렸습니다).

언제쯤인지 몰라요. 그건 뭐, 짐작밖엔……. 그때가 가을이니까, 계절적으로 봐서 가을이었으니까 아마 한 9월, 10월? 그 4·3사건 터지는 해에마씸. 일찍 잡혀간 거지요. 내가 경찰에 들어가기 전에……. 나는 그 후에 경찰에 들어갔어요.

형님 면회는…… 면회는 전혀. 나는 우리 형님이 죄 없이 그렇게 당허긴 허엿주만 가깝게 지낼 수가 없었어요. 경허민 나는 경찰관 옷을 벗게 되니까. 그 당시에. 그래서 이젠 거리를……. 나도 모른 척했지요. 만약 경찰에서 알면 그때는 모가지죠. 그래서 일절 그런 표시를 안 했어요. 표면으로 나타내지를 않았어요…….

유수암이 불탔지요. 그래서 부모님네허고 형님네 가족은 신엄리로 소개를 했습니다. 아랫동네 신엄으로. 나는 머, 일절 촌에 가보지도 안 허고……. 갈 수도, 갈 시간도 없었어요. 우리 가족 중에는 형님만 지금 행방불명됐어요, 형님만.

경찰청 통신과에 근무하다

경찰로 있으면서 잡혀온 사람들 취조허고 그런 거는 내가 지서에 있을 때…… 표선지서, 세화지서 있을 때 조금 봤어요. 그때 서북청년덜이 와서, 그놈덜이 했죠. 우리 여기 본토에 있는 경찰관은 그렇게 안 허고요.

저는 처음에 감찰청 통신과에 있었어요. 그다음, 몇 달 후에는 제주경찰서로. 그러다가 4구서가…… 이제 성산포허고 모슬포허고 거기에 경찰서가 생겼거든요. 그래서 그 바람에 나는 성산포경찰서로 발령이 난 거예요. 그쪽으로 가 있었죠. 거기서 관내 세화지서에도 있었고, 표선지서에도 갔습니다.

토벌? 토벌은 나갔다가 산에서 교전 붙어가지고, 그때 부상당해서 경찰을 그만 둔 겁니다. 저 중문 석(색)달리 지경이었어요. 우린 백사령부 소속은 아니었어요. 아마 동원은 백사령부에서 했을 겁니다.

그때 이렇게 우리가 적악오름, 붉은오름에서 공비 색출할라고 출발을 헷는디, 일개 부대가 가다가 저 중문 위 석(색)달 지경. 속칭은 뭔지 모르겟주만은 거기서 폭도덜 만나서 교전이 붙은 겁니다. 그래서 우리 아군도, 소대장도, 이세영 씬가? 오래되니 이름도 잊어불고 경헌디 그 양반도 전사하고 그랬어요.

난 그 전투에서 부상당한 게 아니에요. 그 후에 성산포에 있다가 이쪽으로 제주경찰서로 전근 발령 받아가지고 야간에…… 그 당시에는 집에서 자지 못했거든요? 모두 다 경찰서에서 잤는데 동수동 습격 들엇젠(들었다고) 했어요. 조천 위, 신촌 위 동수동(마을). 거기 공비 들어왓젠 허니 우리가 거기 응원 출동 간 겁니다. 경헌디 가다가 삼양 조금 지난 듸서 공비들이 양쪽에 숨어 있다가 우리 차 가니까 습격해가지고, 거기서 부상당했어요. 죽은 사름이 그때 김봉식, 성순경, 한 네댓 죽은 거 같아요. 이 사건이 내가 경찰에 들어가서 얼마 없을 때예요.

그러고 나는 정식 토벌대로 다녀본 건 없어요. 통신계, 엔지니어니까 통신계 근무만 했습니다. 뭐, 일반 경찰관 모냥으로 공비 잡으레(잡으러) 간다든지 그런 거는 안 했어요. 난, 통신 보수, 각 지서에서 그런 게 주 업무였어요. 그러고 나서 뭐 부상당하니까 사표 내불엇주. 지금 연금이 나옵니다. 국가유공자로.

4·3사건 일어나는 과정이나 그런 건 잘 모릅니다. 어릴 때니까. 그때

열여덟 살 때니까요. 그리고 말도 잘 안 통했습니다. 왜냐믄 우리가 일본서 오래 살다 해방돼난 들어왔죠? 부모님과 더불어 같이덜. 온 식구가. 그래서 허니까 한국말이렌 헌 건 일본에서도, 집안에서는 한국말 썼으니까 어느 정도 일상생활 용어는 됐지만 그 외는……. 4·3사건이 일어난, 발발한 원인에 대해선 잘 모르겠네요. 어릴 때고, 또 그 나이에 경 관심을 가지지도 안했으니까 말입니다.

난, 경찰에 있으면서 잡혀온 사람덜 답달하는(닦달하는) 그런 거는 없었어요. 왜냐믄, 주로 경찰서 본서 업무만 했으니까요. 성산포경찰서 가면서 세화지서허고, 성산지서 한 몇 달씩 근무한 거 이외에는 일선 근무는 별로 안 해봤습니다, 내가.

그러다 1950년 6·25 날쯤에는 내가 저 부산에 경남경찰국에 가 있었어요. 거기서 6·25가 발발하니 그냥 제주로 들어와 불엇주만. 부산에…… 한 1년쯤 있었어요. 부산에 간 이유는 공부할라고요. 대학 입학이나 해볼라고 해서 갔었죠. 거기 가서 직장을 가져야만 생활비도 조달이 될 거고 그래서 했는데, 우선 거기 가서 경찰에 복직했습니다. 경남경찰국에. 어떻게 복직이 됐나 하면 그 당시에 이제, 여기서 경찰로 있을 때 통신과장이 권 모 씬가? 그 양반이 경남 통신과 과장으로 가 있었어요. 그 관련으로 해서 거기 가서 얘기해서 복직 발령받아서 근무하게 된 거죠.

형님과 형수님

형님 편지는 언제쯤에 온 건지 기억이 잘 안 나지만…… 그게 언젠지? 좌우간 내가 성산포에 있을 때 어머니한테서 편지가 왓젠 했어요. "대구…… 느네 형, 대구교도소 갓젠(갔다고) 편지 왓저(왔어)!" 그것이 처음이고 마지막. 그걸로 이제…… 이럴 줄 알았으면 그 편지 잘 놔둡센(놔두라고) 헐 건디……. 나 언제 시에 가건 보겟다고 헐 건디……. 그 당시는 나가 가급적이믄 그런 선하고 멀리 하려고 했습니다. "아, 알앗수다(알았습니다)." 그래서 그런 정도로만 한 거죠.

난, 나중에라도 경찰 그쪽 기록 같은 거 찾아보젠도 안 했습니다. 형님에 대해서. 그런 생각도 안 했고요. 사실 우리가 형님 관계로 가족이 또 피해받거나 한 건 없어요. 도피자 가족이랜 허는 그런 것도 없었고요. 나는 우리 아이가 혹시 취직하는 데 영향을 받지 않을까 생각했었는데 머, 지금 쉰하난데 시청에서 근무허지마는 그걸로 인해서 취직허는 데 지장 있다거나 그런 것도 없었습니다.

우리가 형님 사망신고는 1965년도에 했나? 호적을 잠깐 본 기억이 나는데 1965년도일 겁니다. 그때 당시 형님은 혼인신고 돼 있었어요. 지금 우리 형수님이 살아 계시니까. 출가허연 갔다. 늠(남)의 집에. 젊으니까 여자 혼자 못 살지요. 남의 집에 가 있다가, 남편도 아마 돌아가고 허니까 우리 집에 돌아온 거지요. 원대 복귀 한 겁니다.

그때 당시는 이쪽에 호(호적)가 있으면 호를 넘겨가지 못했거든요. 게믄 허다가 결국은 호 있는 데로 오는 거죠. 그쪽에서 잘 안 되면……. 어떻게 팔자 나빠지면 다시 원상 복귀해서 오는 겁니다. 호적을 마음대로 주지도 않았거니와 옮겨가질 못했을 경우 그런 게 가끔 있었어요.

사실 옛날 집으로 온 할머니들이 좀 있습니다. 간혹 그런 사람들이 있지요. 거기 강 잘 되면 언젠가는 호도 거기로 가겠지만, 어떻게 하다가 가서 남편도 죽고 해버리면……. 에이, 또 원래 복귀해버리고. 우리 형수도 그런 격이죠.

억울한 사람들 빨리 명예회복 돼야죠

서청들……. 사람들 많이 괴롭혔죠. 서북 청년들이 뭐라 할까, 사람들이 역시 이북 사람들이 돼어노니까 성격이 좀 난폭하죠. 난폭해가지고 예를 들어서, 어느 동네 사람이라도 지서에 데려오믄……. 물론 그 당시로 봐서는 그렇게 안 헐 수도 없었지마는 보기에 너무 과하지 않았나, 그런 생각도 내 속으로 들지마는 그거 뭣이렌 헐 수도 없는 거고요. 그 사람들 직무를 수행하는 거니까. 그런 거 있었어요.

기억에 남는 서청 경찰은 좀 있어요. 김종관이, 종관이하고 세화지서에 있었죠. 아, 그 사람도 꼭 죽은 거 같다. 여기서……. 그러고…… 서청 중에서 친하게 지낸 사람은 없어요. 친하게 지낼 수도 없었어요. 왜냐하믄 성격 차이가 있으니까. 서로 성격이 어느 정도 비슷해야 좀 친하게 지낸다 이렇게 허지만 이 친구들은 좀 난폭했죠. 제주도에 들어올 때는 좀 복수심이 있었거든요? 속에. 그러고 업무 집행도 그런 식으로 허니까 상대가 되지 않았습니다.

난 세화지서에 있을 때나 표선 있을 때도 사름덜 죽이는 건 못 봤어요. 그때 당시 이덕구…… 이듸(목) 잘라내, 모가지 잘라내, 관덕정 기둥에다 둘아맨 거(달아맨 거)…… 그건 봤습니다. 기둥에, 기둥에 둘아맨 때…… 머리…….

지금, 4·3 영 해결 되는 거 보면…… 불만은 없어요. 불만이라는 게, 경찰이 아니고 일반 도민 같으면 혹시 있을지 모르겠지만, 불만은 없고요. 건의할 건……「4·3 특별법」, 요것이 개정안이 지금 제출되었는데 그거나 빨리 통과돼서 억울한 사람들 명예회복이라도 해서 떳떳하게 할 수 있는 이런 것밖에 없습니다.

경찰에 있었던 분덜 증언 잘 안 헐라고 헐 겁니다. 나도…… 나는, 경찰도 장기간 한 것도 아니고 단지 기술 계통, 기술 분야로, 통신 계통에만 했으니까 일반 주민을 고문헌다든지, 취조헌다든지 이런 것도 없고 허니까 별로 그렇게 얘기할만한 건 없어요. 죄송할 뿐입니다. 나, 지금도 경우회엔 나갑니다. 회원 중에 친하게 지내는 분도 있구요. 지금 경우회원 중에 김묘생이라고, 삼양 분인데 그 친구하고 친하게 지내요. 그분, 경찰은 오래 하지 않았어요. 거기도 나와 비슷하게, 오래 하지 않았습니다.

나는 경찰관을 했다 뿐이지, 4·3사건을 일반 사찰 경찰 모냥으로 했다든지, 이런 실적도 없어요. 안 해봤고, 또 그런 경찰에 대해서 느껴보지도 못했어요. 기술 분야로만 했으니까. 거기 있다가 토벌도 가끔 허고 그렇게 했자 응원…… (그 정도)? 그걸 전문적으로 헌 것도 아니고, 그런 정돕니다.

그러다…… 경찰 그만두고 이젠, 그다음에 도청에 갔죠. 행정공무원을 했어요. 그래서 1986년도에 정년퇴직으로 공직생활을 마감했습니다.

참, 우리 동생은 별 탈 없이 그때, 4·3사건을 넘겼어요. 전화국에 근무했죠. 여기 전화국에 근무하다가 부산전화국으로 전근 간에(가서) 거기서 정년퇴직했습니다. 육지 살고 있지요. 동생이 나보다 여섯, 나 밑에예요. 지금 일흔너이(넷) 될 건가? 일흔서(셋)인가?

그 형수님은 시내, 제주 시내에 삽니다. 딸이 있으니까 딸하고 같이 살지요. 이름이 박경아인데 청각이 전혀 안 돼요, 청력이. 형수님이 연세가 나보다 여섯 우의(위)니까 여든다섯인데 전화 벨소리도 안 들린덴 헷수다(했습니다). 전화도 못 받아요. 게난 조카가 보청긴가 해줬다고 합니다. 뭐, 오늘 제 얘기 도움이나 될 건지 모르겠습니다.

다시 하귀중학원을 기억하며

강종국

강종국(姜宗國)은 1927년생으로 4·3 당시 애월면 하귀리에 거주했다. 그는 주정공장 운전사로 일하다 1948년 12월 28일, 숙부 내외가 트럭에 실려 학살터로 끌려가는 것을 목격하기도 했다. 현재 그는 애월읍 하귀리에 살고 있다.

(채록일: 2006.6.14 | 채록 장소: 자택 | 아내 동석)

2

주정공장 운전수였죠

주정공장 운전수로

내가 1927년생이라. 1927년생. 난 생모가 네 살에 돌아가셔 불엇는디, 두 번차 어머니가 나를 키워줨. 에이고, 이거 역사라 허는 게. 난 아무도 엇주. 단신. 형제간이 없어. 형님 한 분 있다가 4·3사건에 행불자가 돼어 불엇어.

(키워주신) 어머니는……, 그때 이게 옛날 초집 안팟거리(안채와 바깥채)라. 우리 형님네는 여기 안거리에 살고 저쪽 집에, 저 밧거리에는 어머니허고 우리 집사람이 애기영 살았어. 나만 그때 여기 안 살았지. 나는, 다 여기 있으니까 왔다 갔다 했어. 나는 시에 있었거든. 내가 주정공장에, 일정 때, 열일곱 살에 들어갔어. 일정 때. 그때 소학교였지. 소학교 나와가지고 집안이 농촌이니까 진학도 못 허고, 헐 생각도 안 허고 해서 시험 봐가지고 주정공장에 들어간 거야. 그때 일본놈덜 시험을 봤어. 필기시험 같은 거. 주정공장에 들어가 가지고 재료창고 직원으로 들어갔

지. 거기서 근무하다가 (해방 직전에) 산지축항 폭격도 받고……. 주정공장 폭격도 받고 했어요.

그러다가 해방이 돼가지고 내가 자동차 조수가 됐어. 그 당시 운전수가 상당히 부족했거든. 자동차도 얼마 없고 해서. 운전수나 한번 해보자 생각이 나서 자동차 조수로 갔어. 그때 주정공장에 원료가 뭐냐면 절간 고구마 썰어서 말린 감자 빼때기(날고구마를 말린 것), 그걸 가지고 원료로 썼거든. 제주도는 그때 감저(고구마) 주산지 아니여? 그거 해서. 일본놈덜 동척회사라고 동양을 지배하고 싶어 해서, 동척식회사라고 했었지. 그래서 이제 자동차 조수가 돼가지고 1년쯤 해서 자동차 면허를 땄어. 내가 스물두 살 때라. 큰아들 나기 전이니까. 내가 스물두 살에 4·3사건이 터졌고, 큰아들을 음력으로 9월에 낳고……. 한 7, 8월에 면허를 받아져실 거라. 내 면허증도 어디 있을 건데.

그리고 주정공장 운전수를 했어, 운전수. 주정공장 운전수를 쭉 해서 하는데…… 4월 3일 날 4·3사건이 나고, 우리 어머니가 음력 10월 열하룻날 돌아가션. 저기 볕을 쬐려고 멍석에 곡식덜을 날레(멍석에 널어놓은 곡식) 널엄시니까, 그때는 뭐냐면…… 그 전날 신엄에 산에서 습격해가지고 불 지르고 약탈을 했단 말이야.¹ 그때 하귀는 빨갱이촌이라고 지명됐고, 거기는 '대동청년단'이 싱싱했거든. 신·구엄은 대동청년단. 경행(그렇게 해서) 경찰하고 서북청년들 와가지고 막 약탈하고 사름 쏘아 죽여신디……. 음력으로 10월 열하룻날 우리 어머니가 해낮에 마당에 날레 널고 허고 있었단 말이야. 우리 할망(부인)은 몸이 불편해가지고 문가에 앉아 있고. 내가 듣기로는 물건을 내노라고 헌 모양이지. 어머니 혼자이시니까. 아무도 없거든. 아버지는 일찍 돌아가셔부니까. 우리 아버

---

1 1948년 11월 11일. 무장대가 신엄의 우익 인사 집을 기습해 세 명을 학살했다.

지는 그 4·3사건 나는 2월에 돌아가셨어. 4·3사건 직전에. 그냥 병으로 돌아가셨는데, 한 1년 앓다 돌아가셨는데 장사 끝나자마자 4·3사건이 터졌어.

우리 어머니 그런 건, 난 집에 없을 땐디 어떻게 알았냐면, 그때 경찰에 징발당한 차덜……. 그때 해방 후에, 주정공장을 적산관리처에서 관리했어. 이 주정공장이 나중에 신한공사 제주 주정공장으로 됐거든. 그때 미군 고문이 회사에 나와 있는데, 그 고문 스리쿼터가 있었어. 그걸 내가 운전할 때지. 우리 어머니 그 내용을 안 것이…… 트럭이 경찰청에 징발 당했어. 그때는 민간차량 전부 징발 당헐 때라. 버스까지도 심지어 징발 당해났어. 주정공장 트럭도 경찰청에 징발 당헷는디 그 차가 응원대를 실어가지고 구엄에 가서 그 경찰관을 태우고 하귀로 왔던 모냥이라. 우리 그 차로. 경헤서 경찰 배치해가지고 하귀를 다 수색헐 때 우리 어머니가 돌아가셨거든. 그날 저녁에. 어머니 돌아가셔도 뭐 임시로 우리 밧(밭) 한 구석에 가매장 했거든. 난 그때 참석도 못허고. 위험 통에 나 같은 놈 얼러 뎅기다가(다니다가) 위험하단 말야. 나중에 들으니까 그렇게 했다 했어. 그때사 할 수 없이 우리 집사람이 큰아들을 9월에 낳고, 우리 어머니 10월에 돌아가셨으니까 안 되겠다고 해서, 이제 여기 살 도리가 없거든. 어머니도 돌아가셔불고. 시에 가서 그때부터 난, 방 한 칸 빌려 살 적이니까 데려갔어요.

숙부님의 죽음

그때 나는 어디서 일했느냐면 9연대가 비행장 주둔했어요. 거기서 나는 차 조수로 일했지. 9연대 비행장 주둔할 때 거기 있다가 이제 2연대가 농업학교서 교체할 적에…… 그것이 몇 년도까진가? 늙어서 (기억이 안 나네). 하여튼 여러 해 군속으로 징발 당해가지고 6·25 때까지.

　난 군속이니까, 뭐 지방 차 운전수니까 여기 남았어요. 9연대, 2연대 교체할 적에도 군속으로 그냥 넘어간 거라. 2연대로. 부대 이동 다 우리가 완료시켰어. 우리가 차로, LST[2] 산지부두에 들어오니까 9연대는 나가고, 2연대는 실러들이고. 그때가 양력으로 12월 28일 날이야. 왜 잘 기억나냐 허민 그때 우리 숙부님 부부가 돌아갔거든. 우리 아버님 밑에 동생네라. 우리 숙부님네 아무도 없어서 내가 (4·3희생자) 신고하고 했어. 그분이 차타고 죽으레 가는 걸 봤거든. 왜 보았냐면 그때 배부른동산, 지금 조일약국 앞 거길 보고 옛날 배부른동산이라고 했어. 그듸를 우리는 2연대 병력을 싣고 농업학교, 지금 칼호텔 앞에 본부가 있을 때, 거기 농업학교로 올라가고. 또 주정공장 스리쿼터는 제주경찰청에 징발당헐 때 아니라? 겐디 나는 그때 트럭 조수로 해서 차에 군인덜하고 탔거든. 난 보젠도 안 헷는디 트럭은 높고 스리쿼터는 얕잖아? 길도 넓지 않으니까 자동차 두 대가 빨리 가진 못허거든. 길이 좁으니까. 그 시내 안에가 그렇게 좁았어. 차 두 대가 조심스럽게 넘어가거든. 확확 넘어가지 못했어. 스리쿼터는 동으로, 우리 셋아버지네를 태워서 동으로 가고, 우린 농업학교로 올라갈려면 남문통 쪽으로 헹 올라가게 돼 있거든. 지금 중앙 천주교 앞 그게 남문통 길이라. 이쪽 중앙로는 없었지. 경 헤신디 차에서 보니까…… 스리쿼터가 서쪽에서 오는디 우리 셋아버지네 둘허고 여덟인가 아홉이 탔어. 아홉이랏어(아홉이었어), 그때. 경찰관 경위 하나 타고 순경이 둘인가 셋인가 칼빈총(카빈총) 뚜리메고(둘러메고) 탔더구만. 그날은 겨울이라도 추웠다가 볕이 따뜻허게 났어. 상당히 화창하더구만. 나 생각에는 그때 탄 사름이, 경찰관이 우리 집 요 아래 사는 박

---

2 병사, 전차 등의 상륙용 주정.

○하라고 있어. 그 박○하가 탔더구만. 경허난, 난 아, 이거 동네사람이고 허니까 어디 바람 쐬러 나가는가 이리 단순하게 생각했거든. 경(그렇게) 강(가서) 당헐 줄은 모르고. 그니까 주정공장 스리쿼터 운전수가 안성찬이라고 김녕 출신이라. 우리 같은 운전수끼리난 뭐 나중에 만나면 내용을 알겠지 했어. 그날 난 집에 돌아오지 못했어. 부대가 농업학교에 천막 치고 천막에서 살았거든. 뒷날은 이제 집에 와서 보니까 화북 가서, 그날 저녁 쏘아불엇다는 거라.

그래서 우리 셋아버지네 돌아가신 걸 알고 그땐 위험허니까 시체를 찾아올 거여, 뭐 헐 거여? 그냥 내부럿저. 나중에 찾아오긴 찾아완. 내가. 그듸(그곳)가 화북, 지금 삼양하고 화북 그 사이라. 화북 넘엉 삼양으로 가게 되면…… 지금은 잘 몰라. 화북국민학교 넘으면 거기 설덕[3]이 잇어. 동네…… 옛날에는 동네가 없고 밧덜(밭들)만 조금 동산 지영 올라가는디. 동산 막 올라가서 조금 가게 되면 화북으로 내려가는, 옛날에는 좁은 길이 있었어. 그길로 쭉 들어가면 동네 동쪽이라. 그때 큰 소낭이 몇 개 있고, 어느 집안 산인지 모르지만 웅장한 산이 있고, 그 산 안에서 돌아가셨더구만. 산담 안에서. 그래서 그게…….

뭐, 웅덩이 같은 거 팔 필요가 없었지. 그냥 산 앞이라. 거긴 너르잖아(넓잖아)? 산담을 허면. 큰 산이니까. 거기덜 담아낭 그냥 쌍 죽여불엇어. 여덟 명인가, 아홉 명일 거라. 그때 저기 조창호라고, 애월금융조합에 근무헤난 사름이 잇어. 바로 여기 동네 사람인디, 조창호도 그듸 같이 한날 죽었어. 내가 그 2연대 2대대 북소학교(북국민학교) 근무할 땐디. 대대본부가 북소학교라낫주. 거기 우리 주둔헐 때라.

난 셋아버지가 언제쯤 잡혀간 건 몰라. 우리 하귀에 눈 감으렌 허연

---

[3] 돌들이 엉기정기 쌓이고 잡초와 나무가 우거진 곳을 의미한다.

다 잡아간 그 사건 있지 안 허여? 난 그건 직접 못 봤지만 동네사람한티 나중 들으난 눈 감으렌 헨 조사를 했다고 허더라고. 산에서 잡아온 사람한티 손가락질 허렌 허연 지명허고.[4] 그 후일 거라. 어…… 그러고 보니 같은 날인가? 하여튼 그때는 하귀 사름덜 다 몰살시킬 때거든. 경찰이 실러당 죽여불고, 조사헹 심어당(데려다가) 죽여불고. 한날, 한날이라.

부인: 그것사 신엄서 완 경 허지 안 헤서? 신·구엄서. 아니, 셋아버지네 잡아갈 때는 순경덜이 같이 왔어. 강ㅇㅇ네, 그거덜. 문ㅇㅇ네. 우리 셋아버지네 쌀 배급 허고, 여관 허고 했어요. 겐디 산에 쌀 올렷젠(올렸다고). 올리지 안 헤신디 개인감정으로. 셋아버지 때문에 자기네 무시거 못 허난. 그 순경 이제 죽어불엇주마는 자손덜도 별로 시원 안 허여. 그 사름덜이 비료 배급을 자기네가 못 허니까 개인감정으로게. 그때사 손가락질 허믄 사름 죽여불 때난…….

셋아버지네 이름이…… 강기량, 김정후. 셋아버지가 49세고, 셋어머니가 나이가 더 많아. 51세. 거…… 내가 눈으로 스리쿼터 타고 가는 걸 봤거든. 그걸…… 내 친부모 같은 중부님 내외를 태웡 강 같은 동네 놈이 총으로 쏘아불었으니. 아, 사름이면 눈뜨고 참을 수가 있어?
당시 도에서 정헌 배급소가 있었어. 도에서 지정했거든. 일제시대는 쌀이 없으니까 공무원이고 뭐고 배급 타먹었잖아, 배급? 비료배급소……. 뭐, 배급이란 거는 전부 도맡아 했어. 감저(고구마)…… 마른 감저 창고업도 했어. 우리 셋어머니가 얼굴이 참 넓어서 사방 외교도 참 좋았거든. 거 참, 이상해. 사촌덜이 있다가 전부 죽었어. 동생덜이 넷 잇

---

4 하귀국민학교 눈 감으라 사건을 말한다.

어낫주(있었었지). 겐디 다 죽었어. 세 번째는 6·25 때 경기도 포천 주둔했다가 살았는지 죽었는지…… 그냥 죽어버리고. 동작동 국군묘지에 비석은 있어. 나 강 봤어. 시체 찾았단 말은 없고. 또 중학교 선생 허단 육지 간 병으로 그냥……. 그다음 애덜은 병으로덜 다 죽어불고. 머리덜이 영리했어. 우리 사촌덜이.

외도지서 장작사건

우리 형님5은 이 집에 살았어요. 그때 외도에 지서가 잇어났어. 여기는 없을 때난 경찰관도 주둔허지 않았지.

그 날(1948.12.5), 외도지서에서 와가지고 젊은 사름덜 전부 톱하고 나대6 같은 걸 가정 나오라고 했지. 왜냐믄 여기 중산간에 소나무 있으니까 그런 걸 다 베어낸다고. 이유야, 산에서 온 사름덜이 거기 잠복헌다고 허는 거지. 그래서 그것덜 비레(베러) 다 나온 모양이야. 동원되니까 할 수 없이 나갔거든. 나오라면 나가야지 뭐 어떻게. 나갔는데…… 그냥 사름덜을 실러불엇어. 실러가불엇어.

젊은 사름은 다 나오렌 했어. 다 형무소 갓주(갔지). 우리 형님은 마포형무소 갔어. 이날 실러가 가지고, 나무 장작하러 가자 헨 행방불명된 사름덜이 굉장히 많아요. 우린 경찰에서 실러단 어디 구속시킨 것도 모르고, 아무것도 몰랐지. 소문에는 형무소 갓저 허는디…… 나중 보니까 마포형무소에서 편지가 왔더라고. 나 편지 한 번 받았어. 경헨 아, 이거 형무소 갔구나. 그때는 형무소 간 영 될 줄도 몰랐지. 하여튼 형무소에

---

5 강종호. 1923년생. 행방불명.
6 메호미. 장호미를 뜻하는 제주어.

간 이시난(있으니까) 살긴 살앗젠(살았다고) 어느 정도 안도했어. 겐디 결국은 6·25 터지니까 뭐 어디 어떻게 된 지 알 게 뭐야?

형님이 딸이 있었어. 근데 어린 시절에 화상 입어가지고 죽어불엇어. 조카가 어렸을 적에 불에 데연 죽어불엇주. 나중에 우리 형수님 혼자 여기 살다가 결국은 계부(여기서는 다른 남편을 말함) 허연 헹 가불엇주. 결국은 나 혼자만 남았어. 형님 제사는 우리 큰아들이 다 지내.

2연대 운전병

2연대 군속으로 해서 난 2대대. 우린 뭐냐 허면 부식 조달했지. 부식 조달하고 어디 가서 땔나무덜 해오고. 경허곡 저 주둔헌 듸(데) 점심 실러가고. 군이 주둔허면 산에 그 주둔헌 듸로 병력 수송도 허고. 그런 일이라.

전투허는 거는…… 그런 건 못 봤어. 우린 어디 가서 헐 때 작전 시에는 바깥에서 군인덜을 내려. 우리는 거기 들어가지 못허여. 아, 주둔소까지 가기는 허지만 못 들어가. 주로 북소학교에 잇어낫어. 그때 관음사를…… 관음사도 한 번 가난 거 같아. 그까지는 차 못 들어가낫주(들어갔었지). 산천단 어느 근방쯤 갔던 거 같아.

우린 경 다녓주만 군인덜이 사름덜을 직접 총살허는 건 못 봤어. 그런 직접 전투지는 가보질 못했으니. 2연대 군인덜이 사름덜을 많이 죽엿젠 허는 얘기는 들었어. 그게 함덕 쪽으로 2연대 7중댄가, 그 서청덜? 그때 함덕 주둔했어. 그것덜이 그렇게 했지.

당시 연대장이…… 함병선. 함병선이 2연대장이고. 9연대가 여기 있을 때는 송요찬이가 9연대장을 했지. 그다음은 저 오현고등학교 자리가 이제 중앙로로 돼 잇주만은, 이용준 소장 올 때 그때는, 민사부에 내가 근무했어. 2대대 나완. 그때는 계엄령 시대라. 하여튼 군속으로 여기저기 자꾸 넘어가멍 군속생활을 했지. 6·25 터질 때까지.

 월급도 (군에서 주는 건) 없었지. 복장? 아, 복장은 군복을 줬구나. 식량 같은 것도 부대에서 먹을 뿐 집에 가져가는 것은 아무것도 없었고. 그러니 집에는 일헐 사름도 없고 곤란했지만 그 대신 월급은 회사가 제공해서 나왔지. 월급은. 일은 군대서 하고 월급은 회사…… 몇 년을 그랬어.

 아마 9연대 군속은 잠깐 했어요. 비행장에 천막 쳐났어. 정뜨르 비행장에 천막청 거기 주둔했지. 그때는 물이 어실 때난 물 수송했어. 차로 물을 실러 날랐다고. 하여튼 9연대는 오래 없었고…… 그 교체될 때에 LST에서 내린 2연대를 농업학교로 실러날랐지. 몇 번 왔다 갔다 했는지는 잘 기억이 안 나는데 차가 한두 대가 아니라. 일개 연대를 수송했잖아?

 참, 중부님 돌아가실 때 얘긴데……, 날짜는 정확히 기억해. 양력 12월 28일. 당시 음력하고 양력이 딱 한 달 차이가 났어. 음력으로 11월 28일 날. 틀림없어, 그거는. 제사는 하루 앞서가거든. 여기 동짓달 스무 일뤳날 제사가 상당히 많아. 우리 셋아버지 돌아가신 날.

 그날에 돌아가신 아홉 명은 전부 하귀 사람은 아니야. 하귀 사람은 중부님네 두 어른허고, 조창호 그 셋. 그 분네덜 다 시신을 찾아갔는지 아닌지는 잘 몰라. 우리만 가서 찾아완. 우리 찾을 때는 그냥 있었어. 게난 시신 찾으레 강(가서) 보난, 처음 강 내가 조사를 했거든. 내가 2연대 본부에 있을 때난 군복 입어지고 헐 때 아니라? 그때는 성덜 쌓고 민보단덜 전부 다 성을 지킬 때라. 화북도 전부 그 외곽성덜 쌓아근에(쌓아서) 죽창 가지고 지키고 했어. 내가 셋아버지네 돌아가신 장소를 강보니까 시신은 없고, 산 아래 사름이 죽어자빠져난 흔적이 있는 곳은 잔디가 누렇게 탔어. 좀 썩기도 했고. 난 아, 여기서 돌아가셨구나 했지. 겐디 우리 셋아버지 시신은 거기 없어. 가만 보니까 소낭밧(소나무밭) 아래 흙이 파진 듸가 잇어. '아, 여기 있구나'하고, 이젠 거길 파기 시작했지. 내 기억으로 셋아버지는 머리를 길르지 않고 짤막하게 했어. 경허곡 겨울이난 검은 오바 입고, 도장을 가졌고. 셋어머니는 그때 좀 살았으니까 보선도 양달량(양달령) 보선, 입은 옷도 좀 틀렸어. 그리고 이빨을 일본서 살 때 박은 건디 오래돼가지고 거떻게 보철한 것이 썩어서 꺼멍헤낫어(검었었어). 앞니가. 나도 참 대담한 놈이라, 스물두 살에. 그 위험헌 듸……

게서 파다보니 셋아버지 오바가 보여. 오바로 딱 묶여 있더구만. 아, 이거 우리 셋아버지 ᄀ트다(같다) 헨 오바를 풀르고 조사를 했어. 그니까 도장이 나와. 강기량이 도장. '이건 틀림없이 우리 셋아버지구나', 머리가 스포츠머리고 해서. 그때는 시신을 찾아도 잘못 행 다른 사름을 파가는 수가 있었어. 셋어머니는 이빨하고 두상이 파열 뒝 없어졌어. 앞니는 있대……. 셋어머니가 구변이 좋았어요. 내 생각인데, '니놈이 뭔 원수로 이렇게 허느냐?' 막 했을 것 같아. 그러니 입을 쏘아분 거 닮아. 경 헹, 꺼먼 이빨도 있고, 보선도 양달량 보선 신었고 허난. 또 우리 셋어머니가 키가 커났어(컸었어).

난 두 분네 다 찾고 흙을 덮었어. 그것도 허젠 허난 연장을 가져가서? 아무것도 없거든. 그때 난 군복입고 허니까 엉터리 좀 썼지. 조사헐 거 있다고 괭이 좀 빌려달라고. 민보단이 괭이 하나 갖다 주더군. 경 헹 그걸로 표시를 뭘로 허코…… 도리가 없다 말이야. 옛날 썩은 돌이 잇어. 긁으면 글 써지는 거. 그걸 긁으면 글을 써진다고. 그런 돌 줏어당(주워다가) 강기량, 김정후 쓰고 땅에 박앗어. 밧에 박아두고 왔지.

그게 돌아가시고 몇 달이 지났을 때라. 이듬해 봄이난 한 3월쯤일 거라. 이장은…… 또 서넉 달 잇단 이장했어. 참, 처음엔 어디서 뭐 죽은 지도 몰랏주. 같은 회사 스리쿼터를 타니까 알았지. 같은 회사 운전수, 스리쿼터 운전수 안성찬이라고 가이가(그 사람이) 말해준 거라.

5·16의 기억

　박○화는 우리 어머니 쏘아 죽인 놈이라. 요집에 살았지. 나 그놈 때문에 몇 개월 콩밥 먹었어. 건 왜냐면 4·19 혁명이, 장면 박사가 정권 잡았을 때, 4·19 혁명이거든. 독재를 없애겠다고 해서 민주화운동해서 헐 때라. 그때 4·3사건으로 억울하게 죽은 이덜을, 그 원한을 풀겠다 헌 것은 아니지만 요런 때 요놈덜 한번 보자고 헐 때란 말이야. 4·19 혁명 났으니까. 그때 그 박○화가 나한테 두어 번 맞으난 도망간 결국은 이 동네 살지 못했지. 경헷는디……. 나, 그것 때문에 콩밥 먹어진 거 닮아. 왜 4·19 혁명 한 달 만에 5·16 터져불었잖아?⁷ 박정희가 정권 잡아분 거라. 아, 이런 놈의 판이 있나? 군사 정권 잡으니까 용공분자라고 톡 잡아가둬. 틀림없이 이거 박○화가 밀고한 거지. 그때까지도 순경을 계속하고 잇어시난. 뭐, 그다지 맞지는 않았어. 취조받을 적엔 좀 맞았지만.

　그때 당시는 경찰은 뭐 없어. 헌병이 꽉 잡았지. 호송 줄로 줄줄이 묶고 바깥에 나왕 볕 맞혀주고. 또 들여보내고. 그자 개 끌듯이. 난 재판은……? 기소유예로 나와서. 죄 없다고. 경찰서에 한 석 달 살아신가? 석 달은 더 살아실 거라. 우린 4·19 혁명 나난 잘 뒷젠. 민주화 허난 이젠 살겠다고 허단 보난 한 달도 안 돼서 박정희가 확 정권 잡아불엇어. 군사 쿠데타 일으켜불엇지.

왜 하귀를 빨갱이마을로 몰았는지?

　군인은 갔다 오긴 헤낫어. 7월 달에 휴전이 되고, 난 7월 휴전이 된 끝

---

7 5·16은 4·19 혁명이 발발한 지 13개월 후에 일어났다.

에 갔지. 우리가 군속으로 잇었던 거는 (국가유공자) 인정을 받을 거라. 4·3사건 때, 6·25 때 쭉 군속 생활을 한 건 보상이 나와. 겐디 난 신청 안 했어. 참전용사로 뒈연 보상 타는 사름덜도 잇어.

그때 보면, 주정공장 위쪽은 수용창고라. (거기는) 주정공장 원료 창곤데 거기는 우리가 출입을 못 했지. 근무헐 때도 허가자 외에는 출입이 안 뒛주. 우리가 나이가 어려서 4·3사건이 왜 났는지는 잘 몰랏주만 주정공장 직원도 많이 죽었어. 역시 그 직장에도 색깔 다른 사름덜이 있었다, 그 말이야. 그래서 결국은 조사덜 해가지고 많이 잡혀가서 죽었지. 주정공장 직원덜도. 그때 우리 같은 자동차 운전수는 뭐 그런 것에 정신도 안 쓰고, 차 탕 나강 원료나 싣고 오고했지. 그니까 우리사(우리야) 사무를 봐, 무시걸(무엇을) 해? 공장에 있는 사름은 공장 안에서 일했지만 우리는 공장 밖에 강 일허니까 그런 것에 관여를 못 해.

노조란 건 요즘 말이지. 당시는 아무 것도 엇어. 우리 회사에도 없었고……. 아, 그때 제주차부라고 운수회사가 있었지만, 버스…… 거기도 조합은 없었지. 한성탠가? 그 회사에 있던 사름인데 4·3사건으로 죽었어. 운전수라. 나이 많은 사름. 겐디 우리 회사, 주정공장에선 운전수가 잡혀가진 않았어. 주정공장 운수계에서는 하나도 없었지. 차가 다섯 대. 스리쿼터까지 여섯 대 잇어낫어. 차가 여러 대랏지. 주정공장에서는 그런 거 없었어. 가입한 사름도 없었거니와 하나라도 걸린 건 없었어. 운수계에서는.

우리가 육지까지 수송은 안 헤낫어. 그런 거 없고. 단지 이성주 경찰국장 때, 그때가 어느 땐고? 9·28 서울 탈환 때. 인민군한티 뺏겻다가 맥아더 장군이 인천으로 상륙해가지고 서울을 탈환헐 때, 그때는 나가 스리쿼터 몰앙(몰아서) 부산으로 허영 서울까지 가왔어. 그건 왜 갔냐면 경찰국장이 이성주일 거라. 주정공장 스리쿼터가 경찰국에 징발을 당했는데, 그 우리 셋아버지 실렁 강 죽여분 그 차주. 그 스리쿼터를 경찰청에 징발을 당헷는디, 건 왜 징발을 해갔나 하면 이성주 경찰국장 가족이 서울 효자동, 지금 청와대 있는 그쪽 동네에 살았거든. 가족 행방을 몰라. 6·25 터정 서울이 인민군 손에 잡혀가지고 헐 때, 자기는 경찰국장이니까 혹시 (가족들이) 살았는가 죽었는가 소식을 모른다 이거라. 경 헹 이제 수복이 되니까 가족을 찾기 위해서 서울 가는디 누가 갈 사름이 있어? 차가 없으면 못 갔지. 비행기가 그때 뭐 가질 거라? 부산으로 해서 차로 갈 수밖에 없으니까 주정공장 스리쿼터를 징발을 헷는디 따라갈 운전수가 없어. 위험허니까. 나 참 별 걸 다 봐서. 근디 나는 왜 갔냐면, 지원헹 갔어. 왜냐면 형님이 마포형무소에 수감 뒈어낫거든. 그 흔적이라도 알 수 있을까 해서. 그걸 찾기 위해서 스리쿼터 운전수로 지원해 갔어. 그때 전응준인가, 경위도 잇어낫어. 영어도 잘 헤낫어, 제주도 사름. 또 경찰관 몇 해서 스리쿼터를 LST 실렁 부산 갔지. 부산서 운전허영 사흘 걸리난 서울 들어갔어. 밤에는 운전 못 허여. 중간에선 토벌작전 허면서 인민군하고 싸울 때니까. 옥천경찰서 가서 하룻밤 자다 습격 당헹 혼나기도 했어. 인민군덜이 습격허니 경찰도 어떵 헐 거라? 서울 가난 경찰국장 가족도 찾고, 식량 같은 거 확보해주고 했지.

　형님 흔적은 못 찾았어. 찾긴 어떻게 찾을 거라. 그때 형무소 문을 북에서 열었다곤 허주만 난 지금 형님은 돌아가신 걸로 봐. 이북 간 건 아닐 거라. 연락이 없잖아. 난, 마포형무소 자리는 강 봐서. 안에 들어가진 안 헷주만, 정문에서 봤어. 서대문형무소도 보고. 형님은 그냥 농사짓고, 어업을 좀 했어, 배.

　당시 위험허다곤 했지만 난 오히려 군에 있으니까 위험은 안 했지. 항상 군에서 생활했으니까. 어디 무슨 전투허는디 간 것도 아니고. 단지 보급품이나 실러 갔다 돌아오고. 밤에는 자동차하고 행동을 안 했어. 밤엔 행동 안 해. 낮에 보급이나 실러가고, 병력이나 수송해 가면 그거뿐.

우리 친구나 이렇게 학교 선후배 중에서 4·3에 주목당해가지고 뭐한 사름은 엇어. 우린 일정 때 소학교 졸업헤노난 몇 안 돼. 하귀소학교가 우리 1회 졸업이라. 졸업생이 스물네 명밖에 없었지. 다 죽어불엇어, 지금. 하나 없어. 나허고 저 광령에 하나, 박 뭐라고 하나 살아. 4·3사건으로 많이 죽었지. 거의 죽었어. 도평에 윤 모도 죽고. 산사름이 대여섯 명 잇어낫는디 병으로 그러구. 내가 그때는 연령이 같은 반에서도 밑에라. 우리 간 때 보면 두루막 입고 애기 업은 학생이 잇어낫어. 두루막 입엉 학교 뎅기고.

우리 하귀리가 왜 그렇게 빨갱이마을이렌 지목을 당했는지는 잘 몰라. 내가 나이 먹으멍 생각해보니까 일정 때에 하귀에 사회주의자가 많앗어. 그 원인이 아닐까 생각해. 그 사름덜이 4·3때까지도 영향이 쭉 기고, 후배덜이 더러 영향을 받았던 것이 아닌가, 내가 추측하기로. 그게 아니믄 뭐 때문에 하귀를 빨갱이 소굴로 몰았겠어? 근디 사회주의허고 빨갱이허고는 틀리단 말이야. 일제를 반대했다 말이야. 우리나라 독립을 위해서 헌 거란 말이야. 겐디 그걸 왜 빨갱이로 모냐 말이야? 난 그걸 모르커라……. 여기서도 구금을 많이 당했지. 강문일 같은 사름도 여기서 경찰에 구금당했어. 여기서 사회주의자로 논 사름덜 얼굴은 모르주만 거명허는 거 보면 여러 사름이 있어. 일제강점기 때부터. 난 그런 원인밖에 모르커라. 왜 하귀를 빨갱이로 몰았는지……? 사실, 일정 때 사회주의했던 사름덜이 4·3 때는 하귀에 살지도 않았거든. 그 몇몇이 아마 있었던 모냥이야. 그러한 선배덜이 있었으니까 그때도 어딘가 버티고 있지 않은가 해서 하귀를 지목하지 않았나……. 내 생각이라. 우리 저기 가면 영모원이라고 있지. 위령공원. 매해 위령제를 지내. 금년에는, 우리가 정월에 상견례 할 적에 하귀1, 2리 합청 하거든. 나도 거기 갔다 왔어.

다시 하귀중학원을 기억하며

강창옥

강창옥은 1937년생으로 4·3 당시 애월면 하귀리에 거주했다. 그의 부친은 하귀리 민보단장이었으나, 외도지서 장작사건으로 검속되어 목포형무소에 수감되었다가 석방되기도 했다. 부친은 한국전쟁 직후 다시 예비검속되어 정뜨르 비행장에서 학살되었다. 그는 부친의 억울한 죽음에 대한 진상을 규명하기 위해 '북부예비검속유족회' 활동을 하고 있으며, 현재 애월읍 하귀리에 살고 있다.

(채록일: 2006.9.25 | 채록 장소: 자택)

3

'변사(變死)'로 올린 부모님 사망신고서

눈 감으라 사건의 기억

(제가) 금년에 70세입니다. 고향은 애월 하귀예요. 4·3사건 때가 열두 살로 국민학교에 다니고 있었죠.

제가 비교적 나이는 어리주만 당시 일은 소상히 기억을 해요. 당시 저희 선친은 민보단 단장일을 봤죠. 그러면서 국민학교, 중학교의 육성회 총무도 했어요. 지금 기성횐지 육성횐지 잘 모르쿠다마는 하여튼 국민학교의 경우 우리 아버지가 일을 거의 다 했어요. 행사 잇이믄(있으면) 사회도 보곡.

우리가 어렸을 때 9연대가 투입돼엇던 것도 다 알고 있어요. 9연대가 들어와 가지고 하귀국민학교 교정에 남녀노소 다 나오렌 했어요. 그리고 눈 감으렌 했죠. 그래가지고 무장폭도를 한 사름 데려왓어요. 이름은 밝히지 않겠는데…… 그 사름 결국은 군대 강 죽엇주만……. 전원 눈 감으라고 허더라구요. 뒷손 영 놓고. 그 사름허고 군인덜이 무신 약속이

되었느냐 허민 "네가 지나가멍 아는 사름은 머리 위로 손가락질만 허라. 그러민 다 살려준다." 이렇게 된 거예요. 그러니까 이 사름은 자기 친구덜만 다 건드렸죠. 그래서 그날 60명이 저 신엄 지경 자운당에 강 하루에 몰살됐어요.[1]

이 일에 얽힌 에피소드가 하나 있어요. 김능권이라고 일제 때 농업학교를 나온 분이 있었어요. 그분은 눈을 뜨곡 가만히 앚앙(앉아서) 잇엇다는 거예요. 우리 어린아이덜한티도 "야, 이 자식아! 너는 왜 눈을 안 감고 있어?" 그런 판이라나신디……. 그러니 이 분이 뭐라고 헌 줄 알아요? "사름은 죽어사 눈을 감는 거지, 살앙 이신디 어떵 눈을 감느냐?" 했대요. 그분은 무지허게 얻어맞고 쫓겨났죠. 그날 아주 양심적으로 눈 감고 앉아 있던 사름덜 60명 이상 한 80명이 붙잡혀갔다고 해요. 경헌디 요렇게 빼고, 조렇게 빼고 허당 남은 한 60명이 하루아침에 몰살된 거죠. 그 위치는 저희가 잘 알아요. 학교 교정엔 우리 어린아이덜도 다 나갔죠. 하여튼 남녀노소 다 나오렌(나오라고) 했으니까……. 그때 우리 어머니도 나가고, 할머니도 나가고, 아버지도 나가신디 우리 부모는 아무도 다치지 않았어요.

부친, 목포형무소에 수감되다

그 후에…… 이제 응원대라고 혹시 알는지 모르쿠다마는, 그 응원대가 1948년 가을 때쯤인가……? 잘은 모르겟는디, 어디 주둔 헤신고 허민 지서가 없으니까 하귀국민학교 관사, 거기에 산 거라마씀. 그때 응원

---

[1] 1948년 12월 20일. 다른 증언과는 약간 차이가 있다. 다른 사람들은 이날 지목당한 사람들이 제주 읍내로 실려 갔다가 28일 자운당에서 학살되었으며, 그 희생자 수도 73명이라고 증언했다.

대가 응원대장허고 한 다섯 명 정도였죠. 한 가족이었어요. 그분덜은 당시 하귀에 무슨 식당이 이신 것도 아니고 매일 우리 집에 왕 밥을 먹었어요. 그러면서 우리를 친조카같이 키워주고 허연 부모가 4·3사건으로 피해를 입으리라곤 꿈에도 생각을 안 했죠. 그 응원대는 7월 달인가 8월 달에 철수했어요.

우리 아버지가 붙잡혀간 건…… 그날이에요, 그날.[2] 외도 우에(위에), 도평 지경에 나무 허레 가는 듸가(데가) 있어요. 그날 우리 아버지가 민보단 단장이고 허연 사름덜을 보내라고 허니까 전부 다 남자 장정으로만 허연 보냈단 말이에요. 경헌디 아버지가 붙잡혀간 겁니다. 응원대가 잇어시민 붙잡혀갈 일이 없었는데…….

그때 우리 이웃에 열일곱, 열아홉 살 먹은 김영중, 김득중 두 사름 셔십주(있었지요). 이 사름덜도 같이 붙잡현 갓었죠. 그런데 덕지답, 지금 이호동 덕지동까지 갓단 그 사름덜은 돌아왔어요. 나중에 "어찌된 일이냐?" 물어보난 우리 아버지가 차 타고 가멍, "이 어린 것덜이 무신 죄가 있느냐? 이 사름덜 아무 죄가 엇이난(없으니까) 돌려보내라. 이 사름덜이 죄가 잇이민 내가 책임지겠다" 허연, "창옥이 아버지 때문에 우린 돌아왓수다(왔습니다)." 그러더라구요.

우리 아버진 그 길로 농업학교에서 있다가 재판받아가지고 목포형무소를 갓어요. 1년형을 받은 거죠. 보니깐 다른 사름덜은 20년이니, 15년이니, 무기징역이니, 중형도 많이 받았던 것 같아요. 하여튼 경헨 우리 아버진 목포형무소를 갓는디 거기서 보난 다행히 응원대 대장으로 있던 사름, 이북 출신인디 계장인가, 과장으로 핵심적인 역할을 허는 사름

---

2 1948년 12월 5일. '외도지서 장작사건'이 일어난 날을 말한다. 사건이 일어나고 얼마 지나지 않아, 부친 강재철(당시 32세)은 12월 9일 군사재판에서 징역 1년을 언도받고 목포형무소로 보내졌다.

으로 있더라는 거예요. 그 사름이 불런 물어봐렌 헙디다. "당신이 여길 왜 왔느냐?", 아버지가 이렇게 1년형 받고 왓덴 허니까…… 그때 갔다 온 사름덜도 다 그런 말을 허던데 총감방장을 시켜줬대요, 총감방장. 그러니까 1948년도 10월 달에 형 받고 강 이제 다음 10월 달까지 살 건디…… 아니, 1949년 1월 달에 재판받고 1월 달에 갔구나. 그러니 다음 1950년도 1월 달에 석방…….

그래서 감방장을 허는디 자꾸 누가 만나자고 하더래요. 그때 우리 아버지가 돌아와서 말을 허는데 외부 세력이 그 안에 들어와 가지고…… 형무소 탈옥사건이 경헤서 난 겁니다. 외부 세력이 우리 폭동을 일으킬 테니까 같이 참여허라고 허더래요. 우리 아버지가 '아, 이거 큰일났구나' 허연 응원대 대장했던 사름에게 이 사실을 보고한 겁니다. "큰일 났습니다" 허멍……. 게난 응원대 대장이 "당신은 모른 척하라. 잘못하면 죽는다. 모른 척하고 그 사람들이 뭐라고 하면 예예, 대답만 해라. 당신 까딱 잘못하면 여기서 생매장 돼 죽는다" 했대요. 아버지는 "예예"만 대답했죠. 제가 날짜는 기억을 잘 못 허겟는디 며칠 뒤 저녁 5시에, 저녁 식사헐 때 폭동을 일으킬 걸로 돼 있었던가 봐요. 나야 어린 때니까 아버지 말씀을 그냥 귀 넘어 들었던 건데, 같이 살아서 온 분덜도 계속 그 말을 허니 들었던 거죠. 그분덜 이제 다 돌아가셨어요.

애기가……. 바깟듸서(밖에서) 자꾸 물자가 들어온다는 거예요. 낮에 일허레 간 사름덜, 목공일 허레 간 사름덜, 이렇게 일허레 갓던 사름덜이 연장 속에 놔가지고 뭐가 들어온다는 겁니다. 모두 보고했대요. 그리고 마지막으로 "내일 오후 5시가 행사일입니다." 이렇게 얘길허니까 그 응원대장이 허는 말이 "당신 딴 덴 숨으면 죽으니까 여기 직원 화장실에 와서 숨어 있어라" 헌 거예요. 그러자 우리 아버지는 강명학이라고 허는 이모부, 그리고 사촌동생 진용성이. 이 사름덜은 애월읍 고성 사름이에요. 이 두 분을 붙잡고 화장실에 강 숨었대요.

사건은 일어나기 직전에 딱 잡아부난 30분 만에 진압이 됐대요. 그런데 사름덜이 많이 죽은 건 길에서 우왕좌왕 허던 사름덜이 다 죽었다는 겁니다. 숨은 사름은 다 살아났고요. 마루 속에 들어간 사름도 다 살아신디, 우리 아버지네는 화장실 속에 숨언 살앗잖아요? 그런데 이 보고가 고위층까지 올라가기도 헌 모양이에요. 사건은 평정되고 보니깐 몇 사름이 죽은 것도 모르고…… 하여튼 20%에서 30%밖에 남지 않앗덴 헙디다. 그런데 우리 아버지허고 세 분은 그 날짜로 감형 받안, 4개월 감형 받안…… 그러니까 1월 달에 가가지고 (1949년) 10월 달에 돌아온 겁니다.

부모님의 죽음

그때 우리 아버지 이모부님 친척 중에 목포시장에서 장사허던 분이 있었어요. 그분이 우리 아버지한티 "제주에 들어가지 마세요. 여기 있다가 가세요" 헷덴 헙디다. 그러나 아버지는 "저는 자식이 4남매에, 어머니까지 있습니다. 집사름이 고향에 잇이난(있으니까) 돌아가야 됩니다" 허고 고향에 들어왔어요. 이제, 여기서부터는 여러분덜이 잘 알아사 헙니다. 돌아와 가지고 아버지는 북신작로 가민 북국민학교 동쪽에 제주일보 있던 듸(데)가 경찰국이고, 그 옆에 장공장이 있었어요. 그때 장공장 사장이 아버지 사촌이라 그 회사에서 총무일을 보멍 살았어요. 그러다 1950년도 되니까 국회의원 선거가 있었죠.³ 그때 우리 일가에선 강창용이렌 허는 사름이 국회의원에 나왔어요. 제주도지사 했던 김용하 씨도 나와신디 그분은 또 우리 아버지허고 6촌 간이죠. 아버지는 일가를

---

3 제2대 국회의원 선거, 1950년 5월 30일.

택허연 강창용 씨 선거운동을 했고, 그 분이 당선됐어요. 제가 이런 말을 허는 이유는 이 사름이 빨갱이고, 적색 사름이믄 선거권도 주지 말아야 허죠. 선거운동도 허지 못허게 해야죠. 겐디 우리 아버지는 선거운동을 했고, 어머니 아버지는 투표도 했어요. 게난 정상적인 양민이었다는 거 아닙니까?

그 후에 6·25 사변이 터졌어요……. 그날은 일요일이었죠. 잊어불지도 않는 게 난 당시 중학교 1학년이었어요. 중학교를 시(당시는 제주읍)에서 다니난 보통 때는 아버지허고 시에서 살았어요. 그러다가 토요일엔 하귀 강 쌀을 갖고 다음 날 돌아오곤 했죠. 그날 난 어머니허고 아침에 보리를 방앗간에서 찧고 와서 멍석에 널어두고 쉐것(소먹이)을 삶고 있었어요. 동생덜은 어린아이덜이니까 방에 있었죠. 그때 김○진이라는 사름이 있었어요. 그 사름 동생이 경찰인데 그 사름, 고향은 어머니와 같이 고성이고, 또 사돈 간이었어요. 그 사름이 (우리 집에) 탁 들어오더니 "사돈 잇수과(있습니까)?" 그러더라구요. "무사마씨(왜요)?" 어머니가 대답했죠. "여기 잠깐 나옵서(나오십시오). 헐 말이 잇수다(있습니다)" 해요. 어머니는 그때 막내가 마룻방에서 "앵앵" 울어가니까 업어 가려고 했어요. 그러니까 할머니가 "그 애기랑 놔두고 가라!" 했어요. 그래서 그냥 나갔죠. 우리는 무서워가지고 허면서도 울타리에 딱 올라가서 봤어요. 그놈이…… 집 바깥에 나가자마자 우리 어머니를 두드려 패기 시작허는 거예요. 우린 아무 이유도 몰랐어요.

나는 날이 새기만 기다렸죠. 그래야 아버지헌티(한테) 달려강 말을 전헐 게 아니겠어요? 난 밝자마자 시에 걸음 반 뜀 반 허연 달려갔죠. 그때 동생은 북국민학교에 다닐 때였어요. 집에 가보니 동생허고, 전에 도청 다니던 외삼촌이 있어요. 전날 밤에 세 사름은 세상 돌아가는 얘기며 허다가 늦게 잠자리에 들었대요. 그런데 밤 12시 반이나, 1시가 됐을 거래요. 누가 문을 두드리멍 들어오더라는 거예요. 그때 보니까 그 김○진이 었대요. 그 사름이 경찰관을 대동하고 들어와서 "강재철이 나와!" 했다는 거예요. 그러자 아버진 "나 옷 입고 나가겠습니다" 허고 나갔죠. 그때라도 도망가면 됐는데…… 우리 아버지가 키가 1m 86이에요. 그렇게 컸어요. 뭐 뒷밭으로 도망갈 수도 있었지만 죄가 엇이난(없으니까) 그냥 나갔단 말이에요. 그러니 문밖엔 스리쿼터가 있고 우리 어머니가 탕 있더라는 거예요. 이렇게 우리 어머니, 아버지는 6·25 일어나는 날 저녁에 붙잡혀 갔어요.

그 후 우리 인생이 바뀌기 시작했어요. 제가 열네 살 땝니다. 저는 제주중학교 1학년, 제 동생이 열한 살, 큰 누이동생이 여덟 살, 우리 막내가 네 살 때였죠. 자, 보십시오. 이 사름덜이, 이 아이덜이 하루아침에 고아가 된 거예요. 어떻게 살아졌는지도 모르겠어요. 저희들은 졸지에 빨갱이 자식들이 된 거예요. 정말 죽도록 싫었어요. 그날 밤, 경찰관 대동허고 온 김○진이…….

우리 아버지허고 어머니는 그때 1구서라고 불렀죠? 거기에 있었는데 마침 요쪽 방에는 아버지가 있고, 다른 방에는 어머니가 앉았나봐요. 우리 아버지가 상당히 자상한 분이었어요. 그 사잇문을 요만큼 뚫엉, 뚫어가지고 어머니가 취조받앙 돌아오민 아프냐고 묻곤 했다는 거예요. 저야 거기에서 나온 사름이 나중에 얘기해줘서 알게 된 거죠. 그러다 어느 날 우리 어머닌 날짜도 잘 모르는디 한 밤 11시쯤 되니까, 우리 아버지 이름이 불리더랍니다. 그러자 아버지가 나가면서 "내가 오늘 저녁 나가서 못 돌아오민 음력 유월 초하룻날 물 떠놓도록 허라" 허고 나갔다는 거예요. 그때 어머니는 임신 중이었어요. 어머니는 그날부터 식음 전폐했답니다. 경허단 만 1개월 4일 되던 날, 우리 어머니도 불려나갔어요. 그때 옆에 있던 사름이 상귀 사름인데, 그분 지금 살아있어요. 그분이 살아나왕 말해주는데 자기를 딱 붙잡더니 "혹시 자네가 살아서 나가거든 우리 아방이랑 6월 초하루, 날랑 7월 초닷샛날 물 떠놓도록 허라" 허더래요. 그래서 우리가 겨우 날짜를 기억해서 제사를 허고 있어요.

그때 우리 아버지는 제주항에서 실엉 나강 수장시킨 걸로 알고 있어요. 전해준 사름이 그렇게 말했어요. 우리 어머니는 비행장에 묻혀 있고요. 그런데 요즘 대마도에서 시신이 많이 떠올랏덴 허는 말을 들었어요. 저는…… 대마도든, 비행장이든 꼭 시신을 발굴허영 DNA 검사를 허도록 헐 겁니다. 그래서 비록 늦엇주만 자식의 도리를 다 헐 생각입니다.

4·3사건 때 그 김ㅇ진이라는 사름은 순 악질이에요. 하루는 바당에 강 우리 형제가 보말을 잡아오는디 외할머니가 달려온 거예요. 지금 ㅇ진이가 씨 끊어버리겠다고 난리니 집에 가지 말라 이거예요. 경헹 외할머니네 멍석 세운 듸서 3일 살았어요. 멍석 사이로 밥 갖다주민 먹고, 똥도 거기서 싸고 3일을 숨어 살았어요. 그러니 생각해보세요. 우리가 얼마나 핍박을 받았겠어요? 그러고 우리 할머니가 갈치를 잡을 때…… 그때 그놈이 우리 동네 살았단 말이에요. 하귀, 우리 동네 이웃집에 살았는데 우린 갈치를 못 먹어도 바구니로 사당 바쳤어요. 그놈 집에…… 그놈은 노중복사(객사)해서 죽었어요. 다른 사름 이장허는 듸 갔다가 거꾸로 엎어져서 죽었다고 해요. 죗값을 헌 거죠. 그놈 아들도 교통사고로 죽었어요. 남에게 피눈물 나게 헌 사름은 결국 그렇게 죽더라구요.

그런데 우리 동생은 서울에서 경찰관을 헤신디 진급을 못 해요. 전국 수사 1등 해가지고 상금도 많이 받고 했는데 진급을 못 허더라구요. 나중에 정년퇴임은 했어요. 동기들은 서장들 다 했는데 개만 진급허지 못 해서 말단으로 그랬어요. 왜 그랬겠어요? 신원조회에 걸려서 자꾸 탈락된 거죠. 영등포경찰서 형사반장 허민 날아가는 새도 떨어뜨린다는 자린데……. 그걸로, 형사반장으로 끝난 거죠. 이런 일, 저런 일 다 억울허죠. 잘 아시다시피 4·3사건에 우리 부모가 나쁜 일이나 해서 죽었으면 억울헐 게 뭐 있겠어요? 당신네 활동허다 죽었거니 허지만 산에 한 번 올라가 본 일도 없고……. (그때) 민보단이라는 게 지역 방위댑니다. 거기 대장이믄 지역 책임자 아닙니까? 그런데 그 엉터리 군사재판 받앙 목포 형무소 갔으니 오죽……. 그것도 좋아요. 남들 몇 년씩 받는 형을 겨우 1년 받고, 그것도 감형해가지고 나와서 양민으로 살다가…… 그 6·25 났다는 이유로 다시 붙잡아당 아무런 절차도 엇이(없이) 죽였다는 거는 참말로 우리 세대에는 있을 수 없는 일이에요. 정말 너무 억울한 거예요.

제주국제공항 유해 발굴과 목포형무소 탈옥사건

그땐 예비검속이렌 했죠. 과거에 조금이라도 티끌 이신 사름은 다 잡아간다고 했어요. 결국은 한 번 어디 영창이라도 갔다 온 사름, 매라도 한 번 맞았던 사름덜은 그러니까 요시찰 인물이라 허연 다 예비검속헌 거예요. 이건 뭐……. 정부에서 예비검속했다 허니까 예비검속이지……. 우리는 얼마 전까지도 4·3사건에 죽었다 생각했단 말이에요. 나는 지금도 기억이 생생해요. 그러니까 우리는 예비검속 희생자인데 비행장에서 죽은 사름이 600명이고 수장된 사름이 500명이에요. 그런데 이 사름덜이 불이익 받을까봐 예비검속 희생자로 신고를 안 헌 거예요. 아시겠지만 4·3희생자와 예비검속 희생자는 다르잖아요? 나도 4·3희생자로 신고헐 뻔했어요.

이제 시신 발굴을 해야 해요. 당시 묻힌 밧(밭)까지 전부 확인했어요. 밧주인도 우리가 만나보니까 자기네 밧에는 그 후엔 농사도 안 짓고 했다고 허더라고요. 공항 전체 면적이 88만 평입니다. 세부 측량 방식으로 그러니까, 처음 측량헐 때 당시의 도면을 갖다 놓고 당시 현장을 목격헌 사름이나 밤에 본 사름덜 전부 면담허면 돼요.

　우리 유족 중에 신ㅇ용라는 분이 있어요. 그분 아버지가 당시 제주신문사 사장이에요. 그런데, 신문사 사장 부인이 죽었단 말이에요. 부친은 6·25가 일어나고 종이가 없어서 신문을 찍지 못허게 되니까 부산에 신문용지를 사러 나간 거예요. 가서 일주일 후에 돌아와 보난 부인은 붙잡혀가서 죽었어요. 그러자 당시 헌병대장 보고 "당신 그 홍 아무개가 우리 집사름인 줄 모르고 죽였느냐?" 허니까, "나중에 집행한 후 보니깐 당신 부인이라는 사실을 알게 됐다. 참으로 미안하게 생각한다" 허더래요. 그리고는 어디 어디 가게 되면 어떻게 생긴 형국이 있는 자리가 있는데 다음에 조끔 세상이 편해지면 찾아가서 시신이나 잘 수습해 모시라고 얘기했다는 거예요. 우린 그런 기초가 있어서 거기, 비행장엘 찾아가게 된 거죠.

　하여튼 우린 당시 비행장 안의 밧덜(밭들) 도면을 전부 만들었어요. 그리고는 신ㅇ용 씨 기억을 토대로 당시 어영이나 몰레물에 살았던 75세 이상 80세 넘은 분덜허고 밧주인덜을 모앙, 도면을 딱 펴놓았죠. 그랬더니 밧주인덜이 이 밧허고 이 밧인데, 이 밧에서 사름덜이 젤 많이 죽었다고 하더라구요. 밧주인덜 지금 살아 있어요. 그래서 우리가 "몇 명이나 됩니까?" 물었죠. 허니까 "3일 동안인데 한 장소에서 500~600명 될 것이다." 그러더라고요. 또 그렇게 깊이 파질 않았다고 해요. 당시 낮에 파놓고······. 그 동네 사름덜을 데려당 일 시킨 게 아니고 딴 데 사름덜 데려당 파놓았는데 사름 키도 안 들어가게 얕게 팠대요. 나중엔 흙을 메우니까 이렇게 올라왔지만 곧 처지고 내려앉았어요. 김ㅇ진이라고 나허고 동갑내기가 있어요. 그분 집이 몰레물이에요. 한번은 학교 가다 거기를 지나가는데 철모 같이 생긴 게 잇언 머리에 써봤대요. 그런데 나중에 보니까 사름 머리, 두상인 거예요. 그래서 그냥 내팽겨 쳤다고 했어요. 어린 때니까 그럴 수 있었겠죠. 결국 이게 무슨 말이겠어요? 깊이 안 묻었다는 거죠. 그런데 문제는 지금 거기에는 흙이 높게 쌓여 있다는 거예요. 공항 정비 공사를 허면서 5～10m 정도 쌓아 놓은 거죠. 그래도 그 흙만 걷어내면 되지 않을까 싶어요.

우리도 조사를 많이 했어요. 어떵 헙니까? 이런 중대한 문제를 우리 후세에게 넘길 수는 없잖아요? 우리 1세대가 못 허민 못 헙니다. 나는 지금 딴 사름덜은 전부 가족묘지에 비석을 세웠지만 나는 안 세웠어요. 사실규명이 완전히 되기 전까지는 안 허겠다고 해서 나는 안 했어요. 그래서 이제 시신을 발굴허고 나민 합동위령비를 세우든지 합동묘를 허든지 그런 날이 오지 않겠어요? 중요헌 것은 요즘 노무현 정부가 과거사를 전부 들추어내며 진상규명 헌다고 허고 있는데 그건 좋아요. 그런데 꼭 알아야 될 것이 있어요. 우리 제주도가 지금 어떤 위치냐 허민 특별자치도를 떠나서 평화의 도시 아닙니까? 평화의 섬. 그런데 지금 평화의 섬 땅 속에 공권력에 의해서 죽은 사름덜이 그냥 묻혀 있다면 진정한 평화의 섬이 될 수 있겠어요? 하루 속히 진상규명도 되고, 수습도 돼야 해요.

우리가 유해 발굴을 계획허고 있어요. 그런데 보면 공항은 교통부 땅이란 말이에요. 그렇지만 특별자치도가 되면서 정부는 국방허고 외교를 제외한 모든 것은 자치도 법으로 헐 수 있게 해놨어요. 그러니 이젠 제주도 특별자치도법으로도 시신 발굴은 가능허단 얘기예요. 왜 안 됩니까? 문제는 공항 안이란 건데 그것도 특별자치도에서 헐려고만 헌다면 얼마든지 헐 수 있다는 거예요. 그러니 앞으로 4·3연구소나 유족회가 잘해야 해요. 우리 세대에 완전히 마무리가 되고 흑백논리도 사라져야 해요.

요 전날 어느 단체에서 했었죠? 그 목포형무소 탈옥사건 세미나? 그때 내 옆에 김○중 씨가 앉았어요. (당시) 경찰서장 했던 분인데 그 분이 나에게 얘기허기를 "강 형! 제주도에서 3,000명은 공빕니다." 그러더라구요. 그래서 "거, 잘못 알고 있습니다. 저가 알기로 500명 안입니다. 무장폭도로 갔다 온 사름까지 해도 500명밖에 안 됩니다" 하고 대답했죠. 제주도 마을이 대체 몇 갠데 3,000명 숫자가 나오나 하는 의문이죠. "나는 300명도 안 된다고 보지만 하루라도 갔다 온 사름을 합하면 500명은 될지 모르겠습니다. 그러나 제주도의 진짜 원흉은 100명 이냅니다. 4·3사건을 만든 남로당 사름은 100명 이냅니다." 내가 그렇게 했어요. 이젠 이런 논리도 가려져야 헐 것 같아요. 전부 유족으로 만들어놓으면 보수단체에서 문제를 삼거든요. 그리고 목포형무소 탈옥사건을 보니까, 그 책 저기 있는데 탈옥자, 탈옥수라는 말이 나오더라구요. 우리 아버지 갔다 와서 말헌 거 그대로예요. 사건이 평온돼서(정리돼서) 보니까 나간 사름이 아주 많은데…… 그 나간 사름덜은 지리산으로 들어갔다가 인민군허고 합세가 됐다…… 허는 내용이에요.

　이런 사실을 증명해줄 사름이 또 있어요. 한림에 가면 축협 조합장 했던 변○방 씨라고 있어요. 그 사름 아버지가 목포형무소에 수감돼 있었죠. 우리 아버지허고 같이 있었던 거죠. 근데 한 번 와가지고, 그 과거사진상위원회에서 내려와서 조사헐 때, 자기 아버지를 찾아달라 하더라구요. 그때 이 사름이 무슨 말을 헌 줄 알아요? "목포형무소 탈옥사건 때 우리 아버진 행방불명됐다고, 그런데 그 몇 개월 후에 6·25 사변이 일어나니까 아버지가 인민군 복장을 허고 해남에 나타났다고, 그걸 아는 사름이 있는데 찾을 수 없겠는가?" …… 이게 무슨 말입니까? 무슨 일이 있었는지는 모르지만 그분은 지리산으로 들어갔다가 인민군으로 편입됐다는 거 아닙니까? 라는 거예요. 그래서 내가 가만히 보니까 목포형무소를 포함한 형무소 피해자 가족 중의 여러 사름이 4·3유족회 임원들이더라구요. 그런데 목포형무소 탈옥수 유족이 이렇게 임원이 된다고 허민 중앙에서 어떻게 볼 것 같아요? 이거는 (분명히) 문제의 소지가 있어요. 연구소도 흑백을 가려서 일을 해야 해요.

그때 딱 탈옥사건이 나니까 떠돌다가 어중이떠중이로 많이 돌아가셨어요. 아무것도 모른 사름덜은 숨지도 않고 밥 먹을 때였어요. 식사 시간에 행동을 개시헌다고 했죠. 그러니 그 전에 거길 다 포위허고 진압해 버린 거예요. 도망가는 걸 다 쐈다고 해요. 그러니까 그거죠. 거기에 참여를 안 헌 사름은 밥도 안 먹고 숨어버렸어요. 사실 그런 사름은 극소수였고요. 그런데 아무것도 모르고 우왕좌왕…… 진짜 핵심은 도망갔다 붙잡혀서 죽기도 했지만……. 아무것도 모르고 밥 먹으레 갔다가 붙잡혀 죽은 사름은 어중이떠중이거든요. 그런 사름덜이 나중에는 이 탈옥사건에 연루되어 죽은 걸로 되어 있다 그 말이에요.

물론, 일단 문이 열리니 그분덜은 본능적으로 도망가려고 했겠죠. 그런데 이미 사건은 교도소 측이 알고 있었다고 했잖아요. 그러니 사건을 30분 만에 진압했다고 해요. 30분 안에 싹 쓸어버렸단 거죠. 당시 형무소가 식당하고 거리가 좀 있었다고 해요. 그런데 사건이 일어나고 와보니까 문이 다 열려 있었다는 거예요. 수감자들이 그래서 다 나갔대요. 이런 걸 보면 내부에 동조자가 있었다는 사실은 확실한 것 같아요. 우리 아버지도 내외부에 동조자가 있었다는 말을 했어요. 그리고 또 다 죽진 않았다고도 했죠. 그때 860명이 수감돼 있었다고 해요. 총감방장이었으니까 다 알 거 아니겠어요? 그중 650명은 제주사름이고, 나머지 210명은 육지 사름덜이었대요. 이 사름덜은 서부 경남 사름덜이거나 전라도 출신이었는데 이들이 좀 문제가 있었다고 했죠. 외부와 연락도 허고……. 또 목포형무소 안에도 프락치가 있었고요. 우리 아버지가 4개월 감형돼서 돌아오셨는데 지금쯤 같으면 잘 들어두었을 건데 우린 그냥 이 귀로 듣고 다른 귀로 흘렸단 말이에요.4 어쨌든 그걸로 해서 우리 아버지가 1호로 감형을 받아서 나왔어요. 그다음 다음 날, 10월 며칠 날 나왔을 거예요. 날짜도 잊히지 않아요. 우리가 여기서 고구마를 캘 땐데…… 그때 와가지고…….

난, 목포형무소 사건은 형무소 자체 내 사건이 아니고 외부 세력에 의해서 일어난 사건이라고 보고 있어요. 안에서는 폭발물을 만들 수 없다는 거죠. 폭발물을 바깥에서 일하던 사름덜 손을 통해서 들여왔다고 했어요. 근데 중요한 것은 목포형무소 내에 프락치가 있었다, 형무소 문이 열려서 사름덜이 다 나갔다, 남은 사름덜은 모두 쓸어 모아도 200명 정도에 불과했다 등……. 이 사름덜은 말 그대로 땅속이든 어디든 여기저기 숨었던 사름덜이라는 거죠. 당시 어떤 사름덜은 민간인 복장을 허고 나간 사름도 있었대요. 이게 바로 탈출이라는 거죠. 그러니까 그날 거기에 남아 있지 않은 사름, 죽은 사름을 제외한 나머지 전부는 탈옥수가 되는 거예요. 그때 거기서 죽은 사름이 몇백 명이나 되었다고 해요, 몇백 명.

그리고 지난번 세미나에서 그 교수가 말했어요. 목포 거리에도 가마니때기 덮인 채 여기저기 시체가 있었다고요. 그런데 그분도 깊숙한 내용은 모르고 있는 것 같았어요. 내가 그 교수에게 모든 걸 다 말해주고 싶어요.5 나는 이 사건이 외부에 의한 폭동사건이라고 봐요. 그런데 그

---

4 목포형무소 탈주사건을 말한다. 1949년 9월 14일 오후 5시, 목포형무소 재소자 400여 명이 형무소 내 무기고를 습격하고 무장한 채 탈옥했다. 군경합동사령부가 9월 15일 발표한 내용에 따르면, 사고 당시 수용 인원수는 1,421명이었는데, 탈옥 폭동에 참가한 죄수는 1,000명이었으며, 군경합동 공격으로 500명은 즉시 진압되고 353명이 완전히 탈옥했다고 한다[제주4·3사건 진상규명 및 희생자 명예회복위원회, 「제주4·3사건 진상조사 보고서」(2003), 469쪽].

5 '4·3과 1949년 목포형무소 탈옥사건'을 주제로 2006년 8월 10일 열린 세미나에서 김양희 씨가 「1949년 목포형무소 탈옥사건 연구」라는 제목으로 발표했다. 구술

분은 '목포형무소 폭파사건'이라고 허더라구요. 폭파사건으로 시작을 해서 나가려고 했는데 그걸 허지 못했다고, 그냥 저녁 식사혈 때 덮쳐버리니까 그것도 허지 못했다고……. 대기했다가 밥 먹으러 들어오는 것을 덮쳐버리니까…… 그냥 와다다다 하니까…… 도망가는 사름 죽고, 숨어버린 사름은 살고……. 그래도 도망간 사름이 수백 명 됐다고 해요. 끝나보니까 200여 명 정도 남았대요. 그래서 감형이 돼서 나오는데……. 그때 발표 책을 읽어 보니까 270 몇 명이 감형돼서 나왔더라구요.

가해자의 말로

우리 아버님네는 1남 2녀였어요. 작은고모님은 지금도 살아 계시고, 큰고모님은 돌아가셨어요. 외도지서 데려다가 죽여버렸죠. 우리 큰고모님이 그때 세 살 난 아기까지 데리고 갔는데 그냥 외도지서에서 죽여버렸어요. 지금 외도초등학교 앞쪽에 해미안 있죠? 해수 사우나? 그 밧(밭)에서 죽여버렸어요. 그 밧에 우리가 가서 시신 수습했어요. 어린 때. 나중에 들은 얘기지만 애기가 기어가는 걸 창으로 찔렀더라고요. 기어가는 걸……. 그날이 양력 12월 19일 날로 알고 있죠. 그날 하귀 사름들도 많이 죽었어요. 고모님 함자가 강재생이고, 하귀2리 개물 사름이에요. (개물은) 학원동이렌도 허는디 거기 살았어요. 우리 하귀에서도 그 동네 사름덜이 비교적 많이 죽었죠.6

자는 이것을 이야기하고 있다.
6 '외도지서 서쪽 밭' 사건을 말한다. 이 사건은 증언자에 따라 12월 17일, 19일, 혹은 21일에 일어났다고 하며 그 장소도 조금씩 다르다. 다른 증언에서는 구술자가 이야기한 해미안보다는 서쪽으로 밭 몇 개를 더 지나서 위치한 식당이 있는 곳에서 일어났다고 진술되고 있다.

부모님이나 고모님을 생각허다보민 꼭 생각나는 사름덜이 있어요. 우리 하귀나 애월에 가해자로 나쁜 짓 많이 헌 사름이 몇 있었죠. 그때 하귀에서 여관허던 강……. 가만있어 보자. 강기선이, 기옥이, 기량이……. 아, 강기량이란 분이 있었어요. 이분은 비교적 잘 살았죠. 그 집안이 하귀에선 제일 잘 사는 편이었어요. 사태가 다 평온된 다음에 강기량 씨 딸이 춘옥이라고 있었는데, 아버지네 다 죽어버리니까 그 자리에 창고를 지어서 했어요. 나중엔 뭐, 쌀 배급소를 딸이 허기도 했죠. 강기량 씨는 여관을 했어요. 그분덜 내외가 참 억울하게 죽었는데 그 이유가 있어요. 큰며느리가……. 큰아들이 종만인데 육군 대위로 예편했어요. 해서 서울서 살다가 한 15년쯤 전에 죽었어요. 근데 그 큰며느리가 하귀 고창옥 씨 딸이에요. 잘 알겠지만 고창옥 씨는 남로당 애월면 위원장을 했었죠. 사실 강기량 씨는 경찰에 협조를 많이 한 사름이에요. 응원대도 그 집에서 살았었죠. 밥도 우리 아버지랑 같이 먹고 그랬는데 사돈 바람에…….

또 박○하라고 있어요. 경찰이죠. 계급이 경사. 그 사름이 데려다가 강기량 씨 내외를 다 해(죽여)버렸어요. 그 강기량 씨 동생 아들이 강종국인데 지금 하귀에 살아 있어요.7 그런데 이 양반이 4·19 나니까 박○하를 데려다가 "너 우리 셋아버지 데려당 죽이지 않았느냐?" 따졌어요. 강종국이 당시 운전순데 자기 차에 셋아버지, 셋어머니를 태우고 간 거예요. 거기에 박○하가 총 들고 있었고요. 그러니까 자기 셋아버지가 차에 탔는데도 말 한마디 못 허고 징발돼서 죽는 듸(곳) 태워간 거죠. 그런데 4·19 혁명이 일어나고, 신두방 씨가 도의회에서 4·3사건 문제를 파헤쳐 가니까 박○하 잡아다 놓고 "너, 우리 셋아버지 어떻게 데려다 죽였

---

7 이 책의 여섯 번째 구술자 강종국을 지칭한다.

느냐?" 헌 거예요. 그러자 이 사름은 지서로 달려가서 종국이가 날 데려다가 죽이젠 헌다고 신고했어요. 그 일로 종국이가 6개월인가, 살다 나왔어요. 겐디 그 사름 박○하는 나중에 백한 살 난 어머니 방에서 비참하게 죽었어요. 하귀서 못 살아서 조천 가서 정미소하더니 그것도 불 나가지고 또 못 허게 뒈난 일본으로 밀항 갔어요. 거기서도 결국 못 살았다고 하더라고요. 나쁜 짓 한 가해자가 어디 가면 잘 살 수 있겠어요?

또 있어요. 강○중이라고. 경찰 경사 출신인데 참 많은 사름에게 피해 줬어요. 결국 그 사름도 하귀출장소 소장도 허고, 하귀 이장도 허고 했지만 말년에는 남의 집 방 한 칸에서 비참하게 죽었어요. 그렇게 남에게 한이 맺힐 일을 허고는 제대로 죽을 수가 없는 게 당연해요. 그 사름덜…… 사름을 막 죽인 그 사름덜 말로를 보세요. 강○현이도 보니까 수산봉 앞에서 버스에 치여서 죽었고, 문○관이도 교통사고로 죽었어요. 제대로 죽은 사름이 하나도 없어요. 다 노중복사해서 죽었죠. 원혼들이 그런 사름덜을 제대로 살려둘 리가 있겠어요? 나는 정말 이 사름덜 죄받고 죽었다고 생각해요.

정말 많은 사건들이 있었어요. 내가 다 기억을 못 해서 그런데…… 아, 한 가지, 김○하라고 우리와 직접 연관이 있는 거…… 그 사름은 제주시에서 국장으로 근무했을 거예요. 그 사름이 오현고등학교 나와서 육사를 합격해도 못 간 사름이에요. 아버지가 열일곱 살에 죽었어요. 일찍 결혼하니까 그 사름을 낳았죠. (우리) 큰아버지하고 그 사름 아버지는 덕지동에서 (살아서) 돌아온 사름이에요. 그런데 외도지서에서 자수허영 들어오민 살려주고, 경 안 허민 다 죽인다 했어요. 경행 외도지서에 자수허레 들어갔죠. 그러자 우리 동네 위에서 하루에 열세 명을 다 죽여버린 거예요. 그때 우리는 득중이네 집에 앉아 있었어요. 그 집은 동네 제일 위쪽에 있었어요. 그런데 좀 있으니까 스리쿼터에 사름덜이 타고 올라와요. 경찰관덜도 있고요. 난 그 사름덜이 탄 줄도 몰랐죠. 곧 총소리가 났어요. 와다다다……. 스리쿼터에 탔던 경찰관이 저 웃밧듸(위에 있는 밭에) 가서 보라고 해요. 가보니까 열세 사름이 그냥 비참하게 죽어 있어요. 그 날짜도 잊히지 않아요. 음력 동짓달 열하룻날……. 게서 동짓달 초열흘날 제사하고 있을 거예요. 저 귀일중학교 약간 위에 당면공장이 있어요. 그 밧(밭)에서 죽은 거예요.[8]

당시 젊은이덜 중에 살아남은 사름이 별로 없어요. 다 죽었어요. 김용철이라고 우리 앞집에는 목포사범 나와가지고 선생을 했는데, 참 기타도 잘 치고 해서 하귀국민학교 선생을 했어요. 이 사름은 어떻게 되었는고 허민, 외삼춘이 아까 말한 강ㅇ중이에요. 그래서 저 연동 어디서 4·3사건 때, 몇십 명을 잡아다가 총살허는데 요기만 쏙 빼서 살려줬어요. 이 사름만 돌아와 가지고 자기네 집이 아닌 큰어머니네 집 마루 속에 살았어요. 부인도 선생이었어요. 강세숙이라고. 그래서 마루 속에서 애기가 생겼는데 그게 다행히 유족이에요. 겐디 그분은 그때 살아놓고 6·25사변 일어나니까 붙잡혀서 우리 어머니영 같은 날에 죽었어요. 조재두 선생도 그날 죽었어요.

빨갱이 새끼, 혹은 희망

우리가 예비검속은 4·3허고 완전 별개라고 이런 식으로는 생각허고 있지 않아요. 그런 식은 제 개인적으로도 원치 않고요. 한국전쟁 희생자는 별개다 해서 특별법을 두 개 만들 수는 없는 것이잖아요? 잘 알겠지

---

8 붉은질 학살사건. 토벌대가 1948년 12월 11일 하귀 청년들에게 자수하면 살려준다고 자수공작을 벌여, 이에 50여 명이 응하자 고문을 가했다. 이때 고문에 못 이겨 억지 자백을 한 열세 명은 붉은질에서 학살당했다.

만 우린 군사재판도 아니에요. 그냥 죽인 거예요. 그래서 우리가 주장하는 것은 공권력에서 죽였으니까 사실적인 진상만이라도 남겨야겠다 이거예요. 어떻게 죽었고, 몇 명이 죽었고, 어느 장소에서 언제 시행을 했는지 진상이 나와야 되는데, 이 진상 자체가 없다 이 말이에요. 정부가 관계 서류를 다 숨겨놓고 있어요. 서류들이 분명히 있고, 그 근거도 있는데 정부는 거짓말만 허죠. 다시 말씀드릴게요. 우리가 예비검속을 거론허는 것은 시신을 발굴해서 진상규명을 허는 데 목적이 있는 것이지, 4·3유족회를 두 개로 멘들고, 세 개로…… 이런 것이 목표가 아니에요. 그리고 한 마디 더 한다면, 유족회도 범도민적으로 허는 거니까 다 감싸 안을 수 있는 그런 조직이 돼야 해요. 목포형무소다, 대구형무소다 형무소 나가가지고 죽은 사름덜만 문제가 되는 게 아니거든요. 여기 임원덜을 보면 전부가 형무소 출신 희생자 유족들이에요. 그러면 안 돼요. 정말로 한 조직이 돼야 허기 때문에 4·3 유족이나 예비검속 유족들을 전부 모아 놓고 민주적인 절차에 의해서 선거를 치러야 해요. 그런 속에서 조직 책임자를 선출허민 누가 뭐랄 사름이 있겠어요?

우리 회장님9이 지금 일흔여섯이에요. 몸이 아파가지고 병원에 뎅기고 허는데…… 그래서 금년에 나보고 회장허라고 허는 걸 "2년만 더 해 주십시오" 했어요. 이다음에는 모르겠어요. 저에게 차례가 올지 모르지만 여하튼 우리가 회의를 헐 때마다 저는 그러죠. 유족회를 하나로 묶어야 된다고……. 4·3유족회가 형무소에 가서 죽은 사름덜만 앞장서서 허게 허지 말고 각 지역별로, 유형별로 민주적인 절차에 의해서 회장을 선임헐 수 있게 해야 헌다고…….

이제는 다른 이야기를 좀 하죠. 저는 유해 발굴에 참 관심이 많아요.

---

9 양용해 '북부예비검속유족회' 회장을 지칭한다.

그래서인지 이제 발굴 예산도 국비로 나오기 시작한 것도 알고 있어요. 4·3연구소와 별도로 우리도 공항[10] 학살지 조사를 좀 허지 않았습니까? 연구소가 조사헌 내용을 봤어요. 그런데 더 조사해야 해요. 매장 장소가 지적도 상에 딱 나와야 돼요. 아, 연구소도 그거 다 만들었다 그랬죠? 여하튼 우리가 알기로는······ 이거 좀 애매허기는 헌데······. 공항에 학살터가 세 군데예요. 제일 동쪽을 김윤옥 씨가 알려줬어요. 우린 처음에는 이거다, 했어요. 동쪽 끝에······ 거기는 1949년도인데 스물일곱 명 허고, 또 열아홉 명 시신이 거기 있어요. 그리고 저기, 요쪽에는 요행히 당시 생존자가 7~8명 있어가지고 그분덜을 전부 만나게 됐어요. 그러니 우릴 붙잡고 울더라고요. 왜 이제야 나타났느냐? 우리가 눈 감아불었으면 어떻게 밧(밭)을 알겠느냐? 그분덜이 밧을 가리켜주고 다 했어요. 이제 진상규명 허고 유해를 발굴허민 돼요. 유해를 발굴해야 사건이 해결되지 안 그러면 안 되죠.

면담자: 이제 제주대학교하고 4·3연구소, 제주도 3자가 계약을 해서 발굴단을 구성하고 곧 일을 시작한다고 합니다. 그래서 드리는 말씀입니다만, 북부예비검속유족회에서도 조사를 했으니 발굴단에 많은 조언을 해줄 필요가 있을 것 같습니다만?

제 얘기를 조금 새겨들어야 해요. 저는 '과거사진상규명위원회'에서 이 일을 주관해야 한다고 봐요. 그런데 발굴비로 30억이 나왔잖아요? 강창일 의원이 우리에게 얘기허더라고요. 이 돈은 「4·3 특별법」에 따라 나온 돈이기 때문에 과거사 쪽에서는 못 한다, 4·3 발굴단에서 해야 한

---

10 제주국제공항. 4·3 당시에는 '정뜨르 비행장'이라고 불렀다.

다고……. 아, 그러니까 어쩔 수 없죠. 과거사진상규명위원회에서는 입회허는 수밖에요.

 그리고 한 가지 연구소에서 해줘야 헐 게 있어요. 지금 우리 예비검속 희생자 중에서 한림허고 모슬포는 시신을 전부 찾았어요. 그런데 서귀포 삼면유족회허고 우리만 못 찾았거든요. 그러면 유해 발굴헐 땅의 규모가 몇 평이나 될는지 모르주마는 이 두 유족회 사름덜도 같이 해서 일을 해야 모든 게 수월허지 않겠느냐 이거예요. 뭐, 밖에 사름이 수십 명 있어도 몰라요. 4·3연구소는 연구를 허니까 알고, 의과대학도 의학 연구를 허니까 알주만은 그 나머지 사름덜이사 뭘 압니까?

 그리고 또 누가 그러더라고요. 유족덜의 유골을 찾는 일인데 유족덜 없이 헐 수는 없는 것 아니냐는 것인데. 그 말이 맞아요. 이제 유해 발굴단이 생길 거 아닙니까? 모체는 제주도청이 되겠지만 우리 유족들도 참여해야죠. 우리가 요번 날 회의헐 때 제가 그랬어요. 우리가 DNA 검사를 미리 해놔 두는 게 좋겠다고요. 우리가 내년쯤에 대마도를 갔다 올 거예요. 대마도에 지난번 4·3유족회가 가가지고는 어떻게 해서 왔는지는 모르지마는 거긴 절 뒤에 시신 묻혀 있는 곳이 있고, 또 다른 절에는 안치돼서……. 어쨌든 대마도에는 시신이 두 군데에 있다고 해요. 거긴 열기만 허민 만져볼 수도 있다니까 그중 어느 하나라도 이쪽허고 DNA가 맞는 게 있으면 되는 거 아닙니까? 해서 나는 우리가 미리 DNA 검사를 신청해야겠다는 그런 생각이에요.

 저 개인적으로는 대마도에서 수장된 사름덜 유골을 확인허는 것도 중요허고, 비행장에서 새롭게 발굴허는 것도 다 필요헌 일이라고 생각해요. 시신을 발굴했는데 막상 임자 없는 시신이 나오면 어떻게 헐 겁니까? 먼저 행불희생자 유족덜 전부를 상대해서 DNA 검사를 해야죠. 그래서 시신이 나온 후 DNA를 맞추다보면 그중에는 분명히 맞는 사름덜이 있을 거란 말이에요. 근데 가장 중요한 거는 1세대가 죽어버리고 2세대, 3세대가 되어가민 좀 어려워져요. 어떻게 헐 수 있을지 모르겟주만은 아무래도 1세대가 정확헐 게 아닙니까? 저도 지금 동생 한 사람은 죽었어요. 3남매가 살아 있으니까 우리 3남매가 다 DNA 신청을 헐 겁니다.

그리고 들리는 말로는 DNA 검사는 여자가 더 정확허다고 허는 사름이 있던데 맞아요?

면담자: 예, 보통 살인사건이 났을 때도 그런다 그럽니다. 피살자 여자 유족의 DNA를 검사한다고요.

우린 누이동생이 하나 살아 있어요. 그런데 저 예비검속 희생자 유족덜 중에는 여자 분이 열 멧 명밖에 없고, 다 남자거든요.

그러니까 우리가 내년에 대마도 갔다 온다고 도에 예산을 신청해놨어요. 사실 우린 '한국전쟁 직후 예비검속 수장 희생자 유족회'를 만들라고 했었죠. 그래서 전부 발기 다 해놓고 담당청인 4·3사업소를 찾아갔어요. 그러니 그 말이에요. "지금도 유족회가 많은데 또 다른 유족회가 하나 더 생겨나면 앞으로 여러 가지 곤란합니다. 그러니 일단 대마도부터 갔다 오십시오. 북부예비검속유족회에서 가는 걸로 해가지고 예산을 올려주시면 우리가 도와드리겠습니다" 해서 예산 신청도 허고, 부족헌 비용은 우리가 보태기로 허고 있어요.

면담자: 대마도는 4·3유족회에서도 위령제를 지내러 몇 차례 갔다 오고, 보고서도 나왔잖습니까? 제가 알기로는 이제는 더 안 가기로 한 것 같던데요?

저도 그 보고서는 봤어요. 4·3유족회에서 낸 거. 그런데 문제는 이거죠. 대마도에 떠오른 시신덜은 한국전쟁 이후에 온 거란 말이에요. 4·3 유족회 사름덜은 아무 해당이 없어요. 그러니까 두 번 갔다 오고 세 번째부턴 다신 안 오겠다고 헌 거죠. 생각해 보세요. 진짜 거기 가서 제를 지낼 사름덜은 누굽니까? 우리 같은 수장 희생자 유족덜 아닙니까? 그러니 이게…… 진짜로 대마도 가서 제를 지낼 사름덜은 안 갔다 온 거예요.

우리는 내년에 처음이지만 일단 가서 볼려고 해요. 그래서 정부허고 정부가 서로 도움을 요청해야 헐 건지, 특별자치도 도지사가 대마도 지사 앞으로 정식 요청을 해서 직원들 대동하고 갔다 와야 모든 것이 순조롭게 될 것인지 판단헐려고 해요. 그냥 가가지고 제나 지내고 올 거라면 뭐허레 갑니까? 이 일은 유해 발굴…… 아니, 수습허고 관련된 문제기 때문에 신중해야 해요. 우리가 알기로 대마도 유해 중에는 비단 우리 제주도뿐이 아니라 육지 사름덜도 있어요. 그러니 더 잘 준비해야죠.

또 우린 뭐, 여러 가지를 생각했어요. 7월 초에 날짜를 택해가지고 사름 무게만 헌 인형을 떨어뜨려서 이게 며칠 걸려서 어딜로 가는지 실험하려고요. 그러면 그 인형이 딱 올라오는 데가 있을 것 아니에요? 근데 당시 날짜(아버지가 제주 앞바다에 수장된 그 날)가…… 음력 6월 초이틀이니 그날은 일곱물이에요. 그때에는 대충 해류가 대마도 쪽으로 흘러간다는 것을 우리가 알고 있는 사항들이에요. 이런 실험도 한번 헐라 그래요.

우리가 대마도는 내년이 돼야 갈 수 있을 거예요. 내년에 여기 비행장에서 발굴허기 이전에 우리가 갔다 와야죠. 도에서 예산을 안 줘도 좋습니다. 우리가 자비를 들여서 가면 되니까요. 우리 부모님덜 일인데 그 이상이라도 해야죠. 우리가 부모님 돌아가시면은 벌초도 허고, 묘지도 허고 다 허면서, 그렇게 돌아가셨다고 부모님덜을 안 찾앙 내분다는 거는 말이 안 되지 않습니까? 자식 도리를 이제까지 60년 동안 못 했으니까 이제부터라도 해야 될 거 아닙니까?

 우리 부모님은 묘가 없습니다. 딴 사름덜은 가묘도 만들었어요. 비석 세우고⋯⋯. 근데 저는 이제까지 안 했습니다. 저는 그냥 어영부영 아무렇게나 세우는 걸 원치 않습니다. 중간에 우리가 부모님네 사망신고는 '변사(變死)'로 해서 올렸습니다. 참 그것이 한스러워요. 집에서 그냥 죽은 걸로 해서 사망신고 한 거 아닙니까? 이것도 연구소나 정부에서 다 고쳐줘야 돼요. 다. 전부 그렇게 신고 했겠죠? 공권력에 의해서 죽엇덴 헌 사름 한 사름도 없을 거예요. 이런 거부터 빨리 고쳐줘야 해요. 그때는 그거 잘못하면은 낙인 찍혀가지고 동 직원도 못 했잖아요? 그러니까 다 속여가지고 집에서 죽은 걸로 했지요. 우리도 그랬어요. 이게 얼마나 비참한 일입니까?

 우린, 부모님이 돌아가시고 다들 천애 고아가 되니까 할머니가 키워줬어요. 그러다가 할머니가 나이가 들 거 아닙니까? 그래서 중학교는 우리 외삼촌이 시켜줬죠. 천만다행으로 난 볼을 차가지고 중학교 3학년 때 스카우트 뒈연(돼서) 육지 나갔어요. 동생덜은 제가 공부시켜서 공무원도 했고요. 젊었을 땐 제가 축구선수로 좀 날리기도 했죠. 그러니깐 제가 기 안 죽고 살았지 딴 사름들 보면요, 아⋯⋯ 비참허게덜 살았습니다. 꺼떡허민 "이 빨갱이 새끼야!" 했어요.

 한 가지 일이 기억나네요. 8·15 기념행사였던 것 같아요. 동네에서 걸궁을 했어요. 집집마다 기부 받으레(받으러) 뎅기는데 우리 집에 온 거죠. 그래서 마당에 들어와서 걸궁을 해가는데 우리 할머니가 보기 싫으니까 다 나가라고 했어요. 당시 우리 할머니 심정이 그럴 거 아닙니까? 그러자 우리 할머니를 죽도록 때리는 거예요. 동네사름덜이 우릴 빨갱이 새끼덜이라고 해가면서 할머니를……. 그걸 우리가 다 봤단 말이에요. 난, 나가는 사름덜을 호미 가지고 가서 찔러 버릴라고 했어요. 그때가 1951년도? 그러니까 부모님이 돌아가신 그다음 해죠. 난 그때 열다섯 살이어서 대항도 못 허고 얻어맞으면서 마음으로만 울컹벌컹 했어요. 그게 부끄럽기만 한 거죠.

그런데 우리가 성장하고 난 다음에는…… 우리 동생이 하루 새 일등 청년이 됐어요. (동생이) 태권도 사범이 뒈엇는디 그때는 우리신디(한테) 그렇게 했던 사름덜도 우리한티 왕(와서) 아부허는 거예요. 그러니 난 '야, 이 사름덜 정말 간교허구나' 했어요. 과거에 우린 동네에도 가지 못 했어요. 동네 멀리에도 나가지 못했어요. 어린 때는 줄 것도 안 주면서 그렇게 천대를 했죠. 그래도 나는 성장해가지고 그러니까 돈도 좀 있게 되니까, 1979년도부터 1981년도까지 동네에서 경로잔치를 했어요. 내가 동네에서 처음 시작한 거죠. 동네에 가서 일부러 했어요. 기념품 해 가지고 동네 사름덜 쫙 모아서 잔치허고, 기념품 드리고, 사진 찍어드리고 허명 한 5년 했을 거예요. 그것이 전통이 돼서 경로잔치가 지금도 이어지죠. 사름덜이 "형님 닮은 사름은 엇일 거우다" 했어요. 근데 저는 생각이 다 있어서 한 거거든요. 과거에, 그러니까 내가 어렸을 때 나에게 침 뱉던 사름덜이 그르후젠(그 이후엔) 나안티(나한테) 조카렌도 허고, 조카님이라고도 그러더라고요. 그제사 저는 '아, 세상은 바꿔지는구나.' 그렇게 느꼈죠. 저희들이 커갈 때는요, 기침도 크게 못 허고 비참헌 생활을 했어요. 사름이 산다는 것이 사니까 사는 거지, 이게……. 우린 어릴 때 점심을 먹어서 살아본 적이 없어요. 점심 같은 거를 먹을 걸로 알고 있지도 않았어요. 그래도 살 수 있는 거만으로 만족허게 생각했었습니다.

근데 우리가 커나가면서 보니까 동네에서 무슨 일이 생기면 달려와요. 그건, 우리 동생 때문이기도 헌데, 우리 동생이 잘 나갈 때가 있었어요. 동생이 1968년도에 경찰이 됐는데 태권도 사범허다가 갔어요. 그러니까 뭐, 싸움 잘 헌다는 거죠. 어디 마을끼리 무슨 일이 생기면 동생신디 연락이 와요. 그러면 내가 동생에게 "절대 아무 데나 가지 마라. 외부 사름덜광(사람들과) 싸울 이유가 엇다(없다). 이영저영 죽은 사름 아덜이다, 이런 말 절대 듣지 말아라." 그렇게 당부하곤 했어요. 그렇게 살아왔어요. 내가 나이 열네 살에 부모님 돌아가셔서 지금 몇 년입니까? 이제 곧 60년이 다 돼가지 않습니까? 지금까지 살아진 거 생각허믄……. 우리 동생은 서울지구 유족회장이에요. 우리가 부모 잘못 만나서 그런 거 아니에요. 세상 잘못 만나서 그런 거 아니에요. 이제 다 잘 돼 가겠죠. 우린 이제 '이만큼이라도 살 수 있게 된 게 다 복이구나.' 그렇게 생각해요. 이거 아, 어떵 차 한 잔 대접 못 했네?

다시 하귀중학원을 기억하며

강창영

강창영(姜昌嶸)은 1931년생으로 4·3 당시 애월면 상귀리 예원동에 거주했다. 그는 1947년 3월 1일, 4·3 당시 동네 청년들과 함께 행진해 북국민학교에 갔다 오기도 했다. 4·3의 와중에서는 여기저기 도피생활을 하며 구명했다. 그의 형은 인천형무소에 수감되었다가 학살당했다. 현재 그는 4·3 이후 행정구역이 애월읍 상귀리에서 수산리로 바뀐 예원동에 살고 있다.

(채록일: 2006.7.20 | 채록 장소: 자택 | 이근병 동석)

4

우리 예원동은 상귀리에서 수산리로 행정구역이 바꿔어부럿어요

3·1사건 기억

우리 예원동은 작은 마을이라. 4·3 당시 한 50호, 상귀 지경이 10호, 수산 지경이 한 40여 호. 지금은 이 상귀 지경에 이신(있는) 10호도 다 수산리 예원동으로 행정구역이 뒈불엇주(되어버렸지). 아주 작은 마을이라.

내가 학교를…… 해방되는 해에 졸업을 헐 건디 일제시대는 4월 1일을 기준허연 졸업을 했거든. 겐디 8월 15일에 해방되니까 4월에 졸업 못 허고 9월에 졸업헷주. 9월 달에. 한 학기 더 다니고 졸업을 헌 거라. 그때, 영 보니까 이상해. 우리가 한 열여섯 살쯤 됏을 거라. 우리사 뭐 좌익, 우익 그런 거 몰랏주마는 청년들이 허고 다니는 게 이상해. 그래서 학교를 안 다녔어. 그대로 4·3사건 겪엇지. 집에서.

우리가…… 어디? 3·1절 기념식엔 가왓어요. …… 한 번 가왓지, 졸업 헌 후에. 그, 저 관덕정까지 가서 온 거 맞아. 우린 이 중산간 도로로 허연 무수천으로, 노형으로 걸어서 갓지. 그때사(그때야) 무슨 차가 잇어(있어)? 우린 모이는 듸(데)가 어딘지도 모르고 북국민학교로 간 거라. 뭐, (기념)식 허는 것도 보도 못했어. 솔직히 말이지. 각처에서 사름덜이 동, 남으로 모여들언 집결허는 건 봣주. 나중에 총소리 "팡, 팡" 나난 우린 돌아왔어. 사름덜이 얼마나 모여신지 우린 몰라. 북국민학교, 거기 운동장은 빡빡이고 관덕정까지 (사름덜이) 막 밀려졋어. 거 뭐라? '제주실록…… 대하 뭐, 100년'인가? 그 책[1]을 보면 죄다 써 잇주. 우린 그거, 그 정도. 총소리도 들음뿐이주. 뭐 어떵 된 거는 보도 못 허고 그냥 집에 돌아오난 그 걸로 끝난 거라.

첫 도피생활

우리가 '여기 이시민 이제 죽어질 것 같다' 허고 느껴지게 된 때가 (다른 마을보다는) 좀 빨랏주. 그거…… 4·3, 4월 3일 날 저 구엄지서가 습격당했거든. 그리고 약 2, 3일 후일 거라. 날짜는 확실히 기억을 못 허겠는데 경찰허고, 대동청년단……? 대청이 맞아. 거기서 여기를 내습했어……. 우린 도망쳤어. 지금 생각헤보민 그럽주(그렇지요). 도망치지 말앙 집에 가만히 잇어시민(있었으면) 아무 일도 엇어실 건디 그때 경덜 오니까…… 총소리 나고 허니까, 그냥 겁이 난 도망갔던 거야. 그때사 처음이고 뭣도 모를 때였지.

그다음부터는 피난길이라. 뭐, 난 피난도, 참전도 아무 것도 안 헐 뻔 헤신디 지금 생각헤보민 그땐 참 어린애였던 것 닮아. 죄 어신(없는) 사름이 뛸(도망칠) 일이 뭐가 잇어? 그런데 난 어린 때고, 남덜을…… 즉 말하자면 남의 뒤를 쫓아뎅기는 거였지. 집에서 잠을 자보지도 못해서. 그

---

[1] 강용삼·이경수 편저의 『대하실록 제주 100년』(1984)을 말한다.

렇게 드르(들판)에 도망뎅기다 보민 마을청년덜허고 자연히 모이게 돼. 그러면 다른 애들은 무슨 연락을 갔다 오라 허면서 허였다고도 허주만난, 그런 거 안 헤봤주. 그런 연락 계통에도 엇엇고(없었고). 또래 친구들 중엔 뭐, 망보기도 허고 헷주. 지금은 다 돌아가서, 그 양반덜. 그때 그냥…… '빗개(보초)'라고 했지, 빗개. 내가 그 빗개를 본 건…… 빗개 설라면 높은 동산이나 오름이 잇어사(있어야) 거기 강 서는 거 아니라? 경헌디 난 저기 주둔지를 거점으로 허연 빗개를 서는 것만 봤어.

우리가 한번 싸우는 걸 본 적이 있어. 그거 접전이엇지. 경찰대허고 산에 이신(있는), 즉 말하자면 좌익계에 있는 사름덜이라. 그 사름덜이 쌉는(싸우는) 걸 봤지. 확실헌 날짜는 모르겟는디 4·3사건 일어난 후 한 15일쯤 지나실 건가? 초기에. 그때 처음 접전해낫어. 경찰관 하나가 죽엇덴 했지. 우리가 보진 못 해도 그런 말이 돌앗어. 그때 우린 피난 가는 길이랏주(길이었지). 경찰대허고 인민군인가 뭐, 유격대허고 서로 쌉는 거라. 서로 총 쏘면서. 결과적으로 그때는 산에 이신 양반덜이 좀 승했지(이겼지).

거기가 어느 지경인지는……? 가만 있자……. 고성 경, 고성 삼심악? 석 삼(三)자에 마음 심(心)자. 삼심악 뒤 천아봉. 천아오름 그 어간(사이)이라. 요건 확실허여. 경찰관이 한 명 죽고 허면서 산 쪽이 승리했다는 거주.

경허난 그날, 우리가 피난 중에 한 11시 쯤 뒈어실 거라. 그때 삼심이 상봉에, 오름 상봉에 처음엔 사름덜이 보여. 구엄지서에서 가장헌 사름덜 간 거야. 봄철이니까 거 무시거라? 우리 보건데는 묘제…… 묘제 허레 오는 거 같이 보였어. 전부 두루마기를 입고 왔지. 겐디 또 이렇게 보니 바로 천아봉, 천아오름에서 산사름덜이 말이라……. 꼭 돼지들 같아. 쫙 오는 것이. 그러니까 우리 청년덜이 도망쳐사(도망쳐야) 된다고 해. 작진지역이 되니까. 그래서 우린 올라가불엇주. 곧 총소리가 났어.

또 화포? 그때는 화포…… 그것 보고 뭐라고 허는디……. 아, 다이너마이트. 가짜로 만든 거. 그거 던지는 소리가 펑펑 나데. 아, 이거 교전이 벌어졌구나. 한 20분 족히 지나실 거라. 20분. 이젠 총소리가 없어. 그래서 우린 머무는 곳으로 갔지. 강(가서) 보난 연락이 왔어. 대승이라고.

그때 우리가 머물던 듸가(데가) 큰 동굴도 아니고 쪼그만 궤(바위 동굴)라. 삼심봉 조금 서녘 쪽에. 이름은…… 아, 흐령돗궤라고 허민 될 거라. 그때 우리 동네 사름덜 많이 거기 가서 숨엇주. 경헌디 지금 거기 갔던 사름 중엔 나 한 사름밖엔 산 사름이 엇어(없어). 이 아저씨도(곁에 앉아 있던 이근병 씨를 가리킴) 그때 나허고 안 다녔어. 어려부난.

남자덜만이라. 그때 상귀 청년덜허고…… 많이덜 갔어. 우리가 며칠을 살아신지는 잘 모르겠어. 그때 뭐, 선거헌다고 했어. 5·10 선거가? 그래서 우린 투표헌다고 해서 내려왔지. 사실 난 참정권이 어시난(없으니까) 못해도 하여튼 그런 말 때문에 내려왔어. 당시 모두가 집에서덜 연락을 받았지. 우리가 뭐, 죄가 잇이민(있으면) 허지만 아무것도 없잖우꽈(없잖습니까)? 그러니 집에서는 아덜이 산에 오르니까 걱정될 거 아니라? 죄도 어신 사름이 산에 강 살 게 뭐 있냐고, 내려와서 선거도 허고 허라고.

우리가 산에서 한 스무 날 살았구나. 하여튼 우리가 이거 올라간 거 때문에 마을에 명단…… 경찰이 명단을 작성해가지고 사름덜을 잡아가기도 했어. 주말이민 경찰에서덜 다 어디 간 거 조사헷주. 근디 우리는 어리고 뭐 허니까 (산에) 안 올라도 뒈신디……. 하여튼 우리가 그때 처음 피난 갓다 오난 경찰에서 오렌 헨 갔다 왔어. 그때사 우린 죄 어신 사름덜 아니라? 그냥 다 나왓주.

끝없는 학살

그러다가 나중 계엄령 후에라. 그땐 또 잡혀간 다 죽었어. 그게 언제더라? 셋이 잡혀가신디…… 이 사름덜은 그 뭐, 주모자도 뭣도 아니라. 총소리가 경(그렇게) 나니까 어디 냇가로 숨으레(숨으러) 갔거든. 그랬다가 경찰관한티(한테) 걸령 잡혀갔지. 막 사름 죽일 때라.

우리 형님도…… 돌아갔어. 우리 형님은 그러니까…… 뭐, 경 적을 필요도 엇어. 간단히 말허민 형무소 간 거지. 인천형무소. 이름이 강창식(姜昌植)2이라. 우리 강 씨덜이 희생자가 상당히 많아. 저 아랫동네 소앵동허고 합치민 상당히 많지. 이 동네도 우리 형님허고 강창택이가 희생자 신고가 되었어.

아까도 얘기헷주만 4·3 당시에는 여기가 상귀리라. 그런 때인데 한번은 우리가 알기로도 무자비허게 외도지서에서 와가지고 다 모이라고 허여. 여기 익선이 아방이영, 창현이네를 우리 앞에서 다 잡아갔지. 그때 소앵동 공회당에 오렌 했어. 나도 갔거든. 서북청년단이 들어온 때야. 이 양반덜이 마을 사름덜을 전부 한 곳에 모아낭 노래를 부르렌 허는 거라. 자기덜도 총 딱 둘러메고 노래 부르당 지적해. 지적된 사름이 이제 우석이 부친 명헌이, 또 강창흠이. 다 가리켜. 강창택이도. 그러더니 오라고 허고는 다 잡아갔어. 그러니 그뿐. 그날 저녁 다 죽여불엇주.

우리사 그땐 어려시난 살앗주만, 그런데…… 그 지적당헌 사름덜. 우린 지금 마당에 앉고, 그 사름덜을 공회당 안으로 잡아간 게 그냥 반 죽여놔. 때리멍 묶으고, 앉은 사름덜도 막 치는 거라. 그 사름덜…… 그렇게 맞는 것을 보니까…… 참 애꿎게 죽었어.

---

2 당시19세. 1948년 12월 8일 징역 20년을 언도받았다.

그것뿐만이 아니라. 외도지서에서 상귀뿐만 아니라 저 고성, 금덕 헐 것 엇이 군인덜 장작허레 오렌 했어. 그러니 사름덜은 지게 메고, 낫을 들고 갔지. 저기 외도지서 우에(위에) 이신(있는) 묵은 한질(옛날 큰 길)로 오렌 했어. 나도 갔어. 그런데 장작헌다는 건 함정이고 그냥 잡아간 거라. 우린 숨은 죄밖에 없덴 항의허는 청년덜을 무수히 구타허고 트럭에 태워 갔어. 그때 그렇게 해서 살아온 사름이 불과 몇 안 됐어. 난 어리다고 봐준 거야. 그때 사름덜을 죽이진 않았어. 총살은 안 했어. 다 재판받고 형무소 갔지. 대구니 어디니 허면서……. 좀 어린 사름은 인천소년형무소로 가고.3

우리 집은 소개를 하귀 가문동으로 갔어. 저기 지금 하귀 해안도로가 거기서 시작되지? 바닷가 마을. 가문동. 처음엔 조금 안심이 뒛주. 경헌디 여기도 마찬가지라. 거기 가서 얼마 어실 때라. 하귀지서에서 모이렌 했어. 국민학교로. 그때 많이 죽엇주. …… 그 학교 앞으로 하귀, 동귀, 여하튼 이 하귀 관내로 소개허연 내려간 사름은 전부 나왔거든. 그래서 젊은 사름덜은…… 젊은 사름덜, 여하튼 뭐 들을 거 말 것도 엇어. 젊은 사름덜 차에 실어서 자운당, 저 신엄리에 자운당이라고 있어요. 거기 가서 죽였지.4 이런 말, 하귀 가면 강ㅇ중이 잘 알 거라. 그 사름 우리허고 같이 고생 많이 헌 사름이지. 나허고 동창이라. 하귀국민학교 동창. 그 사름 고생도 헷주만 많이 알기도 허여. 사실 활동을 좀 했어. 누겐가 그 사름이 스스로 "나는 좌익이었다"라고 헷다는디…… 그땐 그 사름만 좌익이라? 모두 다 좌익이랏주. 어찌 보면 좌익 아닌 사름이 잇어? 산에

---

3 1948년 12월 5일에 발생한 '외도지서 장작사건'을 말한다. 이때 김용식(37세), 강창하(29세), 강상언(28세), 김기전(26세), 김용언(24세), 고창민(21세) 등 서른한 명이 희생되었다.
4 1948년 12월 20일의 하귀국민학교 눈 감으라 사건을 말한다.

한 번이라도 쌀 안 올린 사름 잇어……? 나허고 동창이라. 이제도 만나면 그런 말 허지. 난 좀 가담은 했다고. 그런데 난 가담해보진 않았어. 솔직히.

두 번째 도피생활

우리가 4·3 직후에 피난 가보고, 그다음에 한 번 더 가났어(갔었어). 우린 계엄령이 공포된 줄도 모르고 피난을 나간 거라. 11월 달인가? 추운 때엿주. 잘 모르겟는디…… 마을을 불태우기 전이라. 우리 상귀 사름덜이 두 밧(밭)에 나누왕(나누어서) 아지트 정허고 피난살이 했어. 그러는데 연락이 들어오기를…… 아, 그때는 국군을 '노랑 개'라고 했거든. 경찰은 '검은 개'고. 그래서 노랑 개, 검은 개. (어쨌든) 노랑 개가, 하치마키 도로라고 허민 붉은오름, 적악(赤岳), 그 뒤로 쭉 감아진 도론데 일제강점기에 만들어진 곳이 있어. 그 길에서 내일 몇 시경에 작전 허니까 빨리 벗어나사 된다는 거라. 그러니 우린 다른 데로 갔지. 위로 더 올라갔어. 그런데 동카름(동동네) 사름덜은 냇가에 강 숨어신디(숨었는데) 들이닥친 거라. 노랑 개가 그 사름덜한티로…… 서너 명 죽었지. 그때, 우린 서너이(서너 명) 죽엇덴 허는 말을 듣고는 공포심에 시달려서 위로 피난갈 수밖에 없었어. 막 멀리 올라갔지. 지금 말허자민 상당히 위에라, 볼레오름이라고. 거기를 간 우리가 한 이틀 밤쯤 잣을 거라. 경헌디 조금 있으니 도저히 죽으민 죽었지 이거 안 되겠어. 그래서 우리가 내려왔어. 내려오는디, 거, 우리가 재수가 좋았지. 즉 말하자면, 금덕……, 금덕을 무사히 통과했어. 그래서 금덕허고 이 동네 어간에 탁 들어오니까 금덕에 불이 훤허여. 또 지금 같으민 광령2리 거기도 불이 훤헌 거라. 아, 이상 허다고. 집에 왔어. 집에 왕 보난, 그때가 소개령 내린 때라. 그 뒷날부터⋯⋯ 금덕리, 장전, 광령1리, 2리, 3리 전부, 고성에도 소개 명령이 내려졌지. 그때 우리 마을엔 소개령을 안 내렸어, 여기는. 여긴 조금 안에 붙었다고 허연 (마을이).

우리 예원동은 그르후제(뒷날의 어느 때) 한 1개월 간 잇어실(있었을) 거라. 그러다 소개령 내리니까 우린 가문동으로 갔지. 사실 우리 동네 동쪽에 이신(있는) 상귀 지경만 불태운 거라. 서쪽은 하나도 아니 태우고⋯⋯ 상귀경만. 한 달 뒤 우리가 소개헐 때에도 저 수산은 소개도 안 했어. 상귀는 다 소개허는디⋯⋯. 상귀가 경찰에 주목을 더 받앗주. 상귀에 주모자가⋯⋯. 상귀는 사름도⋯⋯ 한 집에 하나둘 다 죽여불고 불도 싹싹 질러신디 저쪽은 몇 사름 엇어. 상귀가 즉 말하자면 좌익계에 조금 큰, 지도층에 이서난(있었던) 사름 몇이 살았어. 그래서 주목받은 거라.

그때 산에서 다른 곳에 숨었던 동카름 사름덜은⋯⋯ 거기서 죽었어. 뭐, 하난 죽지 않고 도망첫덴 허는디 세 사름이 죽었어. 그 사름덜은 토벌에 걸려서 바로 내려오지도 못했지. 하여튼 잘은 몰라. 그 사름덜 더 있단 그대로 산에 남아신지 어떵 헤신지? 우리 일행은 다 내려왔어. 우리 형님도 같이 왔고.

거기가 어딘지 그건 잘 몰라. 내가 있었던 듸(데)가 동노루오름 앞. 동노루오름 앞⋯⋯ '불덴밧궤'라고 허민 알 거라. 거, 지금은 찾아가지도 못헐 것 같아. 흔적도 어실 거라. 그리고 다른 팀은 붉은오름⋯⋯ 붉은오름 서녘 '등터진궤'⋯⋯ 등터진궤. 광령 사름덜한티(한테) 물어보민 알 거라. 붉은오름 서녘 냇가라. 거기를 찾아가젠 허민 그렇게 써둬야 될 거라. 거기 궤(조그만 동굴)에 사름이 시난(있으니까) 넘어가단 쏜 거 아니라? 토벌대가 총을 쏴도 달아나는 사름은 잘 달아나. 밀림 속으로. 밀림 속에 있는 거라 사름덜이 튀어 달아나기 시작허민 총에 잘 맞지 않거

4. 우리 예원동은 상귀리에서 수산리로 행정구역이 바뀌어부럿어요 153

든. 어린아이덜, 거동이 불편헌 사름덜 허연 그때 세 사름 죽었어. 세 사름. 이젠 모르커라. 그 후로 거길 가본 적도 어시난(없으니까) 무신 흔적이 이신지 어신지…… 냇가난 아무것도 어실 거라.

주소는 수산리로 바뀌고

그때까지는 하귀에 지서가 없었어. 우리가 소개허고 내려간 후에사 지서가 생겼지. 그게 우리가 알기로는 돌아가신 고○천 씨가 지서를 설치허게 했다고 해. 나중에. 처음엔 구엄이 관장했지. 우리 하귀는 나중인데 구엄지서 관내가 수산, 장전 이런 데라. 그러고 우리는 외도지서고. 외도는 하귀까지 포함했지. 우리 상귀도 외도지서 관내라.

우리가 가문동 갓단(갔다가) 한 번 습격 당해낫어. 산사름덜이 습격 온 거라, 산사름덜이. 불 많이 붙였지. 그때 우리가 성담 쌓고 입초 서고 헐 때라. 산사름덜이 완 불 다 붙이고 만행을 헌 거지. 산사름덜이…… 그러니까 산사름도 나빠. 우리가 보건데는 이 사건이 몇 사름의 거동으로 말미암아 제주도가 그렇게 된 거라. 아무것도 모른 사름덜만 애꿎게 죽고 재산 손해보고 그런 거라.

내가 그 책을 보는디 제주 100년……. 내가 겪었던 그대로 잘 써놨어. 피차 마찬가지라. 경찰도 그렇지. 책에 보니까 틀림없어. 경찰이 처음에 주모자덜을 체포해간 때에 군정에서 잘 수습 헤시민 그렇게 일이 안 날 건디 말이라.

우리 형님은 형무소에서 연락이 와낫어(왔었어). 쭉 편지도 왔지. 6·25 사변만 안 터져시민 형님은 살아서 왔을 거라. 사변이 터지니까 형 받고 간 사름덜이 다 행방불명이 된 거라. 그때 우리 형님이…… 난 잘 모르겠는디 한 4년형을 받았는가? 뭐, 젊은 아이덜이었고, 나이도 스무 살인가 스물한 살 때라. 형님이 그때 결혼은 했었지. 그때사 열일곱 살이민(살이면) 결혼헐 때 아니라? 조카도 하나 잇어. 혼인신고도 했고. 이젠 정부에서도 잘 허연 이만큼 명예회복도 해주고. 우리 형님 통지서 받았지. 희생자 통지서. 그게 뭐냐면, 정부가 우리 형님 억울허게 죽었다고 인정해 주는 거 아니라?

지금 우리 동네는 수산리 번지를 써요. 수산리 번지. 우리가 마을을 재건허고 올라오면서부터 경 됐어. 그러니까 그게…… 1948년도에 4·3사건이 나고, 1949년도 말에 우리가 지게 지고 올라왔거든. 바로 여기로. 그때에 저 상귀…… 상귀는 재건이 아니 된 때라. 그러니 우리가 어쩔 수 엇이 지경은 상귀라도 행정구역은 수산으로 허면서 그렇게 만든 거라. 그러니까 성을 쌓고 허면서 경 된 거지. 이 집 번지가 원래는 상귀리 1215번지라. 경헌디 이젠 수산으로 입적허면서 수산리 216번지로 뒈불엇주. 지금. 지경은 상귀경인데 행정구역만 수산. 당시 동네 사름덜 몇이 우리 마을을 수산으로 입적허고 헐 테니까 성도 같이 재건허영 올라강 살자. 경 뒌 거주. 그래서 이제 몇십 년 수산리로 쭉 돼버린 거라. 지금 아이덜도 다 학교를 수산에 다녀.

다시 하귀중학원을 기억하며

박동수

박동수(朴東守)는 호적상 1933년(실제 1931년)생으로 4·3 당시 애월면 소길리에 거주했다. 그는 4·3의 와중에서 형과 부친을 군경토벌대에 잃었고, 자신도 검거되어 인천형무소에서 수감 생활을 하는 고초를 겪었다. 또한 그는 취조를 받는 과정에서, 일면식 없는 할머니를 강요에 의해 구타한 사실을 가장 아픈 기억으로 간직하고 있고, 가능하다면 그 할머니 묘소를 찾아가 절을 하며, "잘못했습니다" 하고 말하는 것이 소망이다. 현재 그는 제주시 용담동에 살고 있다.

(채록일: 2004.10.22 | 채록 장소: 자택)

5

할머니 묘소를 찾아강 절을 허멍, "잘못했습니다" 하고 싶어요

배울 시기에 배우지 못헌 게 젤 한입니다

제가 1933년생이니까 금년에 일흔둘인데 호적상으로는 그렇게 되지만 실지 연령으로는 일흔넷입니다. 저는 4·3사건이라면 참말로 치가 떨리는 사람입니다. 왜냐하면 저희 아버지가 그때 군인덜 총살에 돌아가셨고, 형님도 경찰에 희생 되셨거든요.

알다시피 이 애월읍 소길리는 산간벽지예요. 왜정 때 학교는…… 제가 잘 다니지 못했어요. 저희 아버지는 왜정에 대한 반항심이 많았죠. 알아보십시오만 사실 소길리에서 왜정 때에 양력 멩질헌(명절을 한) 사름이…… 왜 왜놈덜 멩질을 헙니까? 우리 할아버지도 워낙 강헌 사름이 돼 놔가지고 "왜놈의 멩질을 왜 지내느냐, 우리의 전통을 절대 지키겠다" 했어요. 요즘이야 다 음력 멩질로 바꿨지마는 왜정 멩질을 한 번도 지낸 적이 없어요. 그랬고, 당시 아버님은 저를 학교에 보내려고 허지 않았죠. 왜정 학교를 왜 시키느냐? 경헤(그래) 가지고 허는디 "그래도 사름은 좀 배와사 헌다(배워야 한다)" 하셔서 이거 큰일 났다 해가지고…….
고성간이학교라는 곳이 있었어요. 애월국민학교 분교쯤인디 잘 모르겠
어요. 그때가…… 1학년 뎅겼는데(다녔는데) 무신(무슨) 분수를 압니까?
왜놈 말기가 뒈노니깐 공부는 시키지 않고 솔칵(관솔) 캐오라, 무신 줄
해오라…… 뭐, 이런 노동만 시켰어요. 공부라는 것은 한 두어 시간 시
키나마나, 이렇게 해가지고 8·15 해방을 맞았죠.

우린 촌에서 해방을 맞으니까 사실, 왜정 때에 곡식 하나라도 공출 걷
어가고 해서 굶다시피헌 그런 실정이니 살맛이 날까 했어요. 그런데 4·3
사건이 터진 거죠. 4·3사건이 나니 집 다 불태와불고(불태워버리고). 어머
니네는 소개 때 여길 왔어요, 제주시 오라3동으로. 당시 우리 작은아버
지가 여기 살았어요. 우리는 아버지허고, 나허고 형님은 농사지은 걸 다
어떵(어떻게) 해두고 올 생각이었어요. 뭐, 내 일생이 소설 한 권이 나올
정도가 됩니다마는, 지금은 날짜고 뭐고 잘 기억을 못 허겠어요. 어쨌든
우린 웃한질(중산간도로)을 차단허니까 올 수가 없었죠. 경허단 보난(그렇
게 하다보니까) 아래 가도 죽을 판, 우에 가도 살지 못헐 입장이 된 거예요.

그때 우린 "노랑 개[1] 온다 허민 우터레(위쪽으로) 도망가고, 또 검은 개
온다 허민 어디로 도망가라." 그랬어요. 뭐 어떻게 헐 줄을 모른 거죠. 토
벌대는 오면 그냥 총질이에요. 그렇게 해가지고 아버지는 토벌대에게
총을 맞아 돌아가셨고, 형님은 나중에 굴에서 돌아가셨어요. 그러니 나
는 살려고 도망 다닌 건데……. 나는 한글도 똑바로 몰라요. 나이도 어
렸잖아요? 그런데 빨갱이라고 그 무법천지에 무도한 죄명을 받는 농
림학교로, 동척회사로, 1구서 영창으로 끌려 다닌 거예요. 뭘 위반했는
지도 모르겠어요. 결국 나는 「국가보안법」 위반이라고 해서 7년 언도를

---

[1] '노랑 개'는 군인, '검은 개'는 경찰을 가리킨다.

받아가지고 인천형무소[2]로 갔어요.

그때가 여름일 거예요. 제주도 총인원을 육지, 저 인천형무소, 서대문, 광주, 대구형무소로 막 실러 나를 때 우리는 소년이기 때문에 인천소년형무소로 왔어요. 관덕정에서 재판을 받았는데…… 우리는 재판헌 줄도 몰랐어요. 판사가 와서 앉더니 뭘 읽고, 검사가 또 무신 말을 허고, 어쨌든 재판허는 형식을 허여가지고 우릴 보낸 거예요. 우릴 굶겨 놓고, 매 맞고 허연 뭐 허는디, "너, 억울헌 일 있으면 말허라." 그래요. 그때사 뭐가 억울헌 지도 채 생각이 안 나더라고요. 그래서 "억울헌 일 없습니다" 허고 대답했죠. 그러니까 검산가가 "너 이놈, 악질 노릇했구나" 허더라고요. 나는 '아, 이런 식이 뭔가' 했는데 나중에 보니 그게 재판이었어요.

그래가지고 우리는 배 타고, 연탄차를 타고 인천 역 앞으로 갔어요. 사름덜이 다 놀랬죠. 어디 껌둥이덜이 왔냐고요. 좀 있으니 인천형무소 트럭덜이 와요. 우리를 형무소로 태워갔죠. 큰 문을 여니, '여기가 형무소구나' 했죠. 우리를 마당에 앉혀놓고 좀 있으니 형무계장이렌(형무계장이라고) 헙디다. 형무계장이 나완 뭐렌(뭐라고) 허는가 허민 "내가 부른 순서대로 앉아라." 그러면서 호명해요. 그때 500 몇 명이 갔나? 소년형무소에 그때 기록이 있을 겁니다. 그 당시 소년형무소에 무지허게 많이 갔어요.

그래서 복역허는데 김인선[3]인가…… 국회의원…… 지금 살았는지 모르겠어요. 초대 제주도 국회의원 선거에도 나갔을 건데, 그 김인선이가

---

[2] 당시 18세로, 1949년 7월 5일 징역 7년을 언도받았다.
[3] 4·3 당시 '대한청년단' 제주도 단장. 제2대 국회의원으로 임기는 1950년 5월 31일에서 1954년 5월 30일까지였다.

제주도 대변인으로 무슨 말을 했냐면 "4·3사건으로 각 형무소에 구금된 사름덜 전부 석방 시켜라. 왜 아무런 죄도 없는 사름덜 가둬가지고 나라 국비를 손실시키느냐?" 허는디 나는, 그런 말을 헌 일도 몰랐지. 여하튼 그래서 우리를 전부 재심사허레 왔어요. 그 뭐, 중앙 무신 부서에서 와가지고는 우릴 재검사해요. 경헌디 이상허게 생각은 됐어요. 우린 모두 형을 받아가지고 복역 중인디 어떻게 재심사헙니까? 그러니 심사를 허는 분이 말을 허는 거예요. 제주도⋯⋯ 그 김인선 씨라고 허는 사름이 국회에 가가지고 전부 석방 시켜라 발언했다. 그래서 그 말이 실진가, 아닌가 허는 것을 재검사허레 왔다는 거예요. 그때 그 검사허는 분이 무슨 말을 했냐면, "이게 끝나면 당신네들은 불원간 석방이 될 겁니다." 그랬어요. 경헌디 얼마 엇언(없어서) 6·25 사변이 터져버린 거죠.

　6·25가 나난(나니까) 뭐, 갈팡질팡이에요. 철창 안에 여섯 명씩 가둬놨는데 밥 허는 기색도 없고, 형무관도 다 도망갔어요. 문 다 열어 놓고. 그러니 이제 철창을 나올 수가 있습니까, 뭘 헙니까? 원래 인천형무소는 왜정 때부터 소년형무소라 소년 대우를 해줬어요. 안에 뺑기통이 없어요. 바깥에 나와가지고 대변을 보게끔 해줬죠. 그런데 이젠 철창 밖엘 못 나오니 똥을 싸가지고 철창 앞에 던지고, 쏘고 했어요. 경헌디 재미난 건, 똥이라는 것도 뭐 며칠에 한 번 싸나 마나였죠. 다 굶었으니까요. 근데⋯⋯ 28일쯤일 거예요. 군인덜이 난데없이 복도를 막 휘젓고 다녀요. 우리나라 군인도 아니고 이상허다⋯⋯ 아, 보니⋯⋯. 나중에는 "동무들 수고했습니다. 다 나오시오!" 해요. 그때 인천형무소에 1사상, 2사상, 3사상, 4사상 해가지고 각 층이 있었어요. 거기 있던 그 뭐 절도, 강도허단 사름덜 다 문 열어가지고 나왔어요.

　제가 이렇게 뭐, 역사를 다 말허자면 한정이 없습니다. 참 고생을 많이 했어요. 경헌디도 실지로 4·3사건으로 젤 한인 것은 제가 배울 시기에 배우지 못했다는 겁니다. 그게 젤 한이죠. 아버지와 형님 잃은 것도 억울허지마는 제가 조금만 배웠다면 이 정도로 있지는 않았을 거예요. 솔직헌 말입니다.

베나모를굴

우리가 고조할아버지 때부터 소길에 정착허여가지고 4대를 살았어요. 그러다 4·3사건을 만난 거죠. 그때 이쪽으로 이사를 왔어요. 어머님이 동생덜 다 데리고요. 제가 6남매였어요. 큰누님은 더럭 살고, 셋누이, 족은누이(작은누이) 있고. 아버님, 형님은 4·3에 돌아가고, 이젠 어머니, 동생도 돌아갔으니 독신이 됐어요. 저 혼자만 남은 거죠.

우리 아버님네는 무신 거 사상이 있습니까? 그냥 피난 다니단 당헌 거죠. 아버님은…… 제 앞에서 돌아갔어요. 총을 쏴가니까, 난 어릴 때난 빨리 도망가곡 허는디…… 아버지는 그때 나이가 들었어요. 55셀 겁니다. 그러니 아무래도 좀 둔헐 거 아닙니까? 그래서 총에 맞아가지고 돌아갔죠. 형님은 베나모를굴이옌 헌 듸(데)서 죽었고…….

그때는 소길 사름덜이 집단적으로 우터레(위쪽으로)도 올라가곡, 아래로 소개도 가곡 허면서 어디로 갈지 몰란 갈팡질팡헐 때였어요. 집은 다 불태와불엇지 허니 형님네는 여기저기서 그 겨울을 넘기곡, 봄까지 헤메단 소길 동네에서 멀지 않은 베나모를굴 속으로 들어간 거라마씀. 그때…… 굴에서 세 사름이 돌아갔어요. 진두화허고 박은수, 진창원이? 거기 숨었단 총살당헌 거죠. 나는 형님과 같이 잇단(있다가) 어떵 살아나가지고 경찰로 압송됐죠. 엄쟁이 파출소(신엄지서)로. 겐디 몇이 같이 지서로 잡현 오긴 와신디 그걸 잘 모르겠네요. 멧(몇) 명인지, 누군지? 이름이 고○종이……? 소길 사름인데……. 그 굴에서 우리가 얼마 오래 있지도 않았어요.

　경찰 토벌대였어요. 형님네를 다 죽여놓고 우릴 압송헌 거죠. 경헨 나중에 형님 시신을 수습허는데…… 그것도 바로 못 했어요. 결국에는 제가 대한민국 와가지고 군인 갔다 온 다음, 소길 사름덜이 같이 죽었으니까 그 가족덜허고 이제 굴을 막 파가지고 시신을 수습해다 모셨어요. 그때 시신 구별은 다른 듸(데)처럼 어렵진 않았어요. 굴속에 세 사름 시신이 따로 따로 있었어요. 저는 형님을 옮겨다가 우리 밧(밭)에 모셨죠.

　아버님은 형님보다 먼저 돌아가셨어요. 겐디 그때 제가 군대 나가부니까 아버님 시체는……? 그때 소길 사름이 셋인가…… 아, 여섯인가 죽었어요. 그래서 소길 사름덜이 시신을 찾아다가 묻어야겠다 해가지고 우리 집에 연락을 했던 모양이에요. 겐디 우리 집 사름 그때 무시 걸(무엇을) 어떻게 해야 힐지 잘 몰랐어요. 그래서 잘 아는 소길 사름한티 부탁허연 아버지도 찾아다 모셨죠.

할머니 묘소를 찾아강 절을 허멍, "잘못했습니다" 하고 싶어요

　그때 신엄지서에 잡혀간 우린 엄청 맞았어요. 뭐, 그 당시 무도한 거야 말로 다 헐 수가 없는데……. 막 때려노니까 우선 정신이 다 나갔어요. 어떻게 밤이 지났는지 몰랐어요. 여하튼 다음 날이 되니 군인덜이 왔어요. 군인덜도 꼭 마찬가지였죠. 트럭을 탁 대더니 "너희들 총살하러 간다!" 허면서 우선 겁부터 줘요. 그러니 저는 그때 어린 마음에도 살려달라고 했죠. "아, 살려만 주십시오." 그러자 "이 새끼! 살려주긴 뭘 살려줘" 허면서 걷어차요. 그리고는 스리쿼터에 밀어 넣더니, "대가리나 숙여!" 허면서 소릴 질렀죠.

　그리고는 차가 한참을 달렸어요. 그때사 동더레(동쪽으로) 가는지, 서더레(서쪽으로) 가는지 우린 몰랐어요. 아예 보질 못 허게 허니까 '아, 이제 죽으러 가는구나.' 다일(다들) 생각을 했죠. 겐디 좀 있으니 군인덜 총 딱 세운 사이로 눈에 쏙 들어오는 것이 있어요. 원래 셍깃동산이렌 허는디, 제주향교에 그 뭐냐 고목, 큰 소낭(소나무)덜이 있잖아요? 그게 언뜻 보이더라고요. 아…… 이거 눈 익은 낭(나무) 같아 보인다. 우리 서문통을 오랏구나(왔구나)……. 겐 우리가 좀 안심을 허는디 곧 농림학교에 갖다 내려놓더라고요. 그때 농림학교는 천막 치고, 수용소였어요. 저는 그러니까 거기서 취조를 또 받았어요.

신엄지서에선 하룻밤을 살았어요. 거기서는 취조고, 뭐고 반응이 없었죠. 그자 막 때려놓고 감방에 담았다가 다음 날 차에 실엉 보낸 거죠. 아예 신원파악이니, 뭐도 없었어요. 농업학교에 오니 문ㅇ백이가 취조를 허더라구요. 문ㅇ백이……. 그 엄쟁이(신엄) 문ㅇ백이한테 지독허게 맞았어요, 우리가.

농업학교에서 한 두어 달 이상 있었을 거예요. 취조는 그렇게 자주 받지 않았어요. 곧 갔을 때 한 번? 고문도 한 번밖에 안 받았던 것 같아요. 겐디 그 고문이 기멕힌(기가 막힌) 고문이었어요. 나한테, "소길 고순흠이를 죽인 사람을 말하라!" 이러는 거예요. 제가 그걸 어떻게 알겠어요? "누가 죽였는지 모르겠습니다" 했죠. 그러니 바른말 안 헌다고 몽둥이로 내려치고…… 막 못 견디게(견디게) 해요. 경허니 이젠 안 되겠다 싶어서 한 가지 바른말 허겠다 했죠. "내가 그 파군봉인가 어디 와가지고는 먹을 것을 찾아다니는데 누게가 떡을 해다 줬다. 그때 난 떡을 얻어먹은 도리밖에 다른 건 절대 없다" 했죠. 그러니 "그럼, 떡 해다 멕인(먹인) 사람 심어 오거들랑(데려 오거든) 돈돈히(단단히) 보라!" 해요. 그러곤 곧 어떤 할머니를 데리고 왔어요. 저야 그 할머니가 떡을 해다 줘신디 말아신디 모르죠. 그런데 그 짐승 닮은 자식이…… 그 할머니를 때리라고 해요. 떡 해다 줘서 맛 좋게 먹었다고, 때리라고. 아, 할머니를 때릴 수가 있어야죠. 제가…… 어렸지만……. 그러니 어떤 줄 알아요? 그 새끼가…… 날 막 내리치는 거예요. 내리쳐. 정말 분했죠. 어쩔 수……. 이제 제가 하고 싶은 것은, 그 할머니한테 가가지고 그 놈이 하도 못 견디게(견디게) 구니까 그랬다, 할머니 때린 죄…… 그 죄…… 할머니 묘소를 알면 찾아강 절을 허명, "잘못했습니다" 허고 싶은…… 그것밖에 없어요. 하귀 할머니라고 했어요. 전 지금 그것밖에 몰라요.

우린 농업학교에서 취조를 받고나니 자꾸 이동 됐어요. 처음엔 동척회사[4]로 보내더라고요. 거기 가서 한 20일 정도 살았을 거예요. 그다음엔 1구서[5] 큰 감방. 거기선 가만 있자……. 거기서도 한 달 정도 살았어요.

인천소년형무소

그러다 우린 인천소년형무소로 가게 됐어요. 인천형무소엔 제주도 사름덜이 상당히 많았어요. 제 앞에 간 사름덜도 많이 있었고, 아는 사름도 두어 명 있었어요. 그러니까 보자……. 우리를 대대적으로 압송해 간 트럭이 서너 대 넘었고, 우리가 좀뽁허게(빽빽하게) 탔으니 한 트럭에 50명은 더 탔죠. 그러니 그게 몇 사름이에요?

그때 감방 안이 아주 비좁았어요. 요 구들(방구들)만 했죠. 경해 가지고 거기에 열두 사름씩 딱딱 앉았으니 그 한여름에 생각을 해봐요. 그때 돌아간 분도 많아요. 내 아는 분이 수산에 양상원[6]인데……. 그분은 워낙

---

4 당시 제주항 근처에 있던 주정공장을 말한다.
5 제주경찰서를 말한다.
6 당시 18세. 애월면 수산리 출신으로 1949년 7월 1일에 무기형을 언도받고 복역 중이었다.

취조를 많이 받아서 허리가 영 꺾어져가지고 오그라졌어요(구부러졌어요). 겐디도 그 몸으로 인천엘 가가지곤……. 지금은 물이 개발되니까 그렇지 그때는 짭지롱헌(짭잘한) 지하순가 뭘 뽑아다 주는디, 그 물을 항시(항상) 끓여 먹었어요. 밥은 무신 밥이냐 허민 대죽쏠(수수쌀) 삶은 밥을 줘요. 그러니 캉캉 무른(마른) 대죽쏠(수수쌀) 밥허고, 그 끓인 물에 톳 닮은 걸 소금에 버무려 넣은 걸 먹은 거죠. 물은 뭐, 열두 사름한티 두어 사발밖에 안 줬어요. 그러니 조금씩 나눠 먹어도 항시 모지래죠. 그래서 변소 보러 갈 때는…… 아, "몇 감방 변소 보내주시오" 허영 가요. 겐디 그건 거짓말이고 세면장에 물 먹으러 가는 거예요. 그때 세면장엔 걸레를 빨고 허던 구지렁헌 물이 있었어요. 보통 먹는 물은 막 쎄노니까 그 물을 먹으레 가는 거죠. 변소 보는 게 아니라……. 겐디 어떤 줄 알아요? 그 물을 먹으면 말이죠, 그 뭐야, 설사 한 번 허민 피똥 찰찰 싸당 다 죽었어요. 그 양상원이가 피똥 찰찰찰 허멍 죽어가지고 형무소 뒤에 보면 동산이 있대요. 거기…… 죽으민 전부 통제해서 거기 가는 모양인데 거기 묻혔어요. 뭐, 임자가 있으면 찾아가고……. 그 당시에는 죽엇덴 헷자(해봤자) 찾으레 갈 힘도 없었을 거예요. 솔직히 말해서 다 밀체 먹고 죽는데 우리사 뭐 제주도 사니까 자식이 죽엇덴(죽었다고) 해도 그듸(그곳)까지 찾으러 갈 힘도 없었을 거예요.

인천소년형무소에 간 사름덜

인천형무소에서는 어떤 집단적인 총살 같은 건 없었어요. 그때 문 여니까 전부 나왔죠. 그리고 저는 거기서 많이 배웠어요. 그때 상하 수준에 의해 가지고는 반을 편성했어요. 공부허는 반을 6학년까지 만든 거죠. 그래서 1반 나오라고 허민 1반 나가고, 2반 나오라 허민 2반이 나가서 교육을 받았어요. 우리 감방에서 1반은 뭐, 나 하나뿐이었죠. 겐디 그 것도 더 좀 했으면 좋을 건디 저는 다 깨우치지도 못했어요. 1학년 거의 가 그랬어요. 뭐, 기간도 얼마 안 됐고, 설비도 다 따라가지 못한 거죠. 어떤 때는 1, 2학년을 한꺼번에 불러낼 때도 있었어요.

그때 그 1반에 강보민 제주도 사름도 여럿 있었어요. 뭐, 2반에도 있었겠죠? 지금 이름은 잘 기억을 못 허겠어요. 특히 인천형무소 4사상에는 전부 제주 사름덜이었어요. 조천 아이덜이 많이 갔고, 남군 아이덜도 있었고…… 김정식[7]이는 나허고 같이 재판받았어요. 소길서는 진성규[8]가 나영(나하고) 같이 갔고. 겐디 가이는 서울 육군사관학교 그 자리에서 훈련받다가 아파가지고 병원에 수송됐는데 그 후엔 행방불명이에요. 그다음은 몰라요.

면담자: (수형인명부를 보며) 이 명부에 보민 소길리 사름이 일곱 명 나옵니다. 그중 셋이 18, 19세인데, 혹시 부ㅇ호렌 헌 사람은 아십니까?

구술자: 부ㅇ호는 우리허고는 같이 안 왔죠. 아마 아주 첫 통에 산에서 잡혔을 거예요. 거긴 몇 년 받았습니까?

면담자: 1949년 6월 29일 날, 사형 판결을 받았습니다. 혹시 이분 무장도 허고 활동헌 거 아닙니까?

아, 아니. 무장은 무신 무장. 거 뻔히 아는 사실 아니우과(아닙니까)? 아……. 사형 받아십디가(받았습니까)? …… 이 무도헌 놈덜…….

여하튼, 우리가 지리산에서 잡혀서 광주에 오니 한 50~60명 됐어요.

---

7 당시 18세. 오라리 출신으로 1949년 7월 5일 징역 7년을 언도받았다.
8 당시 19세. 소길리 출신으로 1949년 7월 5일 징역 7년을 언도받았다.

많이 남은 편이었죠. 사실 도중에서 육군사관학교에도 가지 않고 사라져분 사람도 있었어요. 뭐, 윽은(약은) 거죠, 우리보단. 어떻든 그렇게 했는데……. 일본에 있는 문효배[9]도 광주까진 동행했어요.

인민군으로

 인천형무소가 소년형무소니까 무슨 소년단인가 그런 게 다 있었어요. 거기야 뭐, 원래는 스리질(소매치기)이나 허고, 절도질이나 허던 깡패 같은 아이덜이 가는 데 아니에요? 가이네는 우리허곤 좀 달랐어요. 형무소 생활이 아니에요. 오히려 호강했죠. 소년단도 있고, 무슨 직업훈련 같은 거 시켜주고……. 겐디 우리는 「국가보안법」으로 걸렸기 때문에 우선 출력부터 안 됐어요. 나중에 워낙 성적이라도 좋으면 사회 공장으로 보내기도 헷주만(했지만) 우리안틴(한텐) 애초에 그런 것도 없었죠. 겐디, 저는 거기서 한글을 배웠어요. 그듸 가니깐 학교에 편입시켜주더라고요. 건 지금도 고맙게 생각해요. 그리고 우리가 그때 주일이 되면 교회도 가곡 했어요. 방에서 나오는 재미예요. 경허당(그렇게 하다가) 보민 고향 사름덜도 많이 봤어요.
 그러다가 우리가 아마 채 1년을 못 살았죠? 6·25가 났어요. 우린…… 지금은 그때 어떻게 했는지 기억이 잘 안 나는데 감방문을 열고 나온 거예요. 그러니 형무관 하나가 있다가 그래요. "게고 저고 열 잘 지으면 형무소 큰 문을 열어주겠다." 그래서 나왔죠. 겐디 우린 그 소란 통에도 집 찾아서 올라고 수원역으로 갔어요. 그때 수원은 막 집결허는 통이었어요. 군인덜이 뭐, 총을 거꾸로 메고 막 밀려왔죠. 우린 역전에 와서 제주

---

9 당시 19세. 화북리 출신으로 1949년 7월 5일 징역 7년을 언도받았다.

도 가볼려고 허는데 다른 형무관이 딱 거기 있다 우릴 본 거예요. "이놈의 새끼덜! 누가 문 열어줬어?" 우린, "아, 어느 형무관이 있다가 문 열어 줬다" 했죠. 그러니 "야, 이놈의 새끼덜아! 다시 안 들어가!" 해요. 그러면서 어디 가서 구했는지 군인 스리쿼터를 갖다가 탁 대요. 그러면서 "이것들! 다 싣고 가서 없애 버려!" 군인덜에게 말해요. 우린 모두 형무소에서 나온 것들이니 싹 쓸어불라는 거죠. 그때 한 목사님이…… 함경도 분일 거예요. 그분 덕에 우리가 살았는데, "아, 하느님 아버지! 이 아이들에게 무슨 죄가 있습니까? 이 아이들도 총을 메면 대한민국 국민들하고 똑같이 싸울 사람들입니다. 그런데 왜 데려다가 죽이려 하십니까?" 기도하면서 목사님이 발버둥을 친 거예요. 실지로……. 그래가지고 우린 살아나서 다시 형무소로 돌아가게 됐어요.

경헨 우린 '아, 다시 형무소 들어가는구나' 했죠. 그런데 형무소엘 가니 일렬종대로 딱 세우는 거예요. 그때는 내가 어려도 뭐, '어릴 때 고생은 금을 줘도 못 산다' 격으로 좀 경험이 있어가지고 '이건 위험허다' 딱 생각이 됐어요. 그래서 제일 앞에 섰다가는 위험허겠다 싶어가지고 뒤로 갔죠. 아마 운동장 넓은 곳이었어요. 저는 귀를 잡아가지고 이렇게 쪼그리고 앉았어요. 겐디 총 둘러멘 서너 놈이 앞에서부터 사름덜을 두들겨 패멍(패면서) 오는 거예요. 그러니 처음 몇 사름은 꼭 배염(뱀)처럼 뱅뱅뱅뱅 돌다가 픽 쓰러지더라구요. 나중엔…… 뭐, 서너 명 그렇게 때리니까 지네도 힘들 거 아니에요? 이젠 건드리는 척만 해요. 그땐 우리도 '아, 살아질로구나' 했어요. 그 후엔 우릴 감방으로 집어넣는 거죠. 무턱대고 집어넣었어요. 그 좁은 감방에, 것도 그 여름에 숨을 쉬지 못 허연 할할했어요(할딱거렸어요). 그래서 이젠 우리가 더워 죽을 판인데 밤중이 됐죠. 호각 소리가 "퓨우~ 퓨우~" 나요. 후퇴 명령이었던 것 같아요. 그 후 형무관덜은 우리만 두고 다 사라져버린 거예요. 겐(그래서) 날이 새고 우린 다행히 살아난 거죠.

그래서 얼마나 지났나…… 그걸 잘 모르겠는데 언젠가, 인민군덜이 들어오더니 문을 탁 열어요. 그러면서 그 당시는 그 사름덜 말로, "동무들! 수고했습니다" 해요. 우리야 어떻든 나와가지고 전부 굶었으니까 보이는 대로 밥부터 해 먹었죠. 그때 그런 우리에게 군인덜이 말해요. "우리는 지금 추적 중이어서 간다. 이제, 너희들은 나와서 마음대로 살아라." 그래가지고 2~3일이 지났나요? 인천에 있던 인민군에서 형무소장을 새로 임명해 보냈어요. 그래서 전부 우리를 재심사해요. 사상범이냐, 아니면 강도범이냐, 이런 걸 딱딱 구분해놓는 거예요. 겐디 그 당시에 솔직헌 말이지만 제주도 4·3사건을 이북에서도 알고 있었던 모양이에요. 억울허게 많이 죽고 영 했다고……. 우리에게 "아, 니들 수고했다" 해요. 그다음부터는 오케이예요, 오케이. 그런 다음 이제 우리를 어떻게 취급허느냐? 바른 말이지만 우리사 그야말로 고향에 가고 싶은 생각이 꿀 같았어요. 그렇지 않겠어요? 그리운 어머니, 아버지도 보고 싶고…… 고향은 가고 싶고……. 아, 근데 추적 중이니까 갈 수 없다는 거예요. 그러고는 우리를 의용군으로 이용을 해요. 곧 인민군 장교가 오더니 어딜로 데려 가냐면…… 아, 여기(어깨를 가리키며)에 급장 두 개짜리 장교가 인솔을 허는데, 서울에 가면 옛날 저 육군사관학교 자리예요. 속칭 뭐라고 허는진 모르겠지만 거길 데려가서 우리를 교육시킨 거예요. 그때 우리가 형무소 인원뿐만이 아니었어요. 다 해서 몇 개…… 몇 개 부대를 만들었어요. 훈련소 모양으로. 형무소에서 출감한 사람은 다 갔죠. 그 수만도 100명은 넘었을 거예요.

그때 제주도도 곧 석방이 될 거라고 했어요. 우리가 거기서 의용군 교육을 받으면서 참 그 말 많이 들었어요. 여하튼 그러면서 우린 훈련 받고 전라남도로 와가지고…… 전라남도에서 우물쭈물했어요. 그러다 보니까 인천서 상륙허연 빵 때리고, 부산으로 밀쳐노니 거 뭐……. 인민군 주력도 아마 후퇴를 다 못 했을 거예요. 그래서 우린 이젠 산으로 올라갈 수밖에 없었죠. 겐디 산엔 가니…… 이 사름덜은 패잔병 아닙니까? 그리고 무기는 다 가져 있고 허니까 거기서 유격전을 허게 됐어요. 경찰들은 맥을 못 췄죠. 주력이 워낙 많아 노니까. 그 당시 군인덜은 평양까지 밀고 올라가느라 후방 같은 건 경찰덜이 알아서 허라예요. 나중에 휴전이 되고 일선 군인덜이 그 지리산 일대를 샅샅이 뒤지멍 막 후벼 내려와 가니까 상황이 달라진 거죠.

다시 국군으로

거기서 난…… 포로로 잡혔어요. 그래가지고 어땠냐 면은 광주에 포로수용소가 있었어요. 거기로 갔는데 그때 참 많이덜 잡현 있었어요. 아마 한 3~4개월 이상 광주 포로수용소에서 살았을 거예요. 그래서 허는데 이제…… 이승만 대통령이 포로 자유 교환헌 거 있지 않았어요? 그러니까 남한에…… 이북 정규군도 남한에 남겠다는 사름덜은 많이 석방 시켜줬어요. 겐디 우리는 어떻게 됐느냐면 우리는 지방 포로기 때문에 대구지방법원으로 보내더라구요. 대구에서 또 재판을 받았죠. 그래서 마지막으로 대구지법에서 집행유예로 나왔어요.

경혜서(그렇게 해서) 첨……. 집행유예는…… 그것도 일정 기간 집행유예를 살아야 다시 군인도 가고 허는 건데 그 당시 누가 좀 도와주는 사람이 있었는가, 어쨌는가 일단 고향에 왔죠. 겐디 그 해 지나고 아마 다음 헬 거예요. 그러니 연도가 어떵(어떻게) 되나? 1951년? 하여튼 저는 연도도 무신 거도 분간 못 허고 살아서 잘 모르긴 헌데, 군인…… 대한민국 군인 영장이 나왔더라구요. 게서 대한민국 군인으로 갔죠. 그때 제가 모슬포에서 훈련을 받았어요. 그리곤 부산 보충대로 갔죠. 거기선 다 덜 학력으로 뽑아서 부대 배치를 하더라구요. 당시는 고졸 학력이 최고니까 그 사름덜은 우선으로 훈련소나 부산 보충대로 가고, 그리고 또 특과병이다 뭐다 해서 경리학교, 군의학교, 헌병학교 뭐뭐……. 전부 다 뽑아갔어요. 그러다 이제 남아있는 아무 것도 모르는 놈덜은 보병사단으로 뽑형 갈 판인데 어린 생각이주만은 안 되겠어요. 보병으로 갔다가는……. 그래 어디 뭐 특과 계통이 없나 허는데 아, 수송학교에서 모집이 온 거예요. 그래서 사회에서 자동차 조수허던 사름, 소학교 나온 사름 다 손 들라고 해요. 저는 당시 조수 한 번 안 해봤지만 2년 했다고 손을 들었어요. 그러니, 정말이냐고 물어요. "예, 정말로 조수 2년 했습니다" 했죠. 그래가지고 합격을 헌 거예요.

제가 수송학교 47기예요. 수송학교……. 간 보니까 이놈이 어떻게 규율이 엄헌지 도망가고 싶은 생각뿐이에요. 제가 처음 핸들을 잡아가지고 운동장에서 1주간 훈련을 허는데 아는 게 있어야죠? 이건 뭐, 회전을 영 해야 허는데 모도시10를 안 허니까 냇고랑에 가가지고 박아났단 말이에요. 게니 대한민국 군인덜…… 그 소위 교관이 몽둥이로 막 때려요. 이건 운전 배우러 온 것이 아니고 도살장에 온 거예요. 왜 운전도 수리적으로 차근차근 가르쳐줘야 허잖아요? 이건 당최 도망칠 수도 없고 이를 갈았어요. 경허단 이건 안 되겠다 생각헌 거예요. 그래서 밤에 보초를 차량에 서게 해달라 허고는 세워논 차에 가서 대우 집어넣으면서 기어 연습부터 했죠. 눈이 벌겅했어요. 하도 맞아노니까요. 그래가지고 무사히 8주 교육 끝나고 수송학교 면허증을 땄죠. 겐디 우리가 배치받고 춘천 505수송단 본부에 가니까 수송학교 면허증부터 다 압수해요. 그러

---

10 앞바퀴를 똑바로 되돌려놓는 것을 말한다.

면서 "야, 이놈의 새끼들! 군비만 망가뜨리고 나라 망칠 놈들!" 허더니 춘천 808중대로 보내버려요. 다시 교육을 8주 더 받았어요. 그제사 틀림없다고 손가락을 까딱까딱해요. 저는 춘천에 배치받았죠. 지금사 그 고생헌 거, 수송학교 47기옌 헌 거, 그리고 군번이 9493…… 이런 거밖에 기억이 안 나요.

연좌제의 허상

저는 집행유예로 나와가지고 바로 제주도에 왔어요. 소길로는 못 갔어요. 여기 오라3동, 그때 어머니네가 여기 왕 살고 있었던 거예요. 겐 군대도 갓다 오곡 살아가는디……. 지금 난, 날 취조했던 사름이 살아있으면은 인사를 허고 싶어요. 왜냐면 연필 끝 하나 까딱 허민 목숨이 왔다 갔다 헐 땐디 날 죽이지 않고 징역 가게 했으니 말이죠. 제가 지금 4남 2녑니다. 자식들에게 늘 얘기했어요. "내가 한글도 제대로 못 허는 놈인데「국가보안법」으로 형을 살았다. 게서 너희들에게 폐를 끼치지 않으려고 대한민국 군대도 갔다 왔다" 허고요.

제가 남의 밭일에서부터 안 해본 게 없어요. 아기 열을 낳았어요. 그러니 이것들 밥 멕여(먹여) 살려야죠, 공부 시켜야죠, 그야말로 기가 막혔어요. 지금 큰아덜 대학 나오고, 셋아덜도 나오고, 말젯아덜도 나오고……. 족은아덜은 서울에 가 있습니다만, 제가 하도 억울해가지고 아덜들을 하나씩 해서 대한민국 육해공군 장교 다 만들려고 계획했었어요. 경헨 큰아덜은 제주대학 ROTC 허연 해군장교가 됐고, 셋아덜은 경남대 나완 ROTC 육군 중위로 제대했고요, 또 말젯아덜은 제주대에서 ROTC 해서 해병대 장교 됐어요. 그러니까, 이제 족은 아덜놈만 공군 사관학교 보내면 됐는데 안 갔어요. 머리도 좋은 놈인 뭐, 지금 서울 가가지고 잘 살아요.

　사실, 제가 아덜덜을 ROTC 시키젠(시키려고) 허난 얼마나 신경 쓴지 알아요? 그 당시 뭐 7, 8촌까지 막 가려가면서 연좌제가 상당히 심할 때였어요. 겐디 다행인 게, 제가 그 형을 받고 무신 거 했던 것이 호적등본을 떼봐도 기록상으론 나와 있질 않았어요. 그러니 셋아덜이 기계공학과를 나와가지고 방위산업체에 가는 데도 아무 문제없이 들어간 거죠. 그때 일주일을 조사해 갔어요. 방위산업체, 그거니까. 날 만나지 못 허니까 통장을 만나 간 거 같은데……. 실지로 큰아덜이 ROTC 나오고, 셋아덜이 나오고 허니까 그다음엔 다 무사통과된 거예요. 전부 뭐, 직장 들어가는 데 하등의 구애를 받지 않았어요. 소망을 이룬 거죠. 족은아덜만 원을 졌지만, 내 솔직헌 말로 대한민국에 내놓고 충성을 다했다고 자부해요.

다시 하귀중학원을 기억하며

박창호

박창호(朴昌鎬)는 1922년생으로 4·3 당시 애월면 신엄2구(현 중엄리)에 거주했다. 그는 일제강점기에 해군 군속으로 징용되어 남양군도에서 죽을 고생을 하기도 했다. 4·3의 와중에서는 살아남기 위해 당시 사회의 흐름대로 진보단체에서 보수단체로 소속을 바꾸며 활동했고, 세 번의 죽을 고비를 넘겼다. 공무원 생활을 하다 퇴직하고 애월읍 하귀리에 살고 있다.

[채록일: 2005.5.6(1차), 2005.5.7(2차) | 채록 장소: 자택 | 아내 동석]

6

죽을 고비 넘은 것만도 서너 번

남양군도로 징용을 가다

지금 내가 여든넷, 1922년 11월 18일생이에요. 집이 원래는 중엄이었어요. 중엄이 신엄2구 시절에 거기서 태어났죠. 그러다가 서른셋 나던 해에 애월면사무소 직원으로 채용이 돼연(되어서) 하귀출장소에 직장을 가지게 된 거예요. 그래서 여기 하귀로 와서 살게 되었죠.

저는 중엄에서 일제를 맞안 일본 교육도 받고, 4·3도 다 겪었어요. 학교는 신우사립 일신학교를 다녔죠. 지금 구엄초등학교 전신이 되는 거예요. 그때가 4년제엿는디 제가 거기 졸업허고, 보습과 2년 해서 6년 나왔어요. 그리고 중등은 당시 농업학교밖에 없었어요. 거긴 돈 있는 사름만 가는 듸(데)여서 저는 못 갔어요.

경허단 제가…… 아마 1942년이 되겠죠? 1942년 7월 19일 날로 기억허고 있어요. 제주도에서 40명이 해군 군속으로 징용이 됐어요. 그때 일본 화물선 조풍환, 한자로 허믄 아침 조(朝) 바람 풍(風)에, 배를 말허는 환

(丸) 허연 조풍환……, 우리 40명은 이 배를 탕 태평양으로 거의 20일 이상을 끌려간 거예요. 어딜 갔느냐? 남양군도(南洋群島)[1] 트럭 섬(Truck Island)[2]. 트럭 섬엔 섬이 많아요. 유인도, 무인도 허연(해서) 섬이 스무 개 이상 있어요. 우린 거기서……, 요즘 우리 독도를 일본 사름덜은 다케시마(竹島)엔 허잖아요? 그때 우리도 이름이 같은 다케시마렌 허는 섬에 상륙을 했어요. 그 당시 보니까 그 섬은 일본 비행장이 잇인(있는) 전투기 지랏주만(였지만) 후방 기지예요. 미국이 공습을 오는디…… B19 폭격기가 아침 10시허고, 오후 2시에 정기적으로 일정헌 곳으로 쭈욱 지나가요. 그렇지만 처음 갔을 때 거기 비행장에는 포탄이 별로 안 떨어졌어요. 아마 고공에서 보민 그 비행장허고, 산호모래 바당 색깔이 거의 같은 색으로 보여신지 포탄이 안 떨어지데요.

그때 트럭 섬에는 폭격기 전투기지허고, 비행장기지허고 두 군데가 있었어요. 우리는 그 전투기지에 상륙이 뒈연(되어서) 군사시설에 투입이 돼가지고 곤욕을 치렀죠. 나중엔 정기적으로 공습을 당허게 되는디…… 기동함대렌 해가지고 순양함, 구축함, 항공모함이 오고, 거기 구라망 전투기[3]가 가마니떼 모냥으로 무리지엉 시커멓게 내려와요. 그때

---

[1] 제1차 세계대전 종전 이후부터 제2차 세계대전 때까지 일본제국의 지배하에 있던 미크로네시아의 섬들을 지칭한다. 이 섬들은 적도 이북의 태평양에 흩어져 있는 마리아나 제도(諸島), 팔라우 제도, 캐롤라인 제도 등을 말하며, 대략 1899년부터 독일제국의 식민지였다가 제1차 세계대전 종전 이후인 1919년 베르사유 조약에 따라 일본의 위임통치령(국제연맹이 통치를 위탁한 지역)이었다. 일제강점기 남양군도에 강제동원된 한인노무자는 5,000명 이상으로 이들은 주로 비행장 건설과 사탕수수 재배에 투입되었다. 특히 태평양전쟁 시기에는 총알받이, 자살 테러, 굶주림 등으로 징용자의 60%가 사망했다는 사실이 밝혀지기도 했다.
[2] 캐롤라인 제도의 여러 섬들 중 하나로, 트럭 제도에는 트럭 섬 외에 대략 섬 스물다섯 개 정도가 산재해 있다.
[3] 미국 항공기 제작사 그러먼(Grumman) 사가 1943년부터 제작하기 시작한 헬캣 해군항공기들을 지칭한다. 그중 F6F 헬캣 해군전투기는 일본군이 가장 두려워했던 최고의 미전투기이다. '구라망'은 그러먼 사의 일본식 발음이다.

보민 그게 소댄(小隊)지 뭔진 잘 모르겟는디, 경허당 구라망이 네 대씩 편 댈 지엉 급강하 허영 우리한티 달려오는 거예요. 게믄 지상에선 이젠 대공포를 쏘멍 응사허죠. 허이구! 그 난리…… 군사 중요시설에 포탄이 떨어지고, 기총소사허고, 여기저기 불 붙고……. 난리가 나요. 정비기지가 다 불 타 없어지는 거예요. 뒤치다꺼린 으레 우리 군속, 그 징용 간 사름덜이 다 했어요. 순 인력으로만 밀어붙이는 거죠. 나중엔 밤에도 공습이 와요. 게믄 그때는 '걸음아 날 살려라!' 허멍 죽자 살자 뛰어 달아났어요. 뭐, 이런 얘길헐랴면 한이 없어요, 한이. 기아로 머리 다 빠지고, 용변도 못 봤어요. 설사 똥을 싸도 냄새가 안 나요. 먹은 게 어시난 배만 뽈록해가지고……. 지금 그런 걸 어떵 다 얘길헐 수가 없어요.

게도 뭐, 중요헌 걸 좀 더 말씀드리자면 그 기동함대가 와서 헐 때, 우리는 다케시마에서 방공호 생활을 했어요. 그때 방공호에 대공포 진지가 두 개 있었어요. 쾅쾅! 거기에 폭탄이 떨어지믄 호 속으로 폭탄 바람이 폭풍 치듯 휙휙 날라들어요. 그러믄 사름이 그냥 날라가는 거죠. 겐 나중에 기동함대가 지나간 다음에 보니까…… 여기 하귀에 바굼지오름(파군봉)이렌 헌 오름이 있어요. 게니까 그 오름 꼭대기 같은 듸(데) 포진지가 두 개 있고, 하나에 여섯 명씩 종사했어요. 나중엔 보니까 열두 사름이 하나도 없어요. 시신도 하나 엇이(없이) 뭐, 다 날라가버린 거예요.

트럭 섬에서의 배고픔

미국이 오키나와를 점령허고 이젠 본토 상륙헐 단계가 됐죠? 그러니 도라쿠도옌(도라쿠도라고) 헌 트럭 섬은 완전 차단이 돼가지고 보급이 중단 돼븐 거예요. 허기로 이제 다 죽게 된 거죠. 겐디 어디서, 어떵 허연 왔는지 모르지마는 고구마가 좀 들어왔어요. 고구마는 심엉 석 달이면은 수확을 보게 되죠. 거긴 더운 데니까……. 경헨(그렇게 해서) 우린 고구마 갈 땅이 따로 있는 것도 아니고, 굶어 죽게 되니까 인력으로 땅을 파고 허연 수확을 보는데…… 사름덜은 다 지칠 대로 지치고, 영양실조로 굶어 죽어가요. 우린 게도 살젠(살려고) 밤엔 심은 고구마를 도둑질도 허여단(해다가) 먹고 허는디, 이제 수확을 허게 되니까 고구마 넝쿨을 해다가 끓여서 먹이데요. 취사장에서 주는 밥이 형편없으니 그걸로 채우는 거죠. 나중엔 그것도 없어요. 그러니 배는 뽈록허게 되고, 머린 다 빠지고, 앉으면 엉덩짝이 눌러정 아프고…… 누으믄 양 어깨뼤(뼈)나 허리뼤가 다 아프고……. 이젠 죽엄구나 했어요. 그러니 전쟁은 뭐, 폭탄에 맞아 죽는 사름도 잇주만은(있지마는) 배고픈 것에 완전 다 죽게 마련인 거예요.

그래도 나는 집에…… (우리) 아버진 일찍 돌아가시고, 어머니 혼자만 계셨어요. 그러니 난 고향에 꼭 가서 어머니를 만나야 헌다, 이런 희망을 가지고 버텨오는디 이젠 굶어죽게 된 거죠. 굶주림엔 뭔 방법이 없어요. 그때 소원이 뭔 줄 알아요? 한 가지밖에 없었어요. 배불리 밥 한 끼만이라도 먹당 죽어져시민(죽었으면)……. 당시 얼마나 굶주려신지 한창 젊은, 스물서넛밖에 안 된 사름덜이 지팡이를 짚고 다녓덴 허믄(다녔다고 하면) 말 다헌 거 아니에요? 이제 나보고 저 늙은이 거짓말헌다고 헐지 모르지만 경헌 상태에서 1945년 8월 15일 날 항복 선언이 나왔어요.

그때 남양 트럭 섬에는 일본군 제4해군시설부가 있었어요. 얼마 어시난 곧 미군이 섬마다 왕 항복을 받는다는 그런 말덜이 나돌아요. 겐 미군이 왔죠. 미군덜이 올라완 우릴 보니 어땠겠어요? 그냥 쌀이영(쌀이랑) 부식 같은 걸 막 공급해줘요. 겐디 그 남양에서 좋은 건 옷은 엇어도 살아요. 훈도시 하나민 돼요. 훈도시 알죠? 일본 사름덜 입는 한 줄짜리 빤쓰(팬티). 거기에 비행기 다이아로 만든 조리를 신으민 다 됐죠.

젠 허는디…… 거 참, 미군이 쌀 같은 거를 계속 보급해주니까 우린 금방 회복돼요. 젊은 사름덜이난 경헌지 몰라도 곧 머리가 쏙쏙쏙 나와 가고……. 경허다가 우리가 돌아오기는 언제냐면…… 1946년 2월 17일 날. 일본을 경유허연 부산에 도착했어요.

보상

그때 우리가 중엄리에선 임두식이허고 둘이 같이 갔어요. 그리고 주변 마을덜…… 하귀에서도 두 사름 갔고, 금덕도 두 사름, 40명이 제주도에서 징용 간 거예요. 그때, 다 강제로 뽑현 갔죠. 구장을 통허연, 면장이 뭔 지시를 헌 거라고 봐요. 그런 건 잘 모르주만 분명 내가 원해서 간 건 아니었어요.

그리고 사회에선 우리가 요즘 보상을 잘 받았다고 허는디…… 참, 복장이 뒤집어져요. 우리가 보상은 무신 보상을 받았다고? 한 번인가, 뭔가 잇엇덴(있었다고) 허는 말은 들었어요. 그게 뭐고 허민…… 그때 대일 청구권 자금 3억[4]이 나왔잖아요? 들리는 말에 의허면은 그때는 뭐, 신문도 우리가 제대로 받아볼 처지도 못 되고 헌데, 죽은 사름만…… 죽은 사름 일곱에게 그때 돈으로 원은 아니고 환일 건데, 30환인가 얼마를 보상해줬단 말은 들었어요. 그게 저 광령 쪽에 고형호란 사름이 그랬다고 해요. 사실 것도 자세헌 건 아니에요. 40명 중에서 죽은 일곱 명만 보상을 받았을 거로 짐작허는 거죠.

---

4 1965년 한일협정 타결 이후 일본 정부로부터 1966년부터 10년 동안 달러 형태로 제공받은 무상 공여 3억 원, 유상 자금 2억 원, 민간 차관 3억 원에 해당한다. 일제 강제동원 피해자들은 한일 청구권 협상 이후 개인의 손해배상 청구권이 소멸되었다는 이유로 임금을 돌려받지 못했다.

벌금 2,000원

내가 그때…… 1946년 2월에 부산에서 들어왕 보니까 사회 분위기가 좀 술렁해요. 뭐, 각 정당 사회단체가 40 몇 개나 있다고 해요. 게서 나도 나름대로 보고 헤신디 '건준'이란 것이 있었어요. '건국준비위원회'. 그때 우리 중엄엔 엇엇주만(없었지만) 잘 알려진 대로 신엄엔 백창원, 하귀에 양군옥, 또 구엄엔 김홍률이 있었죠. 이 사름덜은 주로 좌익 활동을 했고, 우익으로는 이제 구엄에 문기관이 같은 사름허고, 문영백이네가 있었죠.

그 당시에는 제주도가 완전 빨갱이에요. 사회 정세가 그랬어요. 뭐, 이건 제주도만 그런 것이 아니라고 허던데 우리나라 전체가 경 헷던 걸로 알고 있어요. 어쨌든 나는 이런 상황 속에…… '민청', 그때 '민주청년동맹', '민주여성동맹' 같은 단체덜이 있었어요. 그중에 민청 일을 좀 헌 거예요. 그니까 사회가 많이 쏠리는 대로 거기로 끌려간 거죠. 그때 내가 우리 마을 민청위원장을 허연 감방도 갔다 오고 헷주만, 따로 사상 같은 걸 공부헌 건 아니에요.

내가 지금 제주 목관아지에 있던 제주경찰서 6호 감방에 2개월 간 있었어요. 거 아무것도 아닌 건디 1947년에 3·1사건, 3·1운동이 있었죠? 우리가 그때 민청을 중심으로 해가지고 동서남쪽으로 집결허는디, 우리 애월은 광양국민학교에 완전 집결을 했어요. 해서 3월 1일 날 북교에 가서 기념행사 치르곡 만세 부르고 허연 돌아왔죠. 겐디 나중에 잘 아실 거주만 그날 발포 사건이 터지죠? 그러니 이제 경찰에선 자기네가 잘못헌 것은 인정허지 않고, 집회에 가담헌 사름덜을 무조건 색출허영 유치장에 집어넣는 거예요. 그때 제가 고생 좀 허엿수다(했습니다). 딱 60일을 살았어요. 겐 그 선고유예…… 아니, 그 뭐냐? 약식 재판으로 2,000원 벌

금 물고 나왔어요.5

겐디 이 벌금은 나중에……. 그 당시에는 내가 농사를 지었어요. 경허단 서른셋 나는 해에 지방 공무원으로 들어갔죠. 그때 이 2,000원 벌금 문제 때문에 신원증명에서 떨어지카부덴(떨어질까봐) 걱정 많이 했어요. 그래도 그건 내가 요령 있게 헤신지사(했는지) 잘 넘어간 지방 공무원으로 채용이 됐어요.

갈등

그 후, 내가 벌금형 받안 나온 후제(이후)는 어떻게 됐느냐 허민 완전 위험헤젼 계속 숨어 다니는 거예요. 죽을 고비도 몟(몇) 번 넘겼어요. 그때 중엄은 완전 까져분 거예요. 민청이렌 헌 거는 다 없어져부니 사실 숨으멍 말멍 집에도 있곡, 처가집에 가면 되니깐 가문동 가서 살곡 허는 거죠. 나중엔 안 되겠더라고요. 결국 내가 그쪽에 간 같이 활동을 허게 됐어요. 뭐, 우리 중엄에도 우익 단체가 있어서 그쪽으로 돌아분 거죠. 그중에 임두창이란 분이 있었어요. 그분은 일본에서 대학꼬지(까지) 나온 아주 좋은 분이에요. 그분이 "박창호 데령오라. 데령오라" 했다고 해요. 그러니 가서 "형님! 고맙수다(고맙습니다)" 얘기했죠.

내가 한 번은 패싸움을 벌였다기보단도…… 뭐, 그냥 죽을 뻔헌 적이 있어요. 그게 어떻게 된 사건이냐면 그게 어느 핸가? 8월 보름날엔 지금도 그렇지마는 그때도 일정헌 장소에 모여서덜 놀았어요. 겐디 그때 좌익, 우익이 같이 모연 놀고 있었어요. 저쪽에선 항상 나를 주목했어요.

---

5 구술자는 1947년 6월 30일 제주 지방심리원에서 '기부금품 모집 취체규칙 위반 및 포고 제2호 법령 제19호 위반' 혐의로 벌금 2,000원 형을 선고받았다.

내가 (좌익) 책임자라고 해서……. 구엄에 강 모엔(강 모라고) 허는 사름이 있었어요. 아주 악명 높은 사름인디 와서 트집을 잡는 거예요, 싸울려고……. 보니 그 사름 뒤에 서너 사름이 따라 다녀요. 겐디 그땐 우리 편에도 권투를 해서 8회전도 뛰고 했던 사름이 있었어요. 신엄에 박 씨예요. 그러고 숫자적으로도 우리가 많았어요. 겐 허는디…… 거기가 어디냐면 지금 중엄 정류소 쪽에 물통이 하나 있었어요. 거기 상점이 하나 잇는디 다덜 거기 모연 있었던 거죠.

강 모가 트집을 잡아요. 이젠 나를 두드려 모실라고 허는 거죠. "박창호! 너 왜 나에 대해 나쁜 말 허고 다니느냐?" 허니, 난 "전혀 너에 대허연 이런저런 얘기를 헌 적이 없다" 허니까 이 사름 허는 말이 "야, 넌 허고 다닌다고 허더라!" 허면서 다가서는 거예요. 게니 그 권투 8회전 했던 놈이 툭툭 나를 건드리멍 말해요. "형님, 저런 걸 그냥 내불 거꽈(내버릴 겁니까)?" 했어요. 전 그때 이거 큰일이라고 생각했어요. 이 자리에서 좌익, 우익이 대립해서 큰 불상사가 나면은 우리만 당헐 게 뻔헌 사실이거든요. 경헨(그래서) 이젠 이거 안 되겠다 해서 이 사름덜 좀 자제시킬려고 했어요. 게도 영 말리지 못허는 거예요.

이젠 어쩔 수 없다 생각허곤 난 순간적으로 판단허고 그냥 뛰언(뛰어서) 도망갔죠. 강이옌 헌 그놈은 끝까지 따라와요. 그때 우리 집 앞에 삼촌 집이 있었어요. 영(이렇게) 커브 도는 목에 있었죠. 그래서 나는 커브 돌안 삼촌네 집이 들어가불고, 강이옌 헌 사름은 우리 집이 간, "여기 박창호 안 와수과(안 왔습니까)?" 어머니에게 물어요. 게난에 우리 어머닌 아니왓젠(안 왔다고) 허멍, "무사 찾암시(왜 찾고 있니)?" 했죠. 그러니 강이 그냥 나가는 거예요. 걸 보면서 난 '야, 이거 오늘 저냑 뭔 일이 벌어질로구나!' 걱정이 됐어요. 허연 좀 있단 집이 간 어머니신디 이런저런 사실을 다 얘기허고 뒷집에 갔죠. 거긴 잘 아는 사름 집이난 간 조금 있었어요. 겐디 암만해도 마음이 불안해지는 거예요. 이젠 안 되겠어요. 게서 구엄국민학교 쪽으로 해서 처가집이 잇인(있는) 가문동으로 빠져 나갈려고 쭉 갔어요. 경허단 커브 도는 골목에서 우익단체 문 씨허고, 강 씨 두 놈을 딱 마주친 거예요. 보니까 날이 훤허게 밝아오고 있어요. 한 놈이 곡괭이자루를 들고 있어요. 문 씨가 앞에 사고(서고), 강이 뒤에 삿는디(섰는데) 강이 곡괭이자루를 든 거예요. 그때 '허, 참! 아무도 없는 여기서 저 목괭이 한 방이면 죽겠구나!' 허고 생각하고 잇는디 문 씨가 말해요. "박창호! 너 어제 어디 갔었어?" 그러면서 손이 허리띠로 가요. 하, 이거……. 난 '걸음아 날 살려라!' 그냥 이건 죽자 살자 뛴 거예요. 이 놈들도 따라와요. 그러다가 목괭이를 던져요. 난 걸 피허고는 따라오는지 마는지 그저 뛰언 아는 형님네 집이 갔죠. 그 형님이 걱정해요. 경헨 어떵(어떻게) 허코 허단(할까 하다가) 아, 그때 8월이라 뭘 했느냐 허민, 소 멕이는(먹이는) 촐(소꼴)을 빌 때예요. 그러니 촐밧듸(소꼴 밭에), 촐 비레(베러) 가자고 해요. 나는 "아이고, 형님! 거 참 좋은 생각이우다. 고맙수다" 허연, 촐밧듸 간 사나흘 돌아뎅기단(돌아다니다가) 가문동으로 갔죠. 그때 거기서 맞앗으면은 난 완전 끝이었죠. 이게…… 4·3 나는 거 닮아.

예비검속

내가 세 번째로 죽을 뻔헌 일이 또시(또) 있는디 그게 뭔 줄 알아요? 6·25가 터졌죠. 그러니 북에서덜 목포꾸지(까지) 막 밀고 들어온 거예요. 난 그걸 어떵 알았냐면, 강계윤 교장이라고 있어요. 하귀 분인디 구엄국민학교 교장도 헤낫어요. 그분이 우리 친척뻘 돼요. 하루는 목포 갓다 오란(갔다 와서) 허는 말이 인민군이 목포를 다 차지허고, 이젠 경상도 쪽 부산만 남앗덴 허는 거예요. 난 그 말을 들으니 '하이고!' 했죠. 또 무슨 일이 벌어질 것 같은 생각이 탁 난 거예요. 겐 얼마 어시난(없으니까) 사름덜을 예비검속 시켜가요. 뭐, 어떤 사름덜을 잡아가냐 허민…… 예비검속이렌 허명 전과 있는 사름, 산에 있는 사름 가족, 또 경찰 총에 맞아 죽은 사름 가족…… 이런 사름덜을 다 잡아단 감금허는 거예요. 이젠 나도 '또 잡혀 강 죽는구나' 했죠. 경헨 이 날인가, 저 날인가 허는디…… 뭐, 내가 일생을 통해서 죽을 고비를 세 번째 넘기는 순간이에요.

난, 곧 예비검속을 당했어요. 경허연 일신학교[6] 거기에 갇혔어요. 구엄국민학교가 생기난 일신학교는 그때 사용을 안 허고 잇어신디(있었는데) 사름덜을 잡아단 다 거기 가둔 거예요. 그때 보민 중엄지서[7]가 그 옆에 있어서 그런 것 같아요.

그때 거기 멧(몇) 명이 갇현 잇어신가? 글쎄…… 신·중·구엄 사름덜만이 아니에요. 하귀 포함허연 중엄지서 관내 동 10리 전부예요. 동 10리.

면담자: 그때 하귀는 하귀지서가 이시난(있으니까) 하귀국민학교에 예비검속 헷덴(했다고) 허는 것 같았습니다마는?

구술자: 글쎄. 그거는 잘 모르겠고……. 하여튼 하귀지서[8] 이전에 중엄에 지서가 있었기 때문에…….

---

6 백창유(신엄 출신)가 1923년 4월 신엄리에 세운 제주도 최초의 4년제 사립초등학교. 이 학교는 1939년 구엄리에 구엄공립국민학교가 설립되자 강제 폐쇄되었다. 당시 이 학교에는 여학생 두 명을 포함해 학생 214명이 공부하고 있었다.

7 구술자는 자신의 고향 이름대로 '중엄지서'라 부르고 있으나 당시의 정확한 명칭은 '애월지서 중엄파견소'이다. 보통 '신엄지서'라고 불렸다. 1947년경 설립되었고, 4·3이 발발한 1948년 4월 3일과 4월 21일, 11월 11일, 12월 29일에 무장대의 공격을 받기도 했다. 인근 신·구엄 및 용흥 청년들이 특공대를 구성해 지서를 지켰다고 한다. 구엄초등학교 길 건너 쪽에 있었으며, 현재 농협 중엄지소가 있는 곳이다.

8 하귀지서는 1949년 1월 30일 설립되었다(초대 지서장, 구엄 출신 문○백).

그때가 여름이에요. 6·25 난 얼마 엇인(없을) 때난 우린 다덜 '이젠 끝 났구나' 했죠. 경헨 거기 한 달 이상을 사는디…… 거기서 따로 조사 받 거나 그런 건 없었어요. 가둬만 논 거예요. 그러니 다덜 밥도 자급자족 했죠, 자급자족. 가족덜이 거기로 쌀을 가져다주민(가져다주면) 지망썩 해 먹는 거죠. 경헌디 그때 우리나라 상황이 조금만이라도 더 불리헤시 민 우릴 다 죽여불엇을 거예요.

면담자: 아, 모르고 계셨습니까? 그때 제주경찰서허고, 서귀포, 모슬 포경찰서에선 예비검속 헌 사름덜을 비행장에 데려단 학살허기도 허 고, 바당에 수장시켜불기도 헤수게(했잖아요). 예비검속으로 1,000명 이 상이 죽엇덴 헙니다.

구술자: 아, 경헷는가……? 이거, 박창호, 운 좋은 사름이네. 정말로.

내가…… 지금도 동네 어른덜이 애껴줘요. 거니까 살아난 거지, 경(그 렇게) 안 헤시믄(했으면) 난 벌써 가분(죽은) 사름일 거예요. 뭐, 나만 못헌 사름도 다 죽었는데요.

그러고 생각해보니까…… 또 죽을 뻔헌 때가 있었어요. 내가 그 6·25 나난 스물아홉 살이에요. 군대에 갈려고 했어요. 간부 후보생을 모집허 난 시험을 봤죠. 합격을 했어요. 경헨 이제 논산훈련소에 가게 됐는 데……. 그때 가시믄 죽었을 거예요. 그때 소위 같은 초급 장교는 소모 품 아니에요? 난 방위군 소위니 뭐…… 겐디 못 간 거예요. 그 이유가 뭐 냐 허민 신원조회 때문에 그런 거예요. 그때 방위 장교 후보생이 될 거 난(될 거니까) 이부자리 다 가지고 산지 부두로 오라 그랬어요. 경헨 갓는 디……. "넌 못 가!" 탁 퇴짜를 시켜부는 거예요. 경헨 와불엇주. 그때 가 시민 죽었겠죠.

그 이유가 뭐겠어요? 그 재판, 그것 때문이죠. 전과자라는 거예요. 거기 한 번 가 왓젠(갔다 왔다고) 못 간다는 거죠. 감옥소 한 번 심언 가 왔다고……. 예비검속은 잘은 기억이 안 나는디 경허단(그렇게 하다가) 후일 거예요.

혹구장 송 씨, 끔찍한 죽음들

내가 살아난 얘긴 시작허민 첨……. 우리 중엄엔 지서가 이시난(있으니까) 사건덜이 참 많았어요. 한번은…… 사이렌 소리가 막 나요. 게믄 젊은 사름덜은 무조건 지서에 가기 마련이죠. 경(그렇게) 안 헤도 젊은 사름덜은 지서에 당번 허면서, 죽창을 들러가지고 지서 지키고 헸어요. 주위 싹 돌안 보초 서는 거죠. 아, 겐디 그날은 사이렌 소리에 달려간 보난 지서 앞밧듸(앞밭에) 사름 죽은 시신이 한 20개가 쭉 깔련 있는 거예요. 가심(가슴)이 달칵 했죠. 겐 우리가 잇는디 구뎅이를 거기 파라고 해요. 그때 구뎅이 깊이를 한 1m허고, 10여 평 넓이 팠을 거예요. 그런 다음 시신을 무조건 담아놨죠. 어쩔 수가 없어요. 나는 마음속으로 '아이고, 나도 언젠가는 이런 꼴이 되겠구나!' 허멍 마음속으로 울었죠. 그때 사게(그때야) 사름덜 무신 죄가 이수광(있습니까)? 그자 아무라도 잡아지믄 죽였죠.

이건 나중에 들은 얘긴데…… 수산에 송 씨, 혹구장이란 구장이 있었어요. 그분이 어디 이 눈에 혹이 잇언(있어서) 혹구장이에요. 그 사름도 총을 맞안…… 구뎅이에 들어갔어요. 겐디 이 혹구장이 눈을 감았다가 번쩍 뜨멍 "형님, 날 살려줍서(주십시오)!" 헌 모양이에요. 그러니 우리 신엄2구허고 수산은 가깝고 허연 서로덜 잘 아는 처지니까 어떵 헐까 사름덜이 망설였죠. 그때 혹구장은 총에 맞으난 배설(창자)이 다 터젼 나왔다고 해요. 얼마나 끔찍했겠어요? 사름덜은 걸 보면서도 어떵 못 헨 우물쭈물 헌 거죠. 게니 이 일이 군인 토벌대덜한티 알려질 거 아니에요? 곧 군인 책임자가 오더니 "살려줍서!" 허는 혹구장을 권총으로 딱딱 쏴분 거예……. 죽었죠……. 그때 그런 말이 쫙 돌았어요.

그때엔 즉결처분이란 것이 있었어요. 이제는 4·3 규명을 허기 위해서도, 법이 절차를 칼 같이 허영 1,000원이라도 벌금형이믄 반드시 벌금 내야 살려주도록 허고 잇주만(있지만) 그때사 즉결처분……. 이건 어디…… 죽창으로 그냥 쑤셔버리고(찌르는 시늉을 하면서)……. 또 이것도 내가 본 건 아니주만 하귀에선 죽창 가진 특공대덜이 산에 가담했던 사름덜을 본보기로 헨 다 찔런 죽여불기도 했어요.

「반공법」 위반

내가 한 번은 「반공법」에 걸렸어요. 그때 지방 공무원을 허고 잇어신디 행정조사영(하고) 뭐영(뭐하고) 헤가난 이제…… 물러나불엇어요(사표 내버렸어요). 그걸 설명허자면…… 사실 그것도 나한틴 죄가 없었어요.

그때 「반공법」에 걸린 건…… 우리 처남 형제가 동경에 살고, 처부님은 가문동에 살았어요. 겐디 처부님은 나이도 많고 어렵게 혼자 살았죠. 그러니 내가 가까운 듸(데) 모셔당 살젠 헨에(해서) 우리 처남신디 편지를 했어요. 외롭게 있는 것보단도 가까운 듸(데) 편안히 모셩 돌보는 게 어떠냐고? 겐 편지를 했더니 우리나라 돈으로 35만 원을 보내왔어요.

우린 기뺐어요. 그래서 집터를 물색했죠. 그때 바로 이 옆이 75평 땅이 있었어요. 그걸 샀죠. 그러면서 나는 기분이 좋아서 이런저런 걸 여러 사름에게 자랑삼안 얘길헌 거예요. 겐디 좀 있으니깐 어떤 사름이 우리 처남은 조총련이다……. 그레 분 거예요(그렇게 말해버린 거예요). 뭐, 다 꾸며대가지고 몰아붙인 거죠.

참, 투서가 무섭더라고요. 경헨 그 사름이 이제 대공분실에 투설헤부니까 오라 가라 난리가 난 거예요. 그때가 언젠가?…… 정확히는 기억이 안 나는디 내가 5월 한 달을 대공분실로 아침, 저녁으로 출근을 하난 물어요. 게믄(그러면) 난 "우리 처남 명철이가 조총련인지, 아닌지 모르겠다." 대답했죠. 내가 일본에 가보지도 않았는데 어떻게 아느냐? 그러니 처남에 대해 시인도, 부인도 안 헌 거예요. 나중엔 공작원을 멧(몇) 명 확볼 했느냐고 물어요. 공작금 35만 원이 왔으니 당연히 그렇게 묻는 거겠지만 이건 말도 안 되는 거죠. 난 계속 주장했어요. 아니다, 그 돈으로 집터를 75평 샀다, 겐 땅 임제도(땅 임자도) 증인으로 다 대공분실에 갔다 왔어요.

그때 내가 호적 담당을 허면서 하귀출장소장을 했어요. 호적과 과장들 사이에 내가 거기, 대공분실에 다닌덴(다닌다고) 소문이 나분(나버린) 거예요. 그러니 "아이고, 소장님! 이거 사표 냅서(내십시오)!" 계속덜 나한티 얘기해요. 마침 그때가 연금을 막 시작혈 때였어요. 내 생각으로, 연금은 금방 시작했으니 얼마나 될진 모르주만은 그게 아까운 거예요. 경허고(그렇게 하고) 주변에서도 연금을 못 탄다고 얘기허고요. 경헨 사표를 냈죠. 겐디 지금사 얘기허주만 사실은…… 그런 것 보담도 나는 「반공법」이 무서웠어요. 이제 죄명을 「반공법」으로 해가지고 유죄 판결을 받게 된다고 허민 애들이 대학을 다니는데 연좌제에 걸릴 거고, 어디 취직도 못 해볼 게 아니에요? 난 그것이 제일 걱정이 됐어요.

그 후 내가 한 달 동안을…… 뭐, 한 달이 넘어요. 내가 출근부에 도장을 6월 15일까지 찍었어요. 경허단 나중에 6월 1일 자로 사표는 내고, 그 다음부턴 변정일 변호사를 사가지고 재판을 헌 거예요. 1심에서는 징역 7개월에 자격정지 1년, 집행유예 1년 판결을 내리더라고요. 곧 항소했어요. 그러니 이젠 변정일이 처남허고 연락허연 조총련이 아닌, 거류민단 신원증명을 헹 부치라고 헌 거예요. 우리 처남은 자세헌 내용을 들언게 얼마 엇언(없어서) 거류민단 신원증명을 보내왔어요. 우린 걸 법정에 제출허연 항소 재판을 허여가는디 또 마침, 우리 집사름 친척 중에 백○협이라고 있있어요. 그때 거류민단 단장인지, 하여튼 간부였어요. 겐 생각을 해보니 내가 참 바본 거예요. 그 형님신디 전화 한 통화만 헤시민(했으면) 다 끝날 건디……. 뭐, 내가 한 달 동안 거기 간 살아노니까 노이로제에 걸려가지고 아무 정신이 안 났던 거죠. 거 참, 빙신이 뒈분 거예요.

그다음부턴 일이 쉽게 풀렸어요. 그 형님, 백 단장을 통허연 돈을 받을 걸로 허고 일을 끝냈죠. 이건 나중에 들은 얘긴디 그 대공분실에서가 담당 판사를 한 번 오라고 허연 잘 해결헌 모양이에요. 당시사 어디 판사고, 뭐고 힘이 없었잖아요? 특히 이런 일엔 여기서 "와!" 허면 오고, "가!" 허면 가고 허는 그런 때였잖아요. 여하튼 내가 그다음에 항소심에 가니까 판사가 나완에(나와서) 얘기해요. "박창호, 선고유예!" 나는 판결이 딱 떨어지난 '아이고! 이제 다행이로구나!' 했죠. 선고유예는 범죄인 명부에 올라가지 않아요. 그러니 내가 퇴직허는 것과는 별도주만 애들이 대학을 나오고 취직허는 데에는 아무 지장이 없는 거예요. 난 지금도 마음속으로 그 백 단장 형님을 한없이 고맙게 생각해요.

두서없는 기억들 1

내가 나중에 우익에 가담헨 활동을 허난 살아나긴 헷주만(했지만) 일생이 불안했어요. 그러니 직장에 있으면서도 이런 거, 저런 거 때문에 항상 쫓겨요. 누가 무신 말 안 허나, 혹시 경찰에서나 뭐렌 안 헐 건가 헌 거죠.

가만 생각헤보민 그 모든 원인이 민청이에요. 겐디 내가 앞의서도(앞에서도) 말헷주만 그땐 젊은 사름치고 그런 듸(데) 강(가서) 활동 안 허민 다 빙신 취급당했어요. 그러니 민청에 강 활동을 헐 수밖에요. 삐라 붙이곡 거 뭐, 어디 데모 가렌 허민 데모 가곡……. 겐디 우리 중엄에서는 별로 활동을 헤진 거 같지 않아요. 내가 민청 책임자난 그런 건 더 잘 알죠. 3·1운동 때 동원 뒌 북국민학교에 갔다온 것뿐, 다른 건 뭐…….

그러고, 지금은 우리가 중엄린디 그때는 신엄2리…… 아니, 2구였어요. 그래서 신엄1구에 민청이 있고, 또 우리 2구에도 있는 거예요. 각 리마다 있었으니까요. 1구 책임자는 너무 오래서 잘 모르겠어요. 내가 2구 책임자니 당연히 알주만 1구는…… 백창원은 아니에요. 거긴 너무 거물이고, 도의 간부였을 거로 짐작해요. 나중에 산에 간 살아불고 허니 우린 그런 건 더 모르죠.

또 이 자리에서 하나 더 얘기헌다면, 내가 처음에는 민청에 관계허는 조직원이었어요. 그러니 그때 일은 좀 알 수 있어요. 겐디 4·3이 난 후엔 아무것도 몰라요. 중엄리에 산에서 습격들 때도 그렇고, 알 수가 없었어요. 그때 알아시민 경찰에 강(가서) 얘기했겠죠. 내 기억으로 동원령을 받은 건 3·1운동 때뿐이었어요. 그르후젠(뒷날의 어느 때) 한 번도 없어요. 그러니 3·1운동 때 감옥 간 두 달 살고 나온 후젠(후엔) 거기 조직허곤 완전히 끈이 끊어진 거예요.

지금 생각을 헤 보민 3·1운동 다음 해에 4·3사건이 일어나잖아요? 게니까 이제 그 공산주의 운동허는 사름덜이…… 첨, 제주도는 완전 빨갱이 섬이나 마찬가지엿주마는 3·1운동으로 일을 저질러놓안 이제 그 주동자덜, 그 제주도의 좌익 세력덜이 탄압으로 다 체포돼 가난(체포되어 가니까) 쥐도 고양이가 '앙' 허민 돌아선다고 갈 데 올 데 없으니까 4·3을 일으킨 거예요. 다 체포해가니까 이젠…….

두서없는 기억들 2

그때 또 민보단이라고 잇엇어요. 젊은 사름덜은 특공대에 들어가고. 나중에 지서 순경덜이영 토벌대가 토벌 나가게 뒈민(되면) 따라가요. 우린 죽창 들렁 순경 앞의서(앞에서) 다니고 허는디 순경덜은 뒤에서 총만 팡팡 쏘아요. 여기저기 많이 다녓어요. 주로 중산간마을 일대를 다녓죠. 그때 보민 중산간마을에 남은 게 없어요. 공비 다닌다고 다 불 붙여불엇으니 오죽허겟어요? 난 그런 걸 나중에 구경허는 거뿐이랏주만 사름도 많이 죽었다고 했어요. 저 광령 같은 듸(데)는 불태우멍 사름도 많이 죽였다고 했어요. 광령…… 그러니까 광령이 '콩 볶는 광령'이렌 헌 별명도 잇어낫어요. 뭐, 막 볶아댔으니 그런 거겟죠.

경허고 구엄 좌익단체 우두머린데 김홍률9이라고 잇엇어요. 그 사름네 집이…… 그 땐 다 동원허니 안 갈 수가 없어서 간 보는디, 그 홍률이 아방이 나이가 많앗어요. 그 집 부수멍 불을 붙여부난…… 거, 말이 아니엇어요. 게난 구엄, 그 우익 마을에서 김홍률이 아방네 집만 불태운 거예요. 겐디 지금 홍률이가 살아 잇덴도 허는디 그때 그 사름 여기 있었으면 그냥 죽엇을 거예요. 소문엔 9연대가 있을 때 어떵 어떵(어떻게 어떻게) 군대에 입대해가지고 살아낫덴 허더라고요.

홍률이 얘기 나오난 또 같은 소리헤지는디 내가 민청에 들어가곡 헐 때는 다 그렇게 허게 마련이엇어요. 마을에 그 김홍률이 같은 사름

---

9 애월면 구엄리 출신으로 하귀중학원 교원. 1948년 4월 28일, 김홍률(당시 25세)은 '포고 제2호 및 법령 제19호 제4조 위반'으로 징역 6월 및 벌금 5,000원의 판결을 받았으나, 징역 6월은 3년 간 집행이 유예되었다. 같은 해 7월 9일, '포고 제2호 및 법령 제19호 위반혐의'로 재검속되어 벌금 1,000원의 판결을 받았다. 그 후 김홍률은 9연대에 입대해 복무하고, 나중에는 서울에서 한의원을 운영했다.

덜…… 홍률이가 얌전허고, 중학교 교사까지 허는데 그 말을 누가 안 듣겠어요? 다 따르게 되었죠. 그러고 그 당시 제주도 사정을 감안허영 그냥 빨갱이 새끼덜이라고 욕만 허지 말고, 그때 세상은 그때대로 잘 봐야 헌다고 생각해요.

또 나중엔 제주도가 어땠어요? 밤에는 산에서 사름덜이 내려오지, 그러믄 어떵(어떻게) 해야 했나요? 당연히 그 사름덜에게 협조해야죠. 아니믄(아니면) 반동분자로 걸리는 건데요. 그럼 낮에는? 낮에는 경찰 세상이난 당연히 경찰에 협조허고……. 그러니까 뭡니까? 민심은 민심대로 갈피를 잡지 못 허고 우왕좌왕 헐 수밖에요. 게니 하귀에선 어떤 일이 일어났는 줄 아십니까? '눈 감으라 사건' 아시죠? 어떻게 그런 일이 일어납니까? 사름덜을 학교 마당에 다 집합시켜 눈 감으렌 해두고 손가락질 시킨다? 경헨 손가락질 받은 사름은 잡아강 총살헤분다(총살해버린다)? 이게 말이나 됩니까?

제가 요즘 4·3사건 영(이렇게) 해결해가는 걸 보민 말로 다 못 해요. 가슴이 터지죠. 하이고! 참, 명예회복도 허고, 대통령꺼지(까지) 왕 사과도 허곡……. 그것이 얼마나 뭐헌지 참, 다행스러운 일이에요. 그러고 저 봉개리에 7, 8만 평 허영 공원묘지10를 만들고 허는 모든 게 우리 제주도민 입장에서는 아마 전무후무헌 일일 거예요. 정말 전, 말로 이런 말 다 못 하겠어요.

---

10 제주4·3평화공원을 말한다. 부지 12만 평의 대지에 각종 위령시설과 전시공간이 마련되어 있다. 2013년 현재에도 제3단계 공원조성 사업이 진행 중이다.

다시 하귀중학원을 기억하며

양용해

양용해(梁龍海)는 1931년생으로 4·3 당시 애월면 장전리에 거주했다. 그는 하귀중학원 3학년이던 1947년 3월 1일, 3·1사건 당시 북국민학교로 다른 학생들과 함께 행진해 갔던 기억이 있다. 한국전쟁 직후 마을 유지였던 부친이 예비검속되어 학살되었다. 현재 그는 제주시 삼도동에 살면서, 부친처럼 억울하게 희생된 이들을 추모하고 정부에게 책임을 묻고 배상을 받기 위해 '북부예비검속유족회' 회장으로 일하고 있다.

(채록일: 2006.10.18 | 채록 장소: 자택)

7

북부예비검속유족회 회장입니다

고향은 장전이에요

제가 1931년생이에요. 나이가 76. 이젠 뭐 허기에는 다 늙은 나이에요. 제가 여러 직장을 가져봣주만 공직이라고 헐 건 없고요, 북제주군 산림조합장을 허고…… 그다음에 애월에 가서 읍장으로 6년 동안 그렇게 근무허였죠. 그게 공직이라면 공직이고, 그게 전부예요.

고향은 장전이에요. 장전 아버님 묘지에 비석 두 개를 잘 허고, 공원처럼 가꾸와(가꿔) 놨죠. 1972, 1973년도에 비석을 한 번 했었어요. 겐디(그런데) 그때는 제주 돌…… 저, 산방산 돌로 비석을 했죠. 그것이 시일이 가다보니까 아버님에게 죄송하고, 좀 어떵 너무 초라해 보이는 거예요. 왜 제주 돌은 시간이 가가면 마모 뒈버리곡(되어버리고) 허지 않아요? 이거는 예의가 아니다 싶었어요. 게서 동생덜허고 의논해가지고 다시 헌 거죠. 그게 1984년도인가? 오석으로 새로 단장했어요. 그러니 거기에 우리 아버님허고, 작은아버님…… 두 분을 모신 거예요.

단국중학교

장전에 살면서 중학교는…… 제가 제대로 교육을 못 받은 사름이에요. 해방 직후에 일본서 중학교 1학년을 다니다 들어왔죠. 자랑 같지만도 중학교 들어갈 때는 일본서 일본 사름허고 견줘도 안 떨어지는 수재라는 말까지 들었어요. 겐디 여기 오니, 그 당시 학교라곤 농고밖에 없었죠. 거길 갈라고 허니까 도저히 중도 입학이 안 되는 거예요. 경헨(그래서) 하귀에 있는…… 지금은 그 학교가 없어졌어요. 귀일중학교 전실이죠. 단국중학교라고. 거기에 입학을 해가지고 다녔어요.

겐디 3학년 때, 1947년도 3·1사건을 직접 경험허게 됐어요. 제가 그때 북교 운동장에 갓단 왔어요. 거기서 여러 사름 연설도 듣고, 관덕정 앞이 순경덜 쭉 서 있는 것도 봤어요.

그때는 나이가 좀 어릴 때긴 헌데…… 우리가 하귀에서 차로 거기를 간 게 아니에요. 걸어가지고 갔죠. 지금도 생각이 나는 게 광양국민학교 교정일 거예요. 그때 그 근방에서 집결해가지고 북교로 내려왔죠. 내려오면서 스크럼 짜고(횡대를 이루어서) '왓쌰! 왓쌰!' 허멍 내려온 기억이 있어요.

우린 경헨(그렇게 해서) 북교 운동장으로 갔죠. 그 기념식장에까지 들어강 헌 건데……. 연설을 들었어요. 겐디 우린 연설 내용은 잘 몰랐어요. 그냥 저 사름이 누구다만 헌 거죠. 김용해는 하귀 사름이니까 늘 들어서 알고, 또 나중에는 안세훈이가 연설을 허곡 헷덴(했다고) 허주만 사실 정확히 누가 헌지는 잘 몰라요. 그래서 끝나서 해산허연(해산해서) 밖으로 나왔죠. 지금 북국민학교 바로 앞길로 허연 관덕정까지 쭉 갔죠. 우린 나중에 관덕정에서 총성도 나고 사름덜이 죽엇젠(죽었다는) 말을 들었어요.

그때 우리가 다 가지는 않았던 것 같아요. 3학년만 가지 않았나 생각이 돼요. 경헨 그다음부턴가, 그 전인가는 잘 기억이 안 나는데 제가 경찰에 잡혀간 거예요. 삐라를 뿌렸다고……. 겐(그래서) 신엄지서 유치장에 감금되어가지고 갖은 고문을 받았어요. 나무 의자, 지금 말로 허민 벤치…… 거기에 발을 묶어가지고 발창 때리고, 물고문 허고……. 그때는 요즘처럼 수건 덮엉 물고문을 허는 게 아니고, 수건 안 덮고 그냥 긴 벤치에 딱 묶고 주전자로다가……. 그렇게 고문을 당했어요. 그때 우리 동네서 한 사름, 고ㅇ길이라고 주모자도 아닌데 주모자라고 허연(해서) 같이 잡혀갔죠. 우리가 한 유치장, 두 평이 되나마나 헌 듸(데) 스무 명이나 들어가 있었어요. 경허단 20일 만에 나왔죠.

그때가 2학년 땐지, 3학년 땐지 잘 기억을 못 허겠어요. 완전 초창기여서 제가 우리말도 제대로 잘 못 헐 때였어요. 그때 우리말로 "살려 달라!" 허는 말을 잘 못 허니, 일본말로 "다스케테 구다사이(助けてください), 다스케테 구다사이!" 아마 이랬을 거예요. 취조받을 때도 경 헤실 거고요.

우리가 그 당시 그렇게는 헷주만 저는 그 삐라 내용도 몰라요. 기억나는 건 좌우가 소란스러울 때니까 어른덜이 이걸 가서 뿌리라 허민 뿌리고 했던 거 밖에요. 학생 자치적으로 헌 게 아니에요. 어른덜 중에 우리 학교에도 선생님 몇 분이 가담해가지고 소위 좌익 활동을 헌 건 알아요. 그리고 학생 중에도 주동을 헌 아이덜이 있기는 했어요. 경헤도 삐라를 뿌리고 뭘 헌 거는 어른들의 지시에 따라서 그냥 우리가 헌 거예요.

그때 같이 잡혀갔던 사름 중엔 유명헌 사름덜이 많아요. 고남진이…… 남진이는 아직도 일본 대판에 생존해 있어요. 우리 고향인데 관서도민회 회장도 했고요. 그리고 왜 요번에 탐라문화제 때 일본서 교포덜이 많이 왔잖아요? 겐디 이 양반(고남진)은 보니까 명단에 없더라고요. 이번엔 안 온 거예요. 또 양두일이라고 관서도민회 회장 허단(하다가) 돌아가신 분이 있어요. 그분은 우리 집안 어른이기도 헌데, 남진인 그분 밑에서 부회장을 했었죠. 이 양반은 우리가 나온 다음에 일찍 밀항했어요. 그냥 일본으로 뛴 건데 경(그렇게) 안 헤시민(했으면) 여기서 죽었을 거예요.

신엄으로 소까이 가다

우리가 4형제예요. 6남맨데 누이동생 둘은 일찍 잃어버렸어요. 그러고 제 바로 밑에 동생이 경찰에 근무허면서 공항 대장을 했어요. 겐디 총경이 못 됐어요. 저는 그 원인이 바로 4·3……. 아버님이 돌아가신 일 허고 연계가 있다고 봐요. 연좌제 피해인 셈이죠. 그 동생이 재작년에 (경찰에서) 나와가지고 지금은 사업을 해요. 전복 양식업을 하죠.

1948년도에 4·3사건이 나면서 그 해 겨울에 (우리 마을을) 소개를 했어요. 그때 우리 마을 전체가 소개됐죠. 우리는 외가가 있는 애월면 신엄으로 갔어요. 외할아버지, 외할머니가 생존해 계시니까 거기로 간 거죠. 그러고 당시 구엄은 우익층이 셌어요. 우리는 구엄과 신엄은 한 마을이나 다름없으니 당연히 보호받을 수 있다고 생각허연 거기를 선택했죠.

우리는 거기 가가지고 아버지는 농사를 짓고, 저는 그 나이에 지서 특공대로 들어갔어요. 그 당시 보니까 특공대란 게 총을 가지고 허는 게 아니고, 철창을 둘러메영(둘러메고서) 산사름덜 잡는다고 다니더라고요.

저는 그때 토벌 나가거나 허진 않고, 목(보초)을 주로 섰어요. 경허다가(그렇게 하다가) 저물어가면은 담요 한 장 둘러메고 쇠창 가지고 저 노꼬메오름으로 가는 거예요. 그때 보민 노꼬메 서쪽으로 조그만 산이 있고, 그 산 우에(위에) 묘지가 있어요. 우린 둘이 구엄에서부터 그까지 걸

어강 밤새도록 입초를 서요. 그러고 새벽 밝아야 돌아오는 거예요. 그런 다음 상황 보고를 하죠. 산사름덜이 어디로, 얼마나 내려가더라고……. 지금에사 허는 말이주만 이건 완전히……. 한동안 그랬어요. 아침이 내려오고, 저녁에 올라가고요. 우린 철창 가진 사름 둘이, 민간인 둘만이었어요. 그때 목숨이 아깝지 않아서 그런 건 아니었어요. 말을 안 들을 수가 없었어요. 가라 허민 갔다가 아침에 돌아오고 했으니까…….

나중에 경찰 토벌대 허고 나가서는 우리 5촌을 잡았어요. 제가 직접 잡은 건 아니고 토벌 나간 상태에서……. 그러니까 제가 잡은 거나 다름없잖아요? 그러고 죽이는 걸…… 신엄구치소에서 철창으로 죽이는 걸 제가 봤어요.

그때 5촌을 잡은 게…… 장전 서쪽에 논오름이라고 있어요. 조그만 오름이에요. 장전에서 저 용흥으로 가는 쪽인데 그 논오름 뒤에 보니까 조짚으로 만든 움막이 있더라고요. 거기서 잡은 거예요. 경헨(그렇게 해서) 신엄구치소에서 희생이 된 거죠. 그때 신엄지서는 즉결처분했어요. 총살로 허는 게 아니고, 철창으로 찔러죽였죠. (경찰덜이) 저한티(저한테) 보라고 해요. 그러니 제가 "어떵(어떻게) 봅니까?" 허니까, 이놈도 같이 죽어야 될 놈이라고 해요. 어쩔 수 없이 같이 가서 봤어요.

그다음에 우리 이종사촌 형이 또 잡혀왔어요. 제가 직접 토벌 뎅길(다닐) 때 잡힌 거예요. 그때에도 형님이 날보고 어떻게 해달라고 해요. 겐디 저 같이 철창 하나 든 사름이 무슨 힘이 있겠어요? 경헤도(그렇게 해도) 그 형은 살아난 나중엔 선무공작원이 됐어요. 그러다 또 산으로 도망갔죠. 그 후에는 영원히 불귀의 객이 되고 말았어요. 죽은 거죠. 다 장전 분덜이에요.

보도연맹과 아버지

　제 아버님은 예비검속으로 경찰서에 잡혀갔어요. 4·3사건 때 아버지가 뭘로 검속됐었는지 아닌지는 모르겠어요. 겐디 지금도 기억이 생생헌 거는요, 제가 아버지 따라서 장전서 공회당에 한 번 간 적이 있어요. 공회당이라면 마을 총회를 허는 곳 아닙니까? 그때 흑판에 '보도연맹'이라는 글자가 써 있었던 거예요. 생생히 기억나요. 흑판에 써 있던 게……. 아버지가 어떤 역할을 허였는진 모르지만 그 당시 지방 유지니까 가담을 했거나 아니면 임원의 자리에 있었거나 그랬던 것 같아요. 아버지가 사실 글도 잘 쓰고 뭐 했어요. 그러니 지금 가만히 생각헤보민 보도연맹의 총무 역할 정도 헌 건 아닌가 그런 생각도 들어요. 그때 한자로 '保導聯盟'이라고 써 있었던 거예요.

　지금도 제가 의문인 건 왜 아버지가 예비검속 됐냐는 거예요. 무엇이 예비검속의 단초가 됐냐는 건데…… 아버지가 그때 올라와서 우리 밧(밭)에 있는 도로를 무단히 건드리긴 했어요. 뭐, 아버지 생각으로는 필요도 없는 도론데 너무 넓다고 경헨 그 도로를 좁혀서 담을 다운(쌓은) 거예요. 그러니 그게 도로차단이 된 거예요. 쉽게 말허민 누가 지서에 손가락질 헌 거죠. 우린 그 보고 헌 사름이 누군지는 다 알아요.

　그때 양민증이 잇엇는디(있었는데) 양민증이 상당히 큰 역할을 할 때였죠. 아, 그래서 아버지가 잡혀서 제주시에 있으니 면회를 가야 하잖아요? 겐디 양민증이 없으니 아버지한티 갈 수가 없는 거예요. 아버지 잡혀간 후에 얼굴 한 번 못 본 거죠. 그때 동네 사름 중에 이장이라든가 어느 유지가 보증을 서줘야 양민증을 허는데 아무도 보증을 안 서주는 거예요.

　그러고 그 전에 우리 마을이 어떻게 됐냐 허민…… 사름덜이 신엄이

영 근처 해안마을로 소개 갔다가 이듬해 봄에 마을을 재건해서 다 올라왔어요. 그때 장전 마을을 재건헹 올라오면서 소길, 장전, 금덕 세 개 마을 사름덜이 장전에 성을 쌓고, 함바집을 짓엉(지어서) 함께 살았어요. 그러다가 1년 후죠, 1949년 봄에 소길이나 금덕 사름덜은 또 자기네 마을로 돌아가고 허는데…… 아버지가 같이 살 때 총무 역할을 했어요.

아버지는 그게 마지막이었어요. 차마 우린 그런 생각도 못 허고 양민증만 구하려고 다녔죠. 6·25 사변 직후니까 오죽 했겠어요? 그때 집에서 아버지허고 밥을 먹고 있었어요. 누가 말 타고 들어왔어요. 보니 신엄지서장이에요. 이근식이라고 북한 사름인데 장전을 자주 왕래허니까 우린 얼굴은 알고 있었죠. 그날 이근식 경사가 오더니 "양창보가 너냐?" 아버지를 불러요. 아버지가 "네, 접니다" 허곤 대답했죠. 그러니 보리쌀 얼마를 가지고 나오라고 해요. 전대라고 하죠? 아버지는 보리쌀 담은 전대를 허리에 차고, 손은 말안장에 묶인 채 끌려갔어요. 그게 끝이었어요.

그때 우리 동네에서 세 사름이 끌려갔어요. 아버지허고, 박기줄,[1] 그리고 강항례 씨. 모두 다 유지였어요. 강항례 씨는 아버지 연배였는데 훌륭한 분이었어요. 그러니까 결과적으로 말허민 그날 잡혀간 사름덜은 마을에 밀고헌 사름허고 사이가 나쁜 게 원인이 됐던 거예요. 그 밀고자는 지금도 생존해 있어요. 우리 장전 사름덜허고는 완전히 차단돼 있죠. 인사도 않고, 옥방 생활해요. 문제는…… 어디까지나 밀고 했다는 확증이 없는 거예요. 그럴 것이다 허는 것뿐. 당신이 그렇게 허지 않았냐고 그렇게 얘기해 봐도 "그건 내가 아닙니다" 허는 말밖엔…….

---

[1] 1898년 11월 5일생으로 주소는 장전리 516번지. 1949년 3월 8일 금고 2년을 선고받았다. 이 경력으로 「4·3 특별법」에 따라 2011년 1월 26일 '수형인' 희생자로 인정받았다.

면담자: 박기출 씨는 재판 기록이 있습니다. 1949년 일반재판에서 금고 2년을 선고 받았네요.

구술자: 아, 그래요? 그럼 그분은 그때 금고로 나왔다가 다시 끌려간 거네요. 사실 박기출 씨나 강항례 씨는 예비검속돼서도 나중에 석방된 나왔어요. 우리 아버지만 혼자 남았죠. 두 분은 나와서 더 살다가 돌아가셨어요.

강항례 씨는, 제가 1차로 아버지 비석을 새길 때 조각을 했어요. 비석을 새기는 일을 했죠. 석방되고 나서 중엄에 살았어요. 아들도 모두 훌륭해요.

공군 입대

제가 6남매예요. 막둥이가 유복자고요. 게난 우리 어머니⋯⋯ 참, 고생 많이 했어요. 6남매를 데려가지고⋯⋯ 제가 말로 다 헐 수가 없어요. 먹을 게 없으니까 장전에서 산지 부두까지 걸어가 가지고⋯⋯. 그때 이만헌 소로(小路)길 아닙니까? 그러고 밀체2죠, 밀체? 그거를 가마니로 사다가 갈앙 떡을 해 먹는데 그게 소화가 되나요? 참⋯⋯.

그러다 제가 공군을 가게 된 거예요. 어떻게 갔냐 허문 그때 이북에서 나온 사름이 장전국민학교 교장을 했어요. 박 교장이란 사름인디 그 분이 나를 자식처럼 아껴줬어요. 그래서 교원 양성소에 나를 넣었어요. 강의를 받고 오라고, 그러면 학교에서 채용한다고⋯⋯. 게서 나중엔 제가 학교에 근무허게 된 거예요. 겐디 하루는 교장선생이 나를 부르더니만 자꾸 지목을 당헨(당해서) 괴롭다는 거예요. 그러니 자기가 누구에게 부

---

2 밀기울(참밀의 겉껍질)을 말한다.

탁을 해서 공군에 갈 수 있도록 해주겠다 해요. 공군에 입대하라 그런 거죠.

그때 공군 주력부대가 제주도 비행장에 있었어요. 경허난(그렇게 하니까) 거기서 모병을 했어요. 아무나 공군에 갈 수가 없었어요. 내 실력으로는 붙을 수가 없었죠. 그때 피난 온 사름덜 중에는 대학 출신덜이 많았어요. 그러니 그치룩(그렇게) 학벌이 쨍쨍한 사름덜만 공군에 취업을 하는 거예요.

동기야 어쨌든 전 합격해서 공군에 끼게 됐어요. 그게 다 박 교장 덕분이었죠. 어쩌면 그 당시 제 생명의 은인이라고 해도 과언이 아니에요. 사실 박 교장이나 부인은 모두 북한 사름이었어요. 겐디도 저를 친자식처럼 해주시고, 그 아덜도 경찰관인데 저를 동생처럼 해주고요.

게서 전 공군에 간 거죠. 그때부터 무슨 생각을 헌 줄 알아요? 어떻게 허민 이 빨갱이 취급 당허는 것을 면헐 수 있을까…… 그 생각만 허는 거예요.

제가 군대에서는 전투 정비를 했어요. 비행기 정비사죠. 기술을 부지런히 익혔어요. 제가 한국 공군에서 기술이라면 으뜸이라는 말을 들어야 한다고 마음먹은 거예요. 그래서 나중엔 다른 사름은 이등상사나 돼야 기장이 되는데…… 아, 기장은 한 비행기를 책임지는 사름이에요. 저는 일등중사 때, 요즘 말로 허민 하사 때 기장이 되고, 또 군 경력이 얼마 없는데도 이등상사가 됐어요. 이등상사는 요즘 말로 중사죠. 그러고 제가 점검관을 했어요. 비행기 일곱 대를 아침에 점검해서 이 비행기가 출격헐 수 있다, 없다를 결정허는 게 점검관이에요.

그리고 제가 미국 연수시험을 봐서 합격했어요. 그러니 이젠 영어 회화도 좀 배워야 될 거 아니에요? 대구 공군본부에 내려가 근무허면서 공부를 했어요. 경헨 나중에…… 그때는 제가 경남에 있는 사천비행장

근무헐 때예요. 드디어 공군본부에 정복을 입고 신고허레 갈 때가 된 거
예요. 저는 정복을 딱 맞춰 입고 뭐, 그 당시 어렵기는 했지만 외국에 갈
라니까 그랬던 거죠. 겐디 딱 가니까, "양용해 중사, 일로 와!" 허더니 옷
을 벗으라고 해요. 그러고는 미군 작업복 던져주면서 이걸 입고 부대로
돌아가라는 거예요. 저는 영문도 모르고 그 눈이 세차게 내리는데 군용
트럭을 타고 돌아왔어요. 그때 말도 마세요. 차가 눈 속에 빠져서 움직
이질 못허게 되니 밀기도 허멍(하면서) 결국에는 걸어서 부대까지 돌아
왔죠.

경헨(그렇게 해서) 며칠 있으니 또 대구로 올라오라는 거예요. 지금 말
로 허민 공군수사대로 오라는 거였죠. 게서 대구 칠성국민학교…… 거
기는 제가 미국에 가기 위해서 8개월 동안 회화를 배운 데거든요. 이젠
거기 교실로 갔는데 공교롭게도 저하고 공군 동기생이에요. 부장우라
고 그때 이름은 부기전이에요. 나중에 법원 사무국장 허단(하다가) 그만
둔 분인데, 날 딱 보더니 자기가 저를 맡게 됐다고 해요. 그러면서 서류
하나를 내밀어요. 그때 미국에 보낼려니까 제 신원조회를 했을 거 아닙
니까? 그걸 지금은 워드를 치고 해서 허지만 그때는 가리방을 긁어서
종서로 길게 썼죠. 그리고 본인의 사상 관계만은 꼭 '사상 관계'라는 말
을 쓰고 주서했어요. 주서…… 붉을 주(朱)자니 붉은 잉크로 쓴다, 그 말
이에요. 걸 보니 참…… '부(父) 양창보(梁昌保)3는 4·3사건에 활동하다 형
사한테 죽고, 작은아버지 양창○는 입산 활동하다가 행방불명이 되었
기에 본인은 도미 유학 중 도주할 우려가 있음' 해서 딱 써진 거예요. 그
리고 그 밑에 하귀지서장 경사 신○순, 장전 이장 강○춘, 장전 이장 손

---

3 1910년 8월 13일생. 장전리 366번지에 거주하다 한국전쟁 직후 예비검속으로 학살
되었다. 「4·3 특별법」에 따라 2003년 10월 15일 4·3 '행불' 희생자로 인정받았다.

○우 해서 도장이 딱 찍혀졌어요.

제가…… 신○순은 지금 삼도동에 사는데 제대한 후에 일부러 찾아가서 만났어요. 제가 당시 신원조회를 받았던 누구누구다 허니까, "아, 기억에 없습니다" 해요. 저는 사실 그 사름이 어떤 사름인지 알고 싶었을 뿐이에요.

그러고 얼마 못 가서 공군에서는 나를 제대시키려고 했어요. 겐디 우리 부대에서 저를 보내주지 않는 거예요. 왜 안 보냈느냐면 이 사름을 보내면은 공군에서 비행기가 뜰 수 없다 이거예요. 어쩌면 저를 그 정도는 인정해줬던 거겠지요. 그때 대대장이나 중대장덜이 이 사름 신원은 내가 보장허겠다 해서 허가받는 동안 내가 있는 내무반에 밥까지 다 갖다 줬어요. 생각허민 첨……. 그래서 한 40일 만에 재복무 명령이 나왔어요. 아마 그런 사항이 병력 기록에 있을 거예요. 그래서 다시 복무를 하게 됐죠. 겐디 저는 그 때문에 손해를 좀 봤어요. 다른 사름보다 6개월이나 중사 진급이 늦어진 거예요. 어쩔 수 없는 일이지만 씁쓸했죠.

그 후 제가 제대하고 나와서는 어떤 의미에선 인생관이 좀 달라졌어요. 무슨 말인지 아시겠어요? 우리 아버지로 허연(해서) 정부에 대해서는 항상 동의만은 헐 수가 없게 된 거죠. 그래서 저는 4·19 전에 야당에 들어가 가지고 서울 나들이를 시작했어요. 4·19 혁명 당시에는 어린 나이에 반민주세력을 처단하는 애월읍 책임자가 됐어요. 이런 게 뭐, 정치랄 건 없다고 생각해요. 그리고 솔직히 말허민 정상적인 사고방식도 아니에요. 아버지가 그렇게 돼부니까(돼버니까) 제 자신도 그렇게 된 거죠. 제가 홍문종[4]이 국회의원헐 때 지구당 총무부장을 했어요. 그때 나

---

4 제5대 국회의원. 4·19 혁명 직후 민의원 선거에서 북제주군에 무소속으로 출마해 당선되었다. 그 후 민주당에 입당해 활동하다 다음해인 1961년 5·16 쿠데타로 국회가 해산되면서 의원직을 상실했다.

이가 겨우 서른일곱 살이었어요.

또 한 가지 잊어버리지 않는 게, 5·16 군사쿠데타가 나고 제주경찰서에 가서 한 사흘 살다 나왔어요. 저보고 와서 조사받으라는데 어떡해요? 그러고 나서 이젠 시골로 갔어요. 고향에 가서 아이덜 모아놓고 한문을 가르쳤죠. 그때 고향 아이덜 한 스무 명이 모였을 거예요. 제가 뭐, 잘 아는 건 없지만 같이 배우면서 살아가고 싶었어요.

지금도 생각나는데 군대에선 내가 그리 똑똑헌 건 아니었어요. 공군시험에 합격헐 때도 제가 똑똑해서 그런 게 아니고 이북 사름이 애기헤줜(애기해줘서) 그런 거였죠. 안 그랬으면 당최 제 주제에 갈 수가 없었을 거예요. 겐디 일단 군대에 간 후에는 달랐어요. 군대는 다 대동소이하잖아요? 무슨 특정 학과 공부허는 것도 아니고, 다 열심히 공부허면 되잖아요. 신병교육대에서 3등 안에 들면 일등병을 준다고 허데요. 그래서 제가 열심히 공부해서 3등을 했어요. 그런데 일등병 계급을 안 줘요. 신병교육대 400명 중에 3등이라는 게 쉬운 게 아닌데 이등병부터 시작했어요. 이런 모든 게 살아오면서 다 연좌제 때문이라고 생각해요. 동생이 총경을 못 헌 것도 그거……, 연좌제고요.

아버지와 작은아버지의 죽음

아버지는…… 그 당시 같이 갇혔다가 나온 사름이 있었어요. 그래서 그분한테 (아버지 애기를) 들었죠. 아버지는 저기, 정뜨르 비행장(현 제주국제공항)으로 호출허연 나가더니 안 돌아오더라는 거예요. 유치장에 있다가 자기는 그 후에 나왔다고 그러고요.

그분이 날짜도 애기해줬어요. 그게 7월 6일 날 시작해서 7월 7일 날 아침까지라는 거예요. 겐디 그건 음력이니 양력으로 허민 8월 20일에서

21일이 되는 거죠. 그래서 지금 제사도 7월 5일로 지냅니다.

작은아버지는 양창수(梁昌壽)⁵라고 자료에 나왔는지는 모르겠네요? 그때 우리 고모부는 대동청년단 단장을 허다가 죽었어요. 성함이 강상부(姜尙富)⁶였어요. 밤에 집에서 자는데 산에서 와가지고 집을 포위헌 거예요. 그래서 도망치다 돌아가셨고⋯⋯ 작은아버지는 초혼에 실패해가지고 재혼을 했어요. 작은어머니가 안덕면 동광리 사름인데 그때는 동광리를 속칭 무등이왓이라고 했죠. 거기서 우리 작은어머니를 데리고 와서 왕래허면서 초혼처럼 살아갈 때였어요. 겐디 그때는 차가 없잖아요? 그러니 장전에서 무등이왓까지 걸어다니는 거예요. 경허멍(그렇게 하면서) 다닌단 하루는 중간에서 토벌대를 만난 거예요. 작은아버지는 잡혀갔는데 작은어머니는 돌아왔어요. 그때 감시가 소홀헌 틈을 타서 뛰쳐나간 거예요. 그게 나중엔 더 불리해졌죠. 그래가지고 행방불명이에요. 우린 잡혀간 날도 잘 몰라요. 정확히 알 수가 없어요.

작은어머니는 살다가 그 후에 개가했어요. 딸만 세 형제를 났는데 나중에 세 번째 동생이 모셔왔어요. 경헨(그렇게 해서) 저 산방산 공동묘지에 모셔다가 묘도 쓰고, 비도 세우고 했어요. 사실 얼굴도 모르주만 우리 셋째 동생이 작은어머니, 아버지를 모셔서 그런지 농사를 지으면서도 아주 잘 살아요. 동생은 제주시 통장협의회 부회장을 했어요. 그때 작은아버지는 산에서 잡혀온 사름을 통해서 죽었다는 소식만 들었어요.

---

5 1917년 2월 15일생. 장전리 366번지에 거주. 4·3 당시 토벌대에 학살되었다. 「4·3 특별법」에 따라 2003년 10월 15일 4·3 '행불' 희생자로 인정되었다.
6 1914년 10월 17일생. 장전리 1206번지에 거주. '대동청년단' 단장을 하다 산사람들에게 학살되었다. 「4·3 특별법」에 따라 2005년 3월 17일 4·3 '사망자'로 인정되었다.

유해 발굴 조사

　제가 북부예비검속유족회 회장을 맡기 전에는 다른 4·3 관계 일은 해본 적이 없어요. 한 번 모 지사님이 절 보고 유족회장을 맡아 보라고 제안한 적은 있어요. 뭐, 좀 지났는데 그때도 "제 나이가 멧(몇)인데 헙니까?" 그러고 말았어요. 지금 이 자리도 금년엔 벗으려고 애걸복걸했어요. 겐디 다시 2년만 더 해서 우리 조직에 공고한 기초를 다져놔 달라고 해서 허는 수 없이 또 맡았어요. 지금 제 나이가 멧(몇)인 줄 아십니까? 76입니다. 이제 제가 무슨 감투에 무슨 욕심을 내겠어요?
　사실 지금도 제가 양 씨 제주도 종친회장은 허고 있어요. 종친회는 직접적으로 관여를 허고 또 일도 해요. 허지만 이젠 모든 거 다 버려야 된다고 생각하고 있어요.
　그러고 한 가지, 요즘 4·3 유해를 발굴헌다는 말이 오가고 있죠? 우린 그게 내년 넘어가면 될 게 아닌가 생각허고 있어요. 그래서 우린 예산을 조금 지원 받아가지고 위치부터 찾을 생각이에요. 현장 목격자덜이 많아요. 또 정뜨르 비행장이나 산지에서 실려 나가 수장되신 분덜 유족도 많고요. 그러니 우린 우선 일차적으로 그런 분덜을 만나서 캠코더 가지고 한 분, 한 분 증언을 들을 예정이에요. 다음엔 2차로 지적도 작업인데, 이건 뭐냐면 비행장 구(舊) 지적도를 가져서 학살된 옛날 밧(밭) 번지를 찾는 작업이에요. 왜 그런고 허니 지금 비행장은 정비허면서 다 하나로 만들어버렸잖아요? 그래서 옛날 지적도를 가져서 (알아보려는 거지요). 우린 당시 그 동네에 살았던 할머니, 할아버지도 많이 알고 있어요. 어느 정도 위치까지 알아냈지요. 앞으로 과거사위원회에서 조사가 나오면은 그 자료들을 제공헐 생각이에요.
　사실 4·3연구소가 우릴 많이 도와줘야 할 거예요. 언제 연구소에 가서 정중히 부탁하죠. 우린, 말은 이렇게 허지만 연구소처럼 체계가 없잖아요? 그러니 정확히 무슨 일을 어떻게 해야 헌다는 걸 확정적으로 말허지는 못해요. 다만 우린 아버지다, 어머니다, 형제 일이다 해가지고 우리 자신의 일이어서 나름대로 성의를 다 허는 분덜이 많아요. 앞으로 우리 자문도 좀 해주시고, 자료도 많이 찾아주세요.

또 하나, 내년에는 대마도에도 우리 유족회 차원에서 갔다 올 생각이에요. 우리 북부예검에는 사실 절반이 수장 유족이에요. 자료나 증언이 다 나왔잖아요? 주정공장허고, 제주경찰서에 수감됐던 사름덜 중 절반은 정뜨르 비행장에서 희생됐고, 또 절반은 산지 부두에서 배에 태와(태워)가지고 나가서 수장시켰다는 거……. 뭐, 결국 이 수장된 유해가 대마도 바당으로 간 거니 당연히 우리 북부예검 유족덜이 대마도를 가봐야죠. 도에서도 내년엔 예산지원을 해주겠다고 했어요. 이젠 저쪽 대마도 현청에 협조만 얻어두면 될 겁니다. 아마 도에서 그런 공적인 협조는 해줄 걸로 알고 있어요.

과거사위원회 희생자 신고

우리가 과거사위원회[7]에 희생자 신청을 100% 했어요. 유족 본인들에

---

7 정식 명칭은 '진실·화해를 위한 과거사 정리위원회(이하 진화위)'이다. 진화위는 2005년 12월에 출범해 2010년 6월 30일까지 「진실·화해를 위한 과거사정리 기본법」에 의거해 '한국전쟁 전후 민간인 집단희생사건 및 일제강점기 항일독립 운동, 해외동포사, 적대세력에 의한 희생사건'을 조사해 신청사건 1만 1,175건 중 8,450건에 대해 진실을 규명했다. 그중 제주도의 '예비검속자 희생사건'은 한국전쟁 전후 민간인 집단희생사건에 해당되어 해당 유족들이 정부에 희생자 신고를 했다. 문제는 「4·3 특별법」에 따라 제주도 예비검속사건 희생자들도 정부에 이미 '4·3사건 희생자'로 신고를 했는데, 그 후 「진실·화해를 위한 과거사정리 기본법」이 제정되자 이중으로 신고를 한 부분이다. 사실 이러한 이중신고의 내면에는 '예비검속 희생자 유족들이 자신들은 4·3과는 관계가 없고, 한국전쟁이 발

게만 기대서도 안 되고 허니 제가 시간을 내서 전부 신청을 받아서 했지요. 유족 본인에게 이렇게 신청헌다 해가지고 총회 때도 한 60여 명 받았고요, 남은 사름덜은 직접 전화를 허면서 했어요.

사실 우리도 이 일을 처음에는 안 헐려고 했어요. 겐디 지난번 과거사 관계자덜이 와서 신청허는 게 안 좋겠냐고 해요. 그리고 사실 우리는 6·25 후 희생자 유족들 아니에요? 그러니 우리도 당연히 「과거사법」(「진실·화해를 위한 과거사정리 기본법」)에 따라서 6·25 발발 후 희생자를 전국 여기저기서 조사허는 이 위원회와 일을 같이 허는 것도 옳지 않은가 헌 거예요. 그러고 또 전국적으로 그러는 거니 발도 맞춰야 허구요. 그러나 개인적으로 말씀드리면 저는 과거사위원회에 그렇게 큰 기대를 허고 있지는 않아요. 우리도 원래 「4·3 특별법」에 의해서 신고를 했으니까 당연히 「4·3 특별법」의 처분을 기다려봐야 허는 게 맞죠.

그리고 생각해보세요. 과거사위원회가 조사헐 게 전국에 대체 멧(몇) 건이나 될 걸로 예상하나요? 상상이 안 돼요. 조사원 멧(몇) 명 가지고 전국에 그 많은 사건을 조사헌다? 그 수다헌 희생자를 갖다가…… 또 지역별로는 얼마나 많아요? 거 다 연목구어(緣木求魚)예요. 기대헐 수가 없다 이 말이에요. 전 차라리 조그만헌 듸(데)서 당신네 4·3연구소가 있고, 유족회가 있고, 지원사업소, 지원단이 있는 제주도를 믿겠어요.

이제 전국 예비검속유족회 회장덜이 모여가지고 사업을 논헐 거예요. 예산을 더 달라고 허겠죠. 그러고 이렇게 해라, 저렇게 해라 허겠죠.

발하는 바람에 억울하게 희생된 것이다'라는 ―4·3사건 희생자들과는 거리를 두려는― 의식이 반영된 것이다. 이것은 과거 '제주도는 빨갱이 섬이고, 4·3희생자는 모두 빨갱이였다'는 한국 사회의 경도된 의식과도 깊은 연관이 있다. 현재 「4·3 특별법」에서 4·3 기간은 1947년 3월 1일부터 1954년 9월 21일까지로, 예비검속사건 희생자들이 한국전쟁 직후인 1950년 8월 20일경에 학살된 것으로 보아, 예비검속 희생자도 「4·3 특별법」에 의거해 희생자 신원을 인정받을 수 있다.

겐디 제가 볼 땐 다 마음대로 안 될 거예요. 노 정권 끝나면 유야무야 될 거예요.

제가 젤 걱정허는 게 그거예요. 일허는 사름덜이 신념과 각오로 임해주어야 헐 텐데 제가 보기엔 안 그러는 것 같아요. 자기 일이 아니다 생각을 허니까 그렇죠. 겐디 우리 4·3은 어느 정도 질서가 잡히고 해서 이제 정권이 바뀌어도 하루아침에 그렇게 말아먹을 수는 없을 거예요. 그게 힘이에요.

연좌제와 재향군인회 회장 출마

마지막으로 이건 얘기해두고 싶어요. 아니 꼭 기록해주었으면 해요. 연좌제가 다른 게 아니에요. 제가 재향군인회 회장에 출마했다가…… 그놈의 집에 가서 혼난 적이 있어요. 재향군인회…… 안기부, 아니 중앙정보부에 가서 혼났죠.

제가 재향군인회 회장에 입후보헌 거예요. 중정에서 오라고 해서 갔죠. 2층 중정 정보과장실이에요. 소파에 김 과장이…… 해병 중령이에요. 이렇게 앉아 있다가 "당신! 당신 신분도 생각하지 않고 출마해요?" 허면서 눈을 부릅떠요. 말하자면 빨갱이 신분으로 재향군인회 회장을 어떻게 하겠느냐 이런 말이에요. 그러면서 "철회해야 하지 않겠어요?" 점잖게 말해요. 전 대뜸 "알았습니다. 알았습니다" 대답했죠. 얼굴 내밀라고 해요. 저는 얼굴을 쑥 앞으로 내밀었죠. 그러니 손으로 제 코를 힘차게 잡아당겨요. 두 번을 그러더라고요. 저는 꼼짝 못 허고 나왔어요.

그런데 밖에 나와 곰곰 생각허니 이건 뭐, 화도 나고, 견딜 수가 없는 거예요. 그때 국회의원 했던 김인선 씨라고 있었어요. 저허고 아주 친했어요. 찾아가서 얘기를 했죠. "형님! 저 이렇게, 이렇게 당했습니다……"

허고요.

　마침 그때 우리 제주도가, 여기 중정 지부장이 공군 몫이었어요. 그래서 김 모 공군 대령을 만났어요. 사정 이야기를 했죠. 그랬더니 단번에 들어줘요. 서로 오해를 풀자고요. 전 그래서 자유로운 몸이 되었어요. 그 당시는 다 그랬어요. 뭐, 어쩔 수 없는 거죠.

　결국 이 건은 제가 출마허지 않으니까 그냥 끝나버렸어요. 유야무야 됐죠. 이렇게 끝없이 4·3 유족들에게 따라다니는 게 연좌제예요. 「4·3 특별법」이 이걸 좀 끊어줘야죠.

다시 하귀중학원을 기억하며

이창현

이창현(李昌鉉)은 1930년생으로 4·3 당시 전라북도 군산에 거주했다. 4·3의 와중에서 형이 그를 군산으로 피신시켰고, 군 복무 후 6년 만에 귀향했다. 큰형 이재만 검사와 작은형 이창우 경사는 4·3 당시 희생되었다. 현재 그는 애월읍 신엄리에 살고 있다.

(채록일: 2005.5.3 | 채록 장소: 자택)

8

형님 이재만 검사와 이창우 경사를 말한다

일제 말, 군산으로 소까이 가다

내가 1930년생이난 지금, 우리 나이로 일흔여섯. 게니 4·3 땐 열아홉인가 경(그렇게) 뒷고, 또 신엄에도 잇엇주만 군산 소까이 가서 살았기 때문에 4·3에 대해선 잘 몰라요.

해방되는 해에, 우린 전 가족이 다 전라북도 군산으로 갔어요. 군산에 아는 사름덜이 이시난(있으니까) 거길 간 거예요. 겐디 군산 시내에선 못 살았어요. 나포면이란 듸(데). 당시 우리 제주엔 일본군덜이 많이 들어완 잇언(있어서) 살 수가 없었어요. 일본 군기가 몇 개나 왔다고 헤신디(했는데)⋯⋯ 우린 일본 군기 하나면은 10만 명이라고 말을 들어났죠(들었었 죠). 그러니 그 수가 몇이에요? 노래도 불러났어요. "군기를 지키는⋯⋯ 군키오 마모루⋯⋯" 허명덜. 만주에 잇단 군인덜이 다 들어오고, 또 뭐라, 만주에 잇단(있다가) 그 부대는 아주 강력허덴 허는 바람에 헐 수 엇이 우린 다 나간 거예요.[1]

그때 보민 한림항에 미군 B29기가 폭탄 떨어뜨리고, 비양도 앞바다엔 잠수함이 왕 일본 배 다 침몰시키곡 대단했어요. 우리가 군산 가는 중에도 큰 사건이 났어요. 전라남도 너파도² 근해를 지날 때였죠. B29가 날아왔어요. 목포로 가던 제주도 연락선 고와마루(晃和丸)³가 폭격 맞고 우리 앞에서 침몰허는 거예요. 게니 우린 무서완(무서워서) 더 가질 못허고 너파도에 상륙했죠. 밤 될 때까지 기다리단 군산으로 간 갔죠.

해방될 그 해에 내가 구엄국민학교를 3월 18일인가 졸업했어요. 그러고 군산엘 가는 건디, 그때 우리 가족은…… 아버지는 돌아가셔불고, 어머니허고 형님덜이 있었어요. 게서 나허고 우리 형네 식구덜……. 작은형은 일본에 있다가 군산으로 바로 가고 허면서 군산서 만난 거죠.

우리 큰형님은 이재만이고, 작은형님이 이창우예요. 두 분 다 4·3에 돌아가셨죠. 그래서 내가 4·3에 대허영은(대해서는) 더 헐 말도 많아요. 큰형은 검사엿는디 어떵허단(어떻게 하다가) 희생됐고, 작은형은 경찰이엇는디 어떻게 돌아가셨는지도 몰라요. 묘지도 없고, 4·3 신고헐 때 행방불명자로 신고됐을 거예요.

---

1 1945년 전후, 일본 제58군 전투부대원 약 7만 명이 제주도에 대거 상륙해 진지를 구축했다. 이것은 미군의 일본 본토 상륙에 대비한 결7호작전의 일환으로, 일본군은 당시 도민들을 강제동원해 제주도 전역을 요새화했지만 이 시설을 한 번도 사용해보지 못했다. 그리고 이것들은 지금도 제주도 전역에 남아 있다.
2 전라남도 목포 인근의 노대도나 추포도로 추측된다.
3 1945년 5월 7일 오후 1시경, 고와마루호(383톤급)가 소개민 700여 명을 태우고 목포로 향하던 중 미 공군기의 폭격으로 추자도 북방에서 침몰해 승객 520~600명이 희생되었다. 생존자는 150~180명 정도로 추정된다. 애초 일본군은 제주도민 중 5만 명을 다른 지방으로 피난시킬 계획을 세웠다. 이 소개 작전은 제주도민의 생명을 구할 목적이라기보다는 나중에 미군 상륙 시 도민들이 미군에 협력할 것을 두려워해서 이루어진 일이었다.

다시 군산으로

이제 군산에서 해방되니까 가족들이 다 내려온 거예요. 그때가 해방되고 좀 지난 9월 달인가 들어왔어요. 나는 (제주에 와서 보니) 애월중학원이 있어서 편입학 허연(해서) 거기를 다녔어요. 그러다가 다음 해 2학년이 되고 3월 1일 날, 제주시에서 데모허는디 경찰관이 발포허고 큰 사건이 났잖아요? 난 그때 제주시에는 안 갔어요. 형이, "너는 안 가도 된다" 허고 허연(해서) 그냥 안 갔던 거죠. 경헨 나중에 며칠이 지나니까 밤에 신엄지서에서 완게 우리 동네 청년덜을 전부 연행해 갔어요. 나도 자는디 왔더라고요. 형 이름을 말했죠. 그러니 그냥 나갔어요.

경헨 잇는디 차츰 무서워져요. '아, 여기 살믄 안 되겠다!' 그런 생각만 드는 거예요. 그래서 다시 군산으로 전학 증명서를 떼고 내가 나가 분 거예요. 그때가 언젠지는 잘 기억이 안 남신디 강(가서) 얼마 없으니 제주도에서 사건이 일어났다는 말을 들었어요. 뭐, 그땐 여기저기서 무조건 체포예요. 동네에서 전부, 남자란 남자는 다 잡혓는디 나만 안 잡혀가니 동네에 살기가 미안해지는 거예요. '저놈은 형 빽으로 안 잡아갔다.' 나중엔 다 수군수군헌 거예요. 그때 우리 큰형님4이 해방 후에 제주도 와가지고 처음엔 군정장관 통역관을 했어요. 그러다가 다음엔 사법고시를 봔(봐서) 검찰청에 근무헌 거예요. 검사가 된 거죠.

내가 나갈 때 보니까 해안을 막기도 허곡, 경찰덜이 가지 못허게 잡고 잇뎬(있다고) 했어요. 우리가 목포 연락선으로 갓는디 어떻게 우릴 인솔

---

4 이재만(1917년생)은 1946년 말경에 실시된 제주도 사법요원 시험에 합격해 제주지방법원 검사국에서 검사로 근무했다. 이 시험에는 김태준, 김방순, 김영길, 양을, 이재만 등 다섯 명이 합격해 제주도에서 1차 실무 수습을 받고, 2차로 서울에 가서 실무 수습을 받은 후 판·검사로 임용되었다.

해 주는 사름이 있었어요. 이젠 그 사람은 기억이 안 나요, 모르겠어요. (어쨌든) 경헨(그렇게 해서) 군산 가니까…… 작은형도 이젠 경찰학교 나와서 거기 진안인가, 어디 있었어요. 겐디 작은형은 그듸(그곳) 산골이 무섭다고 허연 제주도로 들어갔죠. 이제 생각이주만 제주에만 안 들어와시민 죽지도 안허고, 우리가 멸족도 되지는 안 헤실 건디……. 결국 작은형은 경찰 간부여신디도(간부였는데도) 어디서, 어떵 죽었는지 몰라요. 시체도 못 찾고요.

군 입대

나도 그때 집안의 여러 안 좋은 일덜을 보단 안 되겠어요. 군대 가불엇죠. 전라북도에서 군대에 지원헌 건데 가만있자, 6·25 터지고…… 7월 15일이에요. 7사단 3연대로 입대했어요. 난 군 생활허면서 참, 죽을 고생 많이 했어요. 중공군 포로수용소에도 강(가서) 살아보고, 인민군 포로수용소에도 가곡……. 경혜도 탈출에 성공허연 나왔어요. 겐디 요즘 생각허민 그때 내 마음이 이상스럽게 느껴져요. 그냥 나와서 집이 갈 마음보단 어떵 허민 군대에 원대 복귀허영 인민군덜한티 원수 갚을까, 그 생각만 나는 거예요. 겐 저 대구까지 거지차림으로 허연(해서) 원대 복귀했죠. 군대 생활을 5년 했어요.

내가 제주도는…… 4·3이 나곤 허연 떠낫단 6년 만에 들어왔어요. 제주도에 와도 나를 봐줄 사름이 없겠다고 생각헌 거었죠. 중간에 소식을 들으니까, "그놈 새끼! 어디 갔냐?" 허면서 나를 찾는다는 거예요. 경허니 나는 군대생활 5년을 더 이 악물고 했죠. 그러고 나니 이젠 자신이 생기는 거예요. '나도 너희들만큼 대한민국에 충성했다.' 경허연 들어와 보니까…… 어머니도 많이 늙었어요. 겐디 첨, 어머닌 내가 여기 도착헌

다음 날, 저 세상 사름이 뒈어불엇어요.

　사름 운명이 참 이상헌 게, 이런 와중이도 우리 처를 그 즈음에 만난 거예요. 내가 처음 만난 다음 날…… 아니, 바로 그날 저녁에 가서, "결혼 헙시다!" 했죠. 그러니 참, 제 처는 어이가 없기도 했겠죠. 게도 다행히 장모가 들어줜(들어줘서) 성사가 됐어요.

이재만 검사

　우리 어머니는 참 고초를 많이 겪으셨어요. 그런 소식은 안 들젠(들으려고) 해도 군산까지 다 들려와요. 왜 군산에도 사름덜이 왔다갔다 허니까 당연히 그러겠죠. 이건 들은 말이주만 큰형, 이재만 검사가 죽을 때 영(이렇게) 말했다고 해요. "우리 늙은 어머니허고 동생 하나 있는 건 어떻게 살려 달라! 나는 아무렇게나 돼도 좋다!" 그랬대요. 형은 해볼 건 다 해봤으니까 뭐, 그런 말도 했던 것 같아요. 학교도 다녀보고 고등고시, 그것도 합격 허연……. 그것이 원인이에요. 제일 큰 원인이 고시 봤던 거 같아요.

　그 당시는 검사보고 검찰관이라고 했어요. 형님이 전엔 나주에선가 교편을 잡아났어요. 광주사범학교 나왔으니까요. 그때 제자 하나가 잇어신디(있었는데), 그 제자가 어떻게 제주도에 왓단(왔다가) 나쁜 일에 걸린 거예요. 형님은 차마 변론을 안 해줄 수가 없었대요. 나는 이런저런 거 잘은 모르주만 이런 일덜이 형 신상에 좋지 않았다고 해요. 단순한 범죄가 아니라 그 건은 사상범 재판이었던 것 같은데, 이런 것덜이 쌓여가니까 어쨌든 주목받기 시작했고, 자신도 아멩헤도(아무래도) 그런 쪽으로…….

　큰형님 시신은 수습했어요. 난 잘 몰랏는디 나중에 완보니까(와보니까) 어머니가 우리 친척 노인 양반허고 찾아왔어요. 그때 신엄지서에서 데려다가 어디 강(가서) 쏘아 죽였다 이런 말이 있었대요. 어머니가 그 말을 쫓고, 쫓고 허단 찾은 거예요. 여러 달 지나부니까 시신도 아주 험 헷덴(험했다고) 들었어요. 그래도 우리 형이 이런 데 덧니가 있고 뭐 해서 찾은 모양이에요.

나중에 나도 하도 기가 막현 제주도 들어완 살 때 그 근방을 가 봤어요. 그러니 막 후제죠(후이죠). 가보니까…… 고성(애월읍 고성리) 밑인디 모르겠대요. 흔적도 없어요. 더 속상만 해졌죠. 그래서 '에잇! 이 근방은 내가 절대 다니지 않는다!' 허연 그 후젠(후엔) 안 갔어요.

면담자: 어디 굴에서 잡혔다고 허던데요?
구술자: 건, 모르겠어요.
면담자: 토벌 갔던 사름덜이 어디 굴에 혼자 앉아 있는 걸 잡아가지고 고성 거기 가서 죽였다……?
구술자: 아니. 신엄지서까지 데려와났다고(데려왔었다고) 헙디다. 경헷단(그렇게 했다가) 고성으로 간 죽인 거죠.

우리 형님 제사가 음력으로 허니까 언제라……? 이제 우리가 7월 초엿샛날로 허고 있어요. 그날이 여기 신엄지서에서 데려간 날인가 봐요. 데려간 바로……. 집행헌 사름덜이 오늘 간 영영헷다(이렇게 이렇게 했다), 소문을 낸 거예요. 게니 어떵 어떵 집의서도(집에서도) 안 거죠. 경(그렇게) 안 헤시민 몰랐을 거예요. 면회 그런 것도 못 했으니 전연 몰랐죠.

작은형 이창우

우리 작은형도 제주도에 들어오지 말았어야 허는디 들어온 거예요. 지금 시신도……. 우린 작은형님이 먼저 돌아가셨는지, 큰형님이 먼전지도 몰라요. 제주경찰서에 있었어요. 행방불명이라부난(행방불명돼 버리니까) 아무것도 몰라요. 단지 소문으로 뭐, 한꺼번에 물에 들이쳐불었다(수장시켰다) 어떵헷다 경허니까 그걸…….

우리가 4·3 땐 신엄엔 아무것도 없었어요. 처음, 해방 전에 가면서 집도 팔고 다 헌 거예요. 그러니 큰형님이나 작은형님은 신엄엘 있어보지도 않은 거죠. 큰형님은 검사된 후젠(후엔) 제주시에서 칠성통 가민 재판소 관사 비슷허게 큰 집이 있었어요. 거기서 여럿이 살았어요. 다른 검사님덜도 있었고.

작은형님도 제주시에 살았어요. 아까 좀 얘기했나? 작은형은 처음 발령을 무주 구천동 산골짝으로 받았으니까 얼마나 무서와실 거우과(무서웠을 겁니까)? 작은형이 전라북도 경찰학교 1기생이에요. 겐디 성적이 좋안 졸업과 동시에 지서장으로 허젠(하려고) 허난 제일 산골짝으로 보냈다고 허는 거예요. 거기가 어딥니까? 그 당시엔 길이 나쁘난 버스 탕(타고) 가는디도 까딱허민 구를 정도였대요. 경헨 얼마 없다가 여길로(제주도로) 와분 거 같아요.

이제 집안 얘기는 허고 싶지 않은데……. 우리가 호적상으로는 4형제예요. 두 형은 그렇고, 젤 작은형은 어렸을 때 몸이 아파서 돌아가셨다고 해요. 그러니 저는 기억도 잘 안 나죠. 나는 사실 작은형이 제일 애석허게 생각돼요. 이듸(이곳)만 안 와불어시민(와버렸으면) 어떵 어떵(어떻게) 살았을 건디…….

우리 작은형수가 나보단 열 살 위난 이제 여든다섯이에요. 서울에 사는디 어디 사는가 잘 찾아가보지도 못허고……. 재혼도 안 했어요. 20대에 과부가 되어가지고 지금까지 아들 하나 믿고 사는 거예요. 겐디 그놈이 영 뭣이 잘 안 돼가지고……. 머리는 비상헌 놈이에요. 연세대학 법과 다녔어요. 군산고등학교 나왓는디 참 이야기가 많았죠. 보통 때는 성적이 꼴찌렌 헷엇는디 경허당 선생님이 짜장면이나 사주켄(사주겠다고) 허멍 "너 한번 1등 해봐라!" 허민 그냥 1등을 했대요. 특별한 놈인디 지금 밥 굶고 살 거예요. 지 사촌네는 아방 묘라도 있잖아요? 겐디 지는 아무것도 없으면서도 저러는 거예요. 이제 나이도 60이 넘었는데 원, 난 그 아이만 생각허민…… 지 아방 일 때문에 저렇게 된 건 아닌지 가슴이 미어져요.

중정 보류

이재만 형님네 큰형수는 돌아가신 지가 한 3년이 돼요. 조카덜이 삼남맨데 다 잘 컸죠. 다덜 공무원허단 정년퇴직허고 했어요. 겐디 이상헌 게 가이네(그 아이들)는 다 괜찮은디 나만 연좌제 피해를 보는 거예요. 조카덜이 다 크고 허니까 한번은 이놈의 연좌제 때문에 내가 중간에서 화가 난다고, 뭐라고 헌 적이 있어요. 게니 조카가 이상허다는 거예요. "우리는 공무원 생활허면서 국가 2급 기밀도 다 맡아서 헤신디(했는데) 작은아버지한테는 왜?" 내가 거짓말헌다는 거죠. 그래서 내가 중정(중앙정보부)에서 보류 뒈난(되니까) 서류를 놔뒀다가 "이렇게 헷는디도 너네가 못 믿겠냐?" 보여준 적이 있어요. 두 번이나 그랬어요. 지금 그 서류가 있는데 보면 뭣해요? 속만 아프지. 봉투 바깥에 '중정 보류'라고 딱 써졌어요. 여행 못 간다 허는 거지. 보류헌다……. 그때 우리 마누라가 일본에 이시난(있으니까) 가볼라고 허다가 못 가봤죠. 경헨 헐 수가 어시난(없으니까) 마누라보고 여기 들어오라고 해서 했어요. 우리 마누란 일본서 나서 일본서 학교허다가 해방 뒈난 온 사름이에요. 괜히 나 같은 사름 만난 고생허다가 또 일본 나간 있었던 건디 첨…….

이제 큰조카가…… 나이도 많아요. 나허고 열 살 차이밖에 안 나난(나니까) 예순다섯이네. 큰 조카는 딸이고, 아들은 예순 셋, 작은 놈은 쉰아홉인가 그럴 거예요. 뭐, 아버지 일도 있고 허난 경헌 건지 몰라도 가이넨 다 제주에서 떠났어요. 서울 살멍 제주엔 안 내려왔죠. 큰형수도 중간에 일본에 강(가서) 한 3년 살단(살다가) 그냥 서울에 눌러앉은 거예요. 사실 여기 와봤자 사람도 다 망허고, 재산도 없고 허니까 살 형편이 아니었죠.

귀향

우린…… 그때 군산으로 피헨 나갓주만(나갔지만) 사실 우리 동네에서 거기 간 건 우리뿐이에요. 우리 일가만 (갔죠). 그 이유가 저, 한림읍 옹포리가 고향인 문두원 씨라고 있었어요. 그분이 우리 아버지허고 일본서 장사허멍 결의형제 맺은 분이에요. 그때 그 삼춘이 그듸(그곳에) 간(가서) 살고 있었던 거예요. 게니 그 연으로 그레 간 건데……. 뭐, 제주도보다는 거기가 좀 나을 테지 헌 거예요.

겐디 난 그때 다시 군산엔 나갔지만 학교를 다닐 수가 없었어요. 형들이 영했다(이렇게 했다), 정했다(저렇게 했다) 소식은 들어오고 학비 당해줄 사름이 없어져버린 거죠. 할 수 없이 우리 사촌네 공장 가서 일했어요. 어쩔 수 없었어요. 군대 갔다 오고서도 헤시난(했으니까) 공장생활을 10년 했죠.

내가 제주도에 정착헌 것이 스물여덟 살이에요. 아니 그 전에…… 내가 군대에 있을 때에도 어떵허당(어떻게 하다가) 제주도에 왔다 가야 헐 일이 가끔 생겼어요. 그러민 휴가를 받고 오는디 그땐 어떵 했나 허믄, 뭐헌 말로 무기를 들고 나온 거예요. 그때까지도 동네에서덜, "저 새끼! 어떵 뭐허냐?" 뒤에서 겁을 줬어요. 그러니 부대에 말해서 제주도는 위험허니까 나한테는 무기를 인정해 달라 했죠. 기관 단총에 실탄 30발은 항시 갖고 다녔어요.

제대헌 후에도 나는 전라북도에 살았어요. 나중에 큰 결심을 했죠. 돌아가자······. 경헨(그렇게 해서) 온 게 그때, 자유당 말기예요. 그때에도 오니까 아닌 게 아니라 "저 새끼! 어디 간(가서) 숨었다 왔냐?" 허면서 소위 순경이나 헤난 사름덜이 더 괴롭혀요. 경허연(그렇게 해서) 생각했죠. 그냥 얌전했다가는 저것들헌티 또 당허겠다······. 그래서 '불량놀기' 시작했죠. 동네에서 꽤 나쁜 일을 많이 했어요. 불량 많이 놀았죠. 애월지서에서 요시찰 1호로도 걸렸어요. 경허멍도 참, 어떵 어떵······.

전과는 없어요. 그냥 땡깡을 좀 놀아도 여기는 촌이니까 넘어갔죠. 사람을 상처 나게 때리거나 헌 건 아니에요. 그저 술 먹고 불량논 거죠. 그러니 '에잇! 술 먹은 놈!' 허고 사름덜은 날 피해부는 거예요. 자기네가 덤벼봤자 이익 못 보니까요. 그때는 내가 신체도 좋고 그랬어요. 이젠 늙어서 이렇주만······.

내가 그때 경 불량을 논 데에는 한 가지 자신 있는 일도 있었어요. 뭐라고 불러야 헐진 모르겠는데 나한티 후원자가 있었던 거예요. 나신디(나한테) 뭐렌 허는 사름덜에겐 항상 그랬죠. "대한민국에 충성은 너보다 내가 더 오래 했다. 나는 무공수훈자다." 또 이렇게도 당당히 말허는 거죠. "당신네가 말허듯 내가 진짜 빨갱이라면 인민군 포로수용소에 갔을 때나, 중공군 포로수용소에 갔을 때 고생 안 허고 넘어갔을 거다. 겐디 나는 얼마나 고생헌 줄 아느냐?" 했죠. 사실 이런 말을 증명해 줄 사름이 있었던 거예요. 후원자, 그분이 임치관이라고 상고 교관도 헤난(했던) 분이에요. 그분도 이젠 죽어불엇구나……. 그분이 내가 입대헌 이래 이등병 때부터 하사될 때까지 같은 부대에 두엉(둬서) 돌봐줬어요. 9연대 1기생이난 상당히 고참이죠. 여기 하가 출신인디 나 그 양반 군번도 안 잊어불어요. 하도 오래 같이 있어서. 외워볼까요? 하하…….

희생자 신고

이건, 다시 허는 말이주만 우리 어머니 참 고생 많이 했어요. 나중엔 화병으로 그럭저럭 더 했어요. 경허고 우리 집안…… 뭐, 4·3사건, 6·25 그 통에 나은 사람은 다 가불었어요. 가만히 돈만 벌단 사름덜은 살고, 공부 많이 헌 사름덜은 다 그렇게 된 거예요. 그러니 보자, 우리 집안에서 여섯이 희생됐구나……. 우리 형님 둘, 중엄 퀜당도 하나. 이 사름은 제주경찰서 통신과에서 근무헤나신디(근무했었는데)…….

한 번은 전화가 왔어요. 우리 큰형네 조카덜이 지네 아방 신고했다고 허더라고요. 어디 진상 뭣[5]에서 연락 완 했다는 거죠. 그래서 "잘헷저(잘했다). 느네(너희) 알아진대로 허라!" 했어요. 경헌디(그런데) 작은형님네는 누가 신고했는가 모르겠어요. 서울서 지네(자기네) 아방네난(아버지네니까) 작은집의서(작은집에서) 헌 거 같아요. 난 사실 그런 거 모르겠어요. 영, 생각하고 싶지도 않아요.

또 한 번은 어느 친족네가 신고허면서 "우리 누게(누가) 영 죽지 안혜수과(않았습니까)? 증명해줍서(증명해주십시오)" 해요. 그러니 "나 그런 거 못 헌다. 우리 형님 증명도 못 허는디 어떵 허느냐?" 허명 일어나버

---

5 '4·3진상조사위원회'를 말한다.

렸어요. 정말 나 그런 거 못 해요. 허고 싶지 않아요. 형님네 생각만 해도 속상헌디 그 노릇을 어떵 헙니까?

그때 난 어렸지만 형님덜 마음은 알아요. 여기 이시민(있으면) 죽을 거 난 날 살리젠(살리려고) 보낸 거 아니에요? 내가 왜 그걸 모르겠어요. 경 허고 사실 형님덜 아니믄(아니면) 내 마음으로 군산으로 가젠은(가려고) 애초 생각도 못 했을 거예요. 인솔자도 붙여줜 나를 목포 연락선에도 태와주곡(태워주고) 허난 간 거지 안 그랬어 봐요? 여기서 형님덜처럼 죽었겠죠.

지금 참, 그때 생각허민 여러 가지 일이 한꺼번에 떠올라요. 우선 형님네 가족덜…… 작은형수는 군산서 제주도에 와보지도 않았어요. 경 허고 큰형수허고 조카덜은 나처럼 일찍 군산으로 나갔죠. 그러니 이걸 뭐라고 말해야 헙니까? 아멩헤도(아무래도) 큰형님은 위험을 일찍부터 예감했던 건지도 몰라요.

겐디 우리 어머니는 아무리 피허렌 해도 꿈쩍을 않았어요. 참 고집이 센 어른이죠. "난 내가 태어난 이 땅에서 죽어도 죽으켜!" 한 마디 허난 그 뿐이에요. 나중에 내가 제대허고 나서 한 번 군산으로 나옵센(나오시라고) 허난 그때 처음으로 왔어요. 그땐 경 안 허민 안 되겠더라고요. 말했죠. "어머니! 난 제주도 안 들어갈 거니까 어머니가 나옵서(나오십시오). 경 안 허민 어머니 얼굴 한 번 못 봅니다" 해서 어머니가 (제주에서) 나완 겨우 1년 같이 살았어요. 사실 여기 작은 누님도 살고 있었으니까 온 건데 나중엔 아멩헤도 가사켄(아무래도 가야겠다) 허연(해서) 돌아갔어요.

형님의 그늘

형님덜 생각허민 참……. 일들이 많아요. 하귀국민학교는 사립이고, 애월은 공립이었어요. 난 그것 때문은 아니고, 해방 전에 애월국민학교에서 우리 큰형이 1년 동안 교편을 잡아났어요(잡았었어요). 경허난 거기를 내가 같이 다녔어요. 내가 5학년 땐데 우리 아버지가 돌아가시난(돌아가시니까) 큰형이 제주도에 들어온 거예요.

그리고 이건 중학교 다닐 때 일이에요. 한번은 어떵헌 건지 모르주만 전북 경찰관덜이 제주도에 와났어요(왔었어요). 응원으로 왔던 거죠. 그때 어떵 허연 친구네 집에 놀러가단 그만 순경한티 걸린 거예요. 가지 말았어야 헐 건디 나갔단 걸린 거죠. 왜 그때사 무조건 잡아갈 때 아니에요? 내가 아멩(아무리) 어리고 허주만 지서로 끌고 가요. 이젠 어쩔 수가 없더라고요. 우선 무서워진 거죠. 형님덜 말을 아니 헐 수가 없어요. 처음엔 절대 허지 말자 했었죠. 결국, "이만저만 헌 이창우 씨가 우리 형님입니다. 그러고 이재만 씨도 우리 형님입니다" 헌 거예요. 그러니, "응. 그러냐? 위험허니까 나다니지 말앙(말고) 빨리 집에 돌아가라!" 보내줘요. 전라북도에서 온 사름덜이난(사람들이니까) 대번에 알아본 거예요. 경헨(그렇게 해서) 그때 내가 한 번 살아났고, 또 다음에 중학교에 다닐 때도 같이덜 모영(모여서) 뭐 허당 잡혀도 난 어떵 어떵 허멍 빠졌어요. 이게 다 지금 생각허민 형님의 그늘이 있었기 때문인 것 같아요.

김홍률 선생

신엄리에 유명헌 사름허민 우리 형님이죠. 큰형 이재만 검사가 있었고, 또 좌익으로는 백창원 씨가 있었죠. 그 외는 별로예요. 구엄 같은 딘

(덴) 운동 잘 허는 사람도 잇어나고(있었고) 헤신디 여기는 그저 수수헌 양촌이에요. 백창원 씨는 일본서 경허단 와서 그런지…… 지금은 가족도 없어요. 자식 엇이(없이) 그냥 죽었어요. 조카덜이 둘 잇어나신디(있었는데) 하나는 죽어불고, 하나가 살앗구나.

구엄엔 김홍률 선생님이 잇어낫어요. 그 홍률이 선생이 내가 애월국민학교 다닐 때 거기 선생이었어요. 우리 형님네영도 친했고요. 이제 서울에 계신데, 하이고, 내가 거기 덕을 많이 봤어요. 서울서 한의원 허는데 한 번은 집으로 녹각, 녹용은 아니고 녹각. 녹용보다 좀 싸지만 그거 헹 보냈더라고요. 어떵 어떵 허영 먹으렌(먹으라고) 설명서까지 다 놓고 허연. 경허단 이태원 살 적에 한 번 찾아가난(찾아갔던) 적이 있어요. 내가 여기서 술 먹고 헤가난 몸이 나빠진 거예요. 경헨 고려대학 병원에 간 진찰받는 김에 홍률이 형님네 집에도 갔다 왔죠. 우리 중형이 나보다 아홉 살 위니까 그분도 그 정도니 지금…… 여든넷이나 다섯 됐겠네요.

투서

이건 1976년쯤이에요. 내가 제주경찰서 수사과에 잡혀간 거예요. 합동수사반이라고 이제 우체국 옆으로 허연(해서) 들어가 보니까 옥침대가 하나 있어요. 요만헌 창고 건물인데 테이블 세 개 있고, 전화기 하나 있고, 옆이 곤봉이 하나 있었어요. 내가 그듸(거기) 간(가서) 아침 10시부터 저녁 5시까지 취조 받은 거예요. "누가 이북에 갔다 왔냐?" 허명 막 몰아대는디…… 게믄 난, "안 갔다 온 걸 어떻게 대답허냐?" 했죠. 경헤도 끝이 없어요. 이래저래 막 둘러대요. 난 그놈덜 유도심문에 넘어가지 않젠(않으려고) 막 버티곡…… 나중엔 도저히 안 되겠어요. 막 속이 상해요. 그래서 "내가 갔다 왔다" 했죠. 그러니 이것덜이 귀가 번쩍헐 거 아니에요?

그때 보민 조사허는 사름이 자꾸 교대해요. 심문허는 놈 중에는 헌병도 잇인고라(있었던지라) 헌병 헬멧도 보여요. 그래서 "언제 가왔냐?" 허길래 "6·25 때 포로뒈연 갔다 왔다. 그때도 내가 탈출허연 나왔다. 내 말 믿지 못허겠으면 국방부에라도 가봐라. 3개월 간 포로로 실종되어난(되었던) 기록 다 있을 거다. 경허고 내가 탈출해서 나온 후에도 부대에 복귀헨 싸웠다. 젠디 나한테 어디 이럴 수가 있느냐? 대한민국 훈장을 보여줘야 믿을 거냐?" 막 했죠. 하하……. 그러니 저녁때에는 내보내줘요.

그때 매 맞진 않았어요. 만약 날 때려시민(때렸으면) 같이 붙어서 싸웠을 거예요. 그땐 아무리 무서운 시절이랜 해도 내가 젊은 때고 허니까 뭐, 눈에 보이는 게 없었어요. 그니까 내가 완전히 간첩으로 몰린 거예요. 내중에사 알았는데 투서 용지를 보난…… 우리 동네 문두만(가명)이라고, 하르방 하나가 있어요. 그 하르방 이름을 빌언 문만두라고 썼더라고요. 그 투서 봉투 보난 '애월면 신엄리 문만두' 이름 앞뒤만 바꿘. 경헨 이런 노란 봉투에 담안 보냈어요. 햐, 어떤 놈의 새끼! 그땐 걸리기만 헤시민 내 암만 힘이 엇어도 콱 물어뜯고 싶더라고요.

이젠 작은형이 어떵 헨 죽어신지 허는 것만이라도 알고 싶어요

4·3공원에는 안 가봤어요. 요기 하르방(할아버지) 하나가 살았을 때 보민 자꾸 가고 허더라고요. 젠디 난 원, 일절……. 어떤 땐 호기심에 가보고 싶기도 헷주만 안 가봤어요. 한번은 우리 매부가 갔다 오더니 "형님 이름도 올라서라!" 해요. 난 그랬어요. "하이고, 나신디랑(나한테는) 그런 말 허지 맙서(마십시오). 내가 얼마나 가슴에 맺혀야 영(이렇게) 헙니까?" 재산 다 뺏겨근에(뺏겨서) 고생허지, 그놈의 연좌제 때문에 고생허지, 이

것저것 생각만 허민…… 나만 왜 그런 일덜을 당헤신지 모르겠어요.

경헤도 4·3이 이 정도로 해결이 뒈곡, 형님 명예회복도 되는 거 닮고 허난 기분은 좋아요. 겐디 난 이젠 작은형이 어떵 헨 죽었는지 허는 것만은 알았으면 해요. 큰형은 그렇다고 허고, 작은형 내역은 전혀 모르겠어요. 그 당시에 경찰관덜도 더러 같이 죽고 해실 건데 말이죠. 이건 어디 간, 어떵 죽었는지도 모르는 거예요.

다시 하귀중학원을 기억하며

임두병

임두병(任斗柄)은 1925년생으로 4·3 당시 애월면 중엄리에 거주했다. 그는 우익 청년단 활동을 하다 4·3이 발발한 후, 가족과 친척이 무장대의 공격에 희생되자 경찰특공대로 활동하며 한라산에서 토벌작전에 참가하기도 했다. 현재 그는 애월읍 중엄리에 살고 있다.

(채록일: 2005.4.28 | 채록 장소: 자택)

9

당시 믿을 건, 우리 집안뿐

내 생전, 고생은 고생대로 다 했어요

 내가 지금 여든둘이에요. 그 4·3사건 날 때가 결혼헌 다음 해예요. 내가 스물셋, 우리 할망구가 열아홉에 해가지고 우리 딸내미 하나 난 때죠. 그러니 내가 스물넷 되는 해에 4·3이 생겼어요. 그래가지고 그때 나는 우리 집에 같이 살지 않고 딴 듸(데)…… 사촌 집에 살았어요. 지금 저 앞에 있는 밧거리(바깥채)에 산 거예요.
 내가 그 당시엔 못 봤어요. 4월 3일, 4·3사건이 나고, 산에서덜 마을 습격와가지고 우리 아시(동생)도 죽이고 허연(해서) 떠난 그다음에 집에 가 보니까, 피투성이에요. 구들에 피가 첨, 낭낭허고 여기 손가락이 뼈만 남았어요. 아시가 경(그렇게) 된 거예요. 머리빡은 눌러부니까 다 까져가지고 붕붕허고…… 그냥 골박새기가 다 까져버렸어요. 새벽 2시쯤에 경헤(그렇게) 가지고 있다가 내가 간 게 아침 6시는 된 땐데……. 죽었더라고요. 뭐 말도 못 했죠. 그래서 내가 토벌대로 뎅기기(다니기) 시작헌 거예요. 한 4년 뎅겼어요.

　그르후제(뒷날의 어느 때) 내가 한라산에 아니 가본 듸(데)가 없어요. 우리가 토벌대 뎅긴 건 진정으로 무보수로 했어요. 경헨 허다가 또 6·25 터졌잖아요? 곧 경남만 남았죠? 조막만허게 남아가지고 허니 이젠 사병이 모자랄 판이에요. 그래서 순경이고 뭐이고 싹 쓸어갔어요. 그 당시는 경사가 지서에 한두 명만 남고, 쫄병덜은 싹 쓸어갈 판이었죠. 우선 여기보다도 나라가 망해갈려고 위태허니 어떵허느냐 헌 거예요.

　나도 모슬포 훈련소에서 한 달을 교육 받았어요. 경헌 다음 이제 LST 타가지고 부산 앞바다 가니 휴전됐다고 해요. 다행히 위험은 넘은 거예요. 게서 우린 휴전을 당허니 속초로 가가지고 27연대를 창설했죠. 그러고 또 4년을 살았어요. 그때 화천에 가보니까 산에는 전부 시체예요. 우리가 그거 묻고, 이양해가지고 한 군데로 메우느라 몇 달간 애먹었어요. 내가 군대생활도 그렇고, 저 일제시대에도 경(그렇게) 헤시난(했으니까) 난 생전 살아서 고생은 고생대로 다 헌 거예요.

　일제 때는 어떵 헌 줄 알아요? 저기 제주시에 잇인(있는) 비행장…… 거기 다끄내(지금의 수근동)로 징용 간 살멍(살면서) 비행장 공사를 했어요. 그때 우리가 7450부대예요. 그래가지고 또 저 어승생봉, 거기도 팠어요. 그거 우리 부대가 다 헌 거예요. 그래서 이번에 신청도 했어요. 정부에서 허는 강제징용 신고 뭐, 있잖아요? 하여튼 우린 군인도 아니고 군속도 아니고, 그자 군대 겸 군속이었어요.

　우리 마을에서 그때 멧이(몇이) 징용됐더라? 그니까 우리 동갑으로 고창빈이. 중엄에 살다가 저기 어영에 간(가서) 지금 살아있어요. 그러고 홍창윤이, 신엄에 살다가 여기 중엄에 와서 살고……. 경헨 우리가 서이(셋이) 갔다 왔어요. 당연히 이거는 강제징집이었어요. 강제로 당허니까 나가야지 어떵헤요? 그래서 내가 일제시대부터 4·3사건, 6·25 거치멍 집에 얼마 붙어보질 못했죠.

4월 3일, 중엄

그날 4·3사건이 새벽 2시쯤이에요. 달이 뽈고름히 올라왔어요. 나는 우리 사촌형네 집에 살았어요. 경헌디(그런데) 그때 산에서 주목받은 집이 우리 형님네 집허고, 고○춘이네 집, 홍○경이네 집, 또 고○수 집 허영 한 대여섯 있었어요. 그러고 우리 사촌네도 대동청년단원이니까 주목 당허기는 해서 대문을 항상 잠그고 살았어요. 그런데 그날은 다 몰랐던 거죠.

겐디 그날……. 아, 그 전, 4·3사건 나기 전에, 저기 별진오름이라고 있어요. 요새 축제도 허고 허는…… 응, 새별오름이로구나. 우린 그 지경을 별진밧이라고 해요. 한 번은 거기 폭도덜이 모연 잇덴(모여 있다고) 해가지고 중엄 대동청년단원덜이 전부 갔다 온 일이 있어요. 그때 가니까 그놈덜이 니뽄도(일본칼)…… 그것을 어디서 찾아신지 들렁(들고서) 우릴 막 죽일려고 달려드는 거예요. 일본놈덜 숨겨놔 둔 걸 뺏은 거죠. 경헨 처음에는 우리가 피해가지고 오고 했는데 우리 형님이 말해요. "저놈덜! 언젠가는 내려올 거다!" 그러면서 "명심허라!" 했었죠.

헌데 그날…… 뭐, 어느 집 누군지는 몰라요. 동네사름덜 전부가 누구 집은 우익이다 헌 걸로 봐요. 그러니 그 몇 시간 내에 다 포위헌 거죠.

그때 총소리가 한 번 "빵!" 났어요. 그런 다음이에요. 내가 사는 집 대문을 부수고 멧(몇) 사름이 쳐들어왕 안거리로 내달렸어요. 거긴 우리 사촌이 누웡 자고 있었죠. 난 그 바람에 벌떡 잠이 깼어요. 순식간에 상황이 파악되더라고요. 경헨(그렇게 해서) 문 밖으로 뛸라고 뒷문을 열었죠. 겐디 그땐 벌써 저 올레에 있는 폭낭(팽나무) 아래 시커먼 사름덜이 과짝

(굳게) 서 있는 거예요. 뒷문을 열민 올레로 해서 거기까지 다 보였거든요. 보니 학생 모자덜 쓰고…… 중학생, 고등학생 정도로 보였어요.

경허연 난 튀지도 못허고 거, 고팡(庫房)이라고 아는지 모르겠네요? 고팡에 항아리가 하영(많이) 있잖아요? 난 그 항아리 속에 들어간 숨은 거예요. 그러고는 가만히 있는 거죠. 그때 우리 할망구는 어떵 헷냐 허민 큰딸을 난 때에요. 그래서 딸을 팔에 안고 마루에 가만히 서 있었어요. 만약 그때 그 아이가 가만히 있었으니까 넘어갔지 울기나 헤시믄(했으면) 그냥 죽었을 거예요.

그때 우린 다 무사히 넘어가고, 우리 사촌네 아주머니만 붙잡혔어요. 그놈덜은 사촌은 뒷문으로 도망가서 못 잡으니 분풀이를 허는 거예요. 우리 아주머니를 막 두들겨 팼죠. 아주머니가 그때 한 살짜리 아덜(아들)을 안고 있었어요. 한 살 물애기를……. 겐디도(그런데도) 그냥 팼어요. 그 아이도 이마가 다 깨졌죠. 그래도 지금 살아 있어요.

그러고 그놈덜이 그때 또 뭘 했냐 허민 집에 불을 질른 거예요. 마당에 잇인(있는) 눌(낟가리)에도 불붙이고요. 그러니 이젠 불똥이 튀기 시작허고 주민덜이 불 끄레(끄러) 나올 거 아니에요? 그때사 그놈덜이 나갔어요. 난 그제사 하이고, '우리 형님넨 어떵(어떻게) 됐나.' 걱정이 되기 시작했어요. 경헨 날이 밝기만 기다렸죠. 왜 시간이 그렇게 안 가던지 경허단 아침이 뒈난 형님네 집으로 달려갔죠. 동생이 참변을 당헌 거예요. 보니까 동생은 뼈만 남았어요. 뼈다귀만. 불에 타기도 허고, 막 패가니까 아마 손을 깍지 끼연(껴서) 머리에 올렸던 모양이에요. 시신이 모양이 경헷는디…… 뭐, 볼춤이 없어가지고 장사도 잘 못 지냈어요.

(그때) 동생이 스물두 살, 결혼도 안 했어요. 그 당시에 유공자 신청을 허고 했는데…… 부모나 가족덜이 있는 사름은 다 보상을 받았어요. 겐디 가이(그 아이)는 형님뿐이라고 해서 해당이 안 된 거예요. 지금도 제사

를 허고 허주만은 나로서는 그렇게 억울헐 수가 없어요. 그런 참변을 당허고 헤신디도 보상 한 번 못 받는다는 건……. 항상 얘기해요. 현행법으론 안 된다고 허니 어떵 헐 수가 없는 거예요.

우린 그때도 부모님이 안 계셨어요. 내가 여덟 살에 어머니가 돌아가시고, 열여섯 살에 아버지가 돌아가셨어요. 그러니 우리가 참 고생덜을 많이 했어요.

(어쨌든) 그날 형님은 순식간에 뛰어가지고 알녁집(한 집의 아래쪽 울타리 밖에 있는 집)으로 달아난 거예요. 경헨 그듸(거기) 항아리…… 옛날 돗도고리, 아니 돗항아리라고 있었어요. 돼지 멕일라고(먹이려고) 구진물 담는 깨어진 항아리인데 그걸 놔가지고 구진물 담고 했거든요, 옛날엔. 형님은 그레(그곳에) 뛰어들어가지고 그냥 홈빡 젖은 거예요. 그래서 옷을 벗어가지고 남의 집에 가서 갈아입고 허단 나중에 알아보니까 병원에 실려갔더라고요. 형님은 그때 돌아가시진 않았어요. 한 1년쯤 후에 돌아가셨죠. 형님 보상은…… 우리 형수가 있거든요. 그래서 보상을 받았어요. 겐디 우리 동생은 부모가 없다고 해가지고 해당이 없다는 거예요. 그래서 지금 나 같이 억울헌 사름은 없다고 봐요.

또 그날, 우리 조카는…… 이건 형수가 헌 말을 들은 거예요. 내 눈으로 보진 안허엿주만 형수님은 총을 팡 쏘니까 탁 드러누웠대요. 당시 우리 조카는 두 살이었나? 두 살이로구나. 우리 딸이 한 살이었으니 두 살일 때예요. 형수님은 그 두 살 아이를 가만히 안고 있는데, 그 뭣인가? 그때 조그만 사이다 병에 기름을 부어가지고 화염병을 만들고 다녔어요, 그놈덜이. 그걸 자꾸 던지더래요. 벽장 안으로……. 경허난(그렇게 하니까) 우리 형수는 벽장엔 이불 몇 채가 꽉 찬 이시난(있으니까) 불이 옮겨 붙으카부덴(붙을까봐) 그게 오민 마당더레(마당으로) 던지곡, 던지곡 헌 거예요. 여섯 번을 경 던졌다고 했어요. 그리고 그때 우리 조카는 어딜

다쳐신지 피가 나고 허연 꼭 안고 그랬다고 해요.

그때 우리 동생은 형님네가 와서 싸우는 줄 알고 대문을 연 모양이에요. 동생이 밧거리(바깥채)에 살았으니 경 헌 거죠. 그놈덜은 문을 여니 동생에게 왕(와서) 달려든 거죠. 동생은 맞아죽었어요.

그날 불탄 집은 별로 없어요. 형님네 집은 불에는 안 탔어요. 화염병은 자꾸 날아왔지만……. 토시 그날 습격으로 죽은 건 우리 동생이죠. 그리고 구엄 문○백이 딸이 죽었고. 당일 날은 그것뿐이었어요. 경헌디(그런데) 다음 날부턴 매날 습격 오는 거예요. 겐디 우린 어디 숨을 듸(데)가 없어요. 동네 사름덜은 다 좌익이니까……. 우리 사촌도 그렇고, 외숙 뭐 헐 거 엇이 이웃 사람덜은 다 좌익이었어요. 당시는 우리 집안밖에 따로 믿을 사름이 없었어요.

궤, 바닷가 은신처

경헤(그래) 가지고 허는디 이젠 남의 집엔 갈 수 없고……. 우선 우린 마을 사름덜이 산에 신고를 해버릴까 두려워진 거예요. 그땐 어디 있다고 허민 잡힐 거 아니겠어요? 그래서 이젠 바닷가에 가가지고, 궤에 숨어 살기도 했어요. 지금도 있어요. 그 궤에는 나중엔 우리 동네 웬만헌 사름덜은 다 갔었죠. 특히 지목될만헌 사름은 다 갔다고 봐야죠.

그 궤가 크지는 않아요. 조끄만헌 그래도 일단 들어가민 여남은 사름은 살 데가 있어요. 그런 궤가 바당에 두 군데 있어요. 겐 우린 그듸(거기) 강(가서) 아무 때나 곱앙(숨어서) 살기도 헤신디, 밤에가 걱정이에요. 오늘은 어디 강(가서) 자코(잘까)…… 그때는 그게 걱정이었어요. 그러니 제사도 낮에 해먹고 했죠. 어떵 헐 수가 없었어요. 계속 습격이 들고 해가니까 첨……. 4·3이 난 초기엔 우린 경(그렇게) 살았어요.

계속된 기습

지금 중엄 농협 있는 듸(데)가 지서 자리예요. 사실 그땐 우리 집이 여기가 아니고, 요 우쪽에(위쪽에) 있었어요. 경헤도(그렇게 해도) 지서가 가깝긴 마찬가지라서 뭐, 위험했죠.

한 번은 우리 사촌이 요기 살주만은 총소리가 나가니까 지서로 달려간 거예요. 겐디 곧 폭도 하나가 총을 가지고 바짝 따라오더래요. 그래서 신작로로 나가서 커브를 돌앙(돌아서) 이제 지서로 갈려고 죽기 살기로 뛴 거예요. 그때도 뒤에서는 무장폭도가 따라왔대요. 그래서 헌데, 이제 사촌이 막 커브를 돌 때였어요. 앞에서 "누구냐!" 허더래요. 순경 한 사름이 숨었단 말헌 거죠. 그러니 사촌은 "나 임ㅇ식이다" 허고, 빨리 확 돌면서 '저거 폭도다' 가리킨 거예요. 게니 순경이 한 발 쏘았죠. 폭도가 퍽 쓰러지더래요. 나중에 보니까 폭도는 총에 맞안 죽었어요. 그 시신은 우리가 잘 정리했어요.

경헨 우리가 폭도 한 명 잡았죠? 겐디도(그런데도) 산에선 다음 날에도 계속 와요. 우리는 저 우에(위에) 산에는 한 번 가보도 못했어요. 어떤 땐 기르던 말이 목장으로 도망가도 어떵 허질 못했어요. 우리도 옛날 저 동네 우쪽에서 형님이 기와공장을 했었어요. 겐디도 거길 못 갔어요. 일을 못 헌 거예요. 그놈덜이 거기까지 숨어가지고 허니 가볼 수가 없었죠. 겐디 이상헌 건 첨, 난동은 많이 부렸는데…… 그 당시에는 서민, 폭도 헐 거 엇이 누게가 폭도고, 누게가 서민인지도 몰랐다는 거예요.

사실, 지금도 우리 마을보고 사름덜은 우익 마을이라고 허죠. 맞아요. 우익 마을이에요. 허지만 내용적으로는 전부 좌익인 거예요. 이제는 나도 떳떳허게 말허고 잇주만은(있지만) 당시에는 다 좌익이었어요. 그때 백ㅇ원이가 주모자였어요. 겐디 지금 그 조카가 유족회원으로 올라가 있어요. 그래서 내가 말했죠. 저…… 광령 4·3사건 회장이에요. 왜 4·3사건 유족회장 있잖아요? 그 사름한테 말했죠. 왜 이런 사름을 유족 가족으로 해가지고 회의에도 나오게 허냐고? 게니까 말해요. "어떵헙니까?"……. 이젠 뭐, 너나없이 다 같이 해야죠.

방두리왓 학살사건

신엄에 하달제라고 있었어요. 이 사름은 다른 일로도 또 유명해요. 저 일제 말기에 제주도가 위험허다고 육지로 사름덜을 소개시켰어요. 겐디 이 배가 목포 가다가 중간에서 미군 잠수함 만나가지고 폭파됐죠. 하달제는 경헤도 살아왔어요. 죽지 않고 미군에 잡혔는데 제주도렌 허니까 살려줬다는 거예요.

이 사름도 지서 앞밧의서(앞밭에서) 수십 명 죽일 적에 포함됐어요. 겐 그날,[1] 기관총을 트럭 위에 딱 설치해놓고 사름덜을 세워놨어요. 그때 우린 걸 보면서도 누가 폭도고, 누게가 서민인지도 몰랐어요. 그냥 저물어 갈 땐데 타라라락! (총을) 갈겼어요. 경헨 몇 번을 갈기는데 맞은 사름도 엎어지고, 안 맞은 사름도 엎어지고. 한 사름은 영(이렇게) 보니까 뱃가죽이 째지니까 거길로 베설(창자)이 막 나왔어요. 수산 사름, 수산 송구장이라고…….

그때 구덩이를 두 개 파났어요. 이 마루보담도 둥그렁허게 두 군데.

---

[1] 1948년 11월 12일(신엄지서는 전날인 11월 11일), 무장대가 우익 인사의 집 네 곳을 지목해 기습하고 김여만의 가족 세 명을 무참하게 학살하자, 토벌대는 다음 날인 11월 12일 중산간지역에서 이미 잡혀와 있던 주민 50~60명을 지서 앞밭인 방두리왓에서 기관총으로 학살했다. 토벌대가 중엄 주민을 동원해 총살 전에 방두리왓에 구덩이 두 개를 파도록 지시한 것으로 보아 계획된 학살로 추정된다.

사름덜은 손도 안 묶고 그냥 세와놨죠(세워놓았죠). 게도 도망은 못 가요. 딱 경계를 섰는데 어디로 도망가겠어요. 그 앞으로 순경덜이 다 무장해서 이시난(있으니까) 경헌데, 그 뒤로 기관총이 신작로 가에서 그냥 (총을) 갈기더라구요. 트럭 위니까 기관총이 높은 듸(데)서 이렇게 쏜 거 아니에요? 그러니 다 팍팍 엎어졌죠. '우리는 다 죽었구나' 했어요. 그래가지고 베설 나온 사름도 그걸 갖다 집어넣고 허다보니까 이제 어두워진 거예요. 그러자 순경덜이 낼 아침에랑 다 나오라고 해요. 어두워젼 다 처리허지 못헌 일을 헌다고…….

우리가 나중에 안 사실이 한 가지 있어요. 그날 저녁 하달제, 아까 말헌 하달제가 살안(살아서) 집이 간 거예요. 그러고는 고팡에 땅을 파서 숨어가지고 한 달쯤 살았어요. 하달제도 결국은 붙잡형 죽엇주만은 그땐 자기만이 아니고 마누라영, 아들, 딸까지 외도지서에 간 죽었어요. 그날 혼자 죽은 것만도 못 했죠. 또 후에 토벌 다니당(다니다가) 잡아온 놈 말허는 걸 보민, 그날 다섯 명이 도망을 갔다고 해요. 총에 안 맞안 그 자리에서는 죽은 척 숨었단 밤에 나간 거겠죠. 그때는 뭐, 순경덜이 확인 사살을 허거나 철창으로 다시 찔르고도 안 했어요. 그냥 기관총로만 다르륵 두세 번 헌 거죠. 그러니까 맞는 사름만 맞고, 아니 맞은 사름은 아니 맞은 모양이에요.

그날, 한 50~60명 됐나? 아니믄 70~80명인지 건 모르겠어요. 100명은 안 됐던 거 같은데. 두 줄로 세왔어요(세웠어요). 그러니 뒤에 샀던 사름은 안 맞았는가, 경헷는가 헌 거 같아요. 경헤 가지고 뒷날은 죽은 사름 다 구덩이로 집어넣었어요. 아마 나중에 가족덜이 그걸 파가나 헌 거 같아요. 우린 토벌 가부니까 그르후제(뒷날) 사실은 잘 몰라요.

우리가 죽창 들렁 토벌도 많이 갔어요. 내가 나중엔 하귀도 간 주둔해 나고, 금덕도, 저 성읍더레도(성읍에도) 가왔어요. 4년을 그랬어요. 경허단 6·25 터지난(터지니까) 거기도 가고요.

기동대로

　나는 원래 청년단 활동을 좀 허기도 했어요. 겐디 처음 4·3사건 나명(나니까) 가족이 당혜불고 허난 경찰을 협조허멍 계속 다니게 된 거예요. 집에 붙어보지 못했어요. 한 3~4년 동안은 그런 것 같아요.
　처음엔 우리가 중엄지서에 소속 뒈영(되어서) 이 주위로만 토벌을 뎅겼어요(다녔어요). 그러다가 내중에는 무보수로 해가지고 제주경찰서 관내로 가멍 거 누구고? 응, 시에서 강필생이허고, 차명택이 해가지고 중대 편성해가지고 뎅겼어요.
　우리가 중엄에 있을 때 애월 중산간 일대에서 소개 작전이 있었어요. 광령이나 어디 이런 데 마을을 소개시켰죠. 겐디 소개허는 건 당국에서 와서 허고…… 또시(또) 불붙이는 것은…… 거, 폭도덜이 집에 살명 난동을 부리고 허니까 우선 집덜을 없애불어야 헌다 해가지고 집덜을 다 태와분 거예요.
　그 일은 순경덜허고 특공대라고 있어요, 특공대가. 중엄 관내는 중엄지서 특공대가 이시난(있으니까) 이 특공대가 순경덜허고 같이 강(가서) 사름덜을 다 소개시켜가지고, 밑으로 내보내고 집만 다 태왔어요. 애월읍이면 애월 관내, 하귀면 하귀 관내, 이렇게 해가지고 구역별로 소개시키고 했죠.
　나도 특공대면서 무보수 순경이었어요. 그때 여기 특공대장은 누군지 잘 모르겠어요. 어느 순경이라신디(순경이었는데) 잘 기억이 안 나요. 그리고 그 수가 정확히는 모르겠는데 우리 구엄에선 희망자가 되게 많았어요. 피해자가 많았으니까…… 한 스무 명 돼실 거예요. 내가 아는 사름만도 그렇게 돼요. 출장소도 두었어요. 우리가 금덕에 출장소를 해가지고 주둔허기도 했어요. 한 3개월 거기 주둔허멍 토벌도 다니고, 지시도 받곡 했죠. 경허단 내중에는 우리가 시(제주경찰서)에 편입돼가지고 그리로 갔죠. 남군이고 북군이고 토벌 안 다닌 듸(데)가 없어요.

그때 강필생은 경찰이면서도 민간인이랏어요(민간인이었어요). 뭐, 옛날 경찰관이 그런 식이 많은디, 경위라났어요. 차명택이도 민간인이멍 경허고……. 하여튼 경찰서에서 그 사름덜을 대대장, 중대장으로 임명해가지고 토벌대로 나선 거예요. 우린 사실 기동대나 마찬가지였어요. 당시 집안 피해가 많은 자로 허자 해서 경 헤신지 몰라도 강필생을 대대장으로 임명허고, 차명택이도 그렇고……. 우린 다 복수허자 해가지고 지원헌 거예요. 그러니 기동대는 다 지원자로만 나갔다고도 헐 수 있어요. 경헨 우리가 한 4개월 다녔어요.

폭도는 목을 비어 와야 인정했어요

그때 보민 우리가 아무리 전과를 세와도(세워도) 인정을 안 해줬어요. 사름 몇 명 죽였다고 해도 인정을 안 해요. 그러니 이젠 목을 비어갔죠(베어갔죠). 폭도의 목을, 목을 비어 와야(베어 와야) 인정헌다 해가지고 우린 목까지 비어갔어요.

아이고, 산에서 그놈덜 말 잡아가지고 구워먹는 거 봐도 한 사름밖에 못 잡았어요. 다 도망갔어요. 거기가 물장오리라고 저 봉개 우일(위일) 거예요. 그놈덜 어떵사 빠른지 참……. 포위했자 그 눈 우에라노니까(위에라서) 말만 포위허는 거고, 발자국으로 쫓아가는디 아따, 빠르기가……. 뭐, 산길을 그렇게 잘 알아노니까 그렇기도 헌 거주만은.

그 사름덜 완전히 폭도예요, 폭도. 피난민덜은 아니에요. 처음이면 모르주만 어디 숨을 듸(데) 있다고 거기까지 갔겠어요? 사실, 내중에는 전부 폭도만 남았어요. 아주 중요한 놈덜만 남았거든요. 그놈덜을 우리 강필생 대대가 잡은 거죠.

우리가 또 한 번은 지금 성판악 부근에서 폭도를 만나가지고 교전을 했어요. 헌데 그 당시에는 길도 없고 허연(해서) 안내자를 데령 다녔어요. 옛날 포수들이죠. 길을 잘 알았어요. 경헌디도(그런데도) 우리가 한라산엔 한 번 들어가민 어딜로 나올 처레(차례)도 몰랐어요. 요새처럼 큰 길이 이시믄(있으면) 허주만은 길도 엇고(없고) 허니까. 한 번 들어가민 뭐, 구상나무 밧(밭)에 들어가 봤어요? 거긴 한 번 들어가민 헤어나오질 못해요. 거기만이 아니고, 산에선 밤이 뒈민(되면) 동서남북도 몰라요.

우리가 산에서 아예 숙영(宿營)을 했어요. 천막 치고 허연 항상 산에서 산 거예요. 우린 그때 주둔소 허듯 돌담 둘르고 허질 않았어요. 그냥 임시로 천막만 친 거예요. 여기는 안전지대다 허영 경비만 섰죠. 겐디 경(그렇게) 보초도 세우고 허주만은 잠을 잘 새가 없어요. 춥고…….

그때 우리가 1개 대대원이 같이 다녔어요. 겐디 말이 대대지 인원은 한 50~60명밖에 안 됐어요. 어떵 보면 많은 숫자기도 허죠. 그러고 난 2중대 소속이에요. 그때는 소대 말은 없었던 것 같아요. 그냥 2중대로 편입돼 가지고 계속 뎅겼어요(다녔어요). 그러다가 만약 작전을 헌다면 폭도덜이 저기 있으니 1중대, 2중대가 포위해라 허는 식이었죠. 뭐, 이거뿐이었어요. 참, 옛날 헤난(했던) 생각허면은…….

그 물장오리에서 잡은 포로…… 우리가 목을 잘라왔어요. 경헨(그렇게 해서) 바치니까 인정헌 거죠. 게난 이건 뭐, 처음에 말했듯이 내중에는 우리가 아무리 멧(몇) 사름 죽엿덴(죽였다고) 해도 인정을 안 허니까 어쩔 수 없었던 거예요. 확실히 목을 비엉(베어서) 와야 인정헌다 해가지고 귀를 짤랑 오거나 뭐 경헤도 안 됐어요. "반드시 목을 잘라 와라. 경혜사(그래야) 인정헌다" 해서 나도 한 사름 경 헤봤는가 했어요. 거 어떵 웬만헌 사름 다 죽여가지고 잘라 와요?

교전

토벌 다니멍(다니면서) 뭐, 특별헌 거는 없었어요. 죽을 뻔허기는 했어요. 우리가 토벌 당시에 적을 만나가지고 교전할 적에 그런 적이 한두 번은 있었죠.

그게…… 아까도 말했지만 성판악, 또 물장오리 거기서예요. 당시는 그놈덜도 무장을 해가지고 허니까 웬만허영은 위험해서 우리도 얼른 대들지 못했어요. 그러니 어떵 숨어가지고 허는데 우리 대원덜도 부상당헌 사름이 있어요. 왜냐? 그때 그놈덜은 숨어가지고 우리 갈 때만 기다리고 있는 거예요. 그놈덜은 항상 진로를 파악해가지고 잠복허기 때문에 우린 토벌 뎅기면서도 상당히 무서웠어요.

처음엔 더 많이 당했어요. 그땐 토벌대가 지리도 잘 모르는디 몇 군데로 나눠가지고 뎅겼잖아요? 그러니 더 당할 수밖에 없었던 거예요. 겐디(그런데) 우린 이제 진압돼 갈 때고…… 하나하나 다 잡아갈 때니까 나앗죠. 우리 때는 뭐, 이젠 폭도가 거의 없다 해가지고 단언을 헐 때였어요. 그 성판악과 물장오리 전투헐 때는 중간 시기라부니까 경 헌 거고, 그르후젠(뒷날의 어느 때) 폭도덜이 하나 둘 엇(없)어져갔어요. 경헨 그놈덜도 일어사질 못헌 거예요.

함병선이 2연대 군대가 왔을 때 사실 진압을 다 했어요. 나사(나야) 그냥 말로만 들엇주만은 함병선이가 부대를 야간에 진입시킨 모양이에요. 폭도덜이 어디 있다 허는 소문을 들어가지고……. 게니 그놈덜은 군대가 올라올 거라고는 예상도 못 했던 거죠. 차로 탁 간 습격을 허니 그냥 당헌 거예요. 포위해가지고 경 허니 여남은 명 죽었다고 허데요. 그르후제는 폭도가 싹 없어졌고……. 내중에는 그 주모자 누구예요? 아, 이덕구! 그놈 잡았다 허니까 그제사 이젠 해방이 된 거나 마찬가지로구나 헌 거예요.

축성(築城)

우리가 그때 어디 주둔소를 만들엉(만들어서) 주둔헐랴면 성담을 쌓았어요. 가까운 마을 사름덜이 와서 쌓았죠.

경허고 우리 중엄에도 쌓았어요. 우리 회관 뒷담으로 허영(해서) 저 신엄중학교까지 딱 쌓았죠. 뭐, 그건 마을 성담이죠. 그때 보민 구엄, 중엄, 신엄 다 따로따로 쌓았어요. 겐디 요 중간까지도 잇어낫주마는(있었었지만) 지금은 없어졌어요. 밧(밭) 주인덜이 다 허물어가지고 자기 담으로 만드니까 없어져버린 거예요.

원래 우리 엄쟁이 성을 어마어마허게 쌓았어요. 산에서 습격을 자주 와부니까 어쩔 수 없었죠. 게니까 우리 중엄만이 아니고 구엄, 신엄 다 쌓으라고 명령을 받은 거예요. 성에는 다 구멍을 냈어요. 중간 중간에 총구멍을 내와 가지고 허고, 또시 지서 앞에도 망루대를 돌담으로 쌓았어요. 참, 우리가 망루대에서 망을 보면서 헷주만은…… 산에서 우리 지서를 멧(몇) 번이나 습격 온 줄 알아요? 대단헌 놈덜이에요. 그게, 처음엔 아주 성했어요.[2] 우리 우익보담도…….그러고 마을에 성은 언제 쌓았나 잘 모르겠어요. 일찍 쌓은 건 닮은디 잘 기억이 안나요. 그 지서 앞밧

---

[2] 무장대가 신엄지서를 습격한 날짜는 정확하지는 않지만 1948년 4월 3일, 11월 11일, 12월 19일 총 세 차례로 파악되고 있다.

의서(앞밭에서) 사름덜 총살헐 때는 성이 없었어요. 그르후젠디 그놈덜이 막 습격헤 와가난 당국에서 성을 쌓으렌(쌓으라고) 헌 거예요. 마을마다 총동원 됐어요. 성은 성대로 쌓곡, 낭(나무)은 낭대로 허여오곡(해오고) 첨.

구엄은 국민학교 우로(위로) 쌓았죠. 그때는 학교가 불타부니까 그 우로 헌 건디 우리는 학교 서쪽으로, 장전으로 올라가는 길이 있어요. 거 길로 해가지고 이레(여기로) 쭉 허연(해서) 왔어요. 그게 범위니까……. 구엄국민학교는 우리 성안에는 안 들었어요. 그때 성에 동문이 있었죠. 지금 태성약국으로 허영 그 구엄더레(구엄으로) 내려가는 길이 있는 거기, 그까지가 선이에요.

구엄은 내외성이 있었어요. 바다 쪽으로 한 줄이 있고, 또 한 줄은 그 안으로 허영(해서) 내성, 외성 이렇게 해서……. 그게 아마 그런 거 같아요. 왜 수산 쪽으로 해서 습격이 들어오잖아요? 그러니까 그쪽을 이중으로 굉장히 튼튼허게 쌓은 거예요. 하여간 구엄 지경은 구엄대로 보호허자 그거였죠. 게난 구엄은 일주도로 우로(위로) 허연(해서) 동서로는 안 쌓고, 우리 중엄은 쌓안 신엄더레(신엄으로) 이어논 거예요.

우리 마을은 뭐, 구엄허고는 달랐어요. 신엄허고 같이 쌓았다고 봐야죠. 그때 보민 성 폭이 한 2미터는 됐어요. 경허영(그렇게 해서) 겹담으로 올렸어요.

수성(守城)

순찰은 안으로만 뎅겼어요(다녔어요). 바깥으로 뎅길 수는 없잖아요? 폭도가 어디 있는지도 모르고, 또 당시에는 성 바깥엔 항상 그놈덜이 왕 잠복허고 있다고 소문이 돌았어요. 경허당 밤에는 무조건 총을 쏘앙(쏴서) 들어오곡 헤시난(했으니까) 성 밖에는 일절 나가지를 못했죠.

성 밖에는 호도 안 팠어요. 다른 마을에선 크게 구덩이를 파놨다고 허는 걸 듣긴 헷주만(했지만) 우린 안 했어요. 대신 성을 높이 쌓았어요. 성 우(위)로는 도저히 사름덜이 넘어올 수 없게 헌 거예요.

길목에는 다섯 명씩 근무를 했어요. 경허당(그렇게 하다가) 언제 나타난다 허면 다 무장해가지고 싸우고 했죠. 무장헌 사름은 항상 있었어요. 총을 일정허게 다 배정헌 거예요. 습격을 많이 받아가난(받아가니까) 지서에서도 경헌 거 닮아마씀.

그때 우리 중엄이 서쪽으론 지금 신엄중학교까지였어요. 게니 성 길이는 한 2km 채 안 뒈엿주만(되었지만) 남문은 두 개랐어요. 그리고 길 있는 듸(데)는 움막 지성 초소로 썼죠. 참, 보초도 많이 사신디(섰는데) 우리 중엄에선 남자만 샀어요(섰어요). 나중에 내가 금덕 간 근무헐 적엔 보니까 여자도 근무를 허더라고요. 뭐, 사름이 없으니까 어쩔 수가 없었던 거겠죠. 여자덜이 교대허면서 두 시간씩 보초를 샀어요.

경허고 우리가 또 고생헌 게…… 그땐 첨 사름도 귀헌디 지서에서도 장작을 땠어요. 그러면 그걸 마을 사름덜에게 할당을 시켜요. 한 사름이 한 졸레(쭉정이) 해오라고요. 뭐, 한 졸레면 한 발 정도예요. 그니까 한 집에 한 발, 그것도 일주일에 한 번 배당을 시켰어요. 게민 저 산에 갈 땐 순경허고 같이 강(가서) 나무를 헤당(해다가) 바치는 거예요. 그것만이 아니에요. 반 별로도 있었어요. 건 어떵 허냐면…… 한 개 반이 한 달. 한 달씩 돌아갔어요.

그때사 장작으로만 땔 때였죠. 그러니 어떵 헐 수가 없어요. 뭐, 요즘 같으면 전기곤로 같은 걸로라도 뭐 헌다 허주만 생판 나무로만 불 때명 한겨울을 살았어요. 그것만이 아니에요. 지서원덜 눈치 보곡, 멕영(먹여서) 살리는 게 이건 첨 뭐 헌데, 왜 제사를 허민 제사 음식 있잖아요? 것도 막 가정오라고 해요. 지서원들이 은근허게 그러길 바라요. 먹을 거 어디 없나? 경허고 사실 우리도 멧(몇) 날 집이 못 가민(가면) 먹고 살아야 될 거 아니에요? 그러니 그런 거라도 먹어야 했죠.

당시 지서에 순경은 많을 때라야 한 다섯 명 잇어났어요. 그 나머지는 특공대원덜이 일을 다 봤죠. 겐디 중간엔 이북 출신 경찰도 오더라고요. 바지부대라고 해가지고 헌 놈덜인데…… 아잇, 그놈덜 참 못 된 놈덜이에요. 제주도 와가지고 참 많이 죽였어요. 경헨 보내불고 헷주만은 원래 그놈덜은 우리 제주도 허곤 맞지 않았어요.

새별오름 출동

면담자: 추가로 한 가지 확인허고 싶은디예(싶은데요), 아까 새별오름, 그 별진밧 갈 때 같이 가수과(갔습니까)?

구술자: 그때 갔죠. 강필생이 대대장 때.

면담자: 아니, 그 전에. 4·3이 난 얼마 엇언(없어서) 초길 거우다(겁니다). 그때 무장대덜이 거기서 훈련 허엿덴(했다고) 허는 말을 들은 적이 잇언(있어서) 확인허젠 허는 거라마씀.

구술자: 아, 처음에도 갔어요. 정보가 들어오니 무조건 간 거예요. 겐디 그놈덜이 그냥 일본도를 들렁 산 우의서(위에서) "가자!" 허멍 오니까 가까이는 못 갔죠. 하이고! 그때 산에 쭉 산(선) 것이 수십 명은 되어 보였어요. 그러니 무서원 그냥 후퇴헤불엇주.

사실 우린 그놈덜이 거기서 훈련을 헤신지, 아니믄 집단으로 뭘 했는진 몰라요. 단지 여기선 집단적으로 뭘 헌다 허는 말을 들어가지고 간 거죠. 동원을 했어요. 겐디 여기서 동원은 헷주만은 처음이난(처음이니까) 그냥 간 거예요. 무신 총덜을 가정가기나 했나 뭐, 무작정 간 거죠.

그땐 우리 단원덜만 간 거예요. 순경도 안 가고. 저 구엄에가 단원이 많았어요. 대동청년단. 겐 우리 형님이 그땐 단장이난(단장이니까) 나도 간 거예요. 우린 그냥 무섭고 허연(해서) 와불었어요.

자 이젠 그만허영 바당에 갑시다. 그 궤 보러.

제주4·3연구소와 제주4·3 구술자료 총서

1. 4·3 구술증언 채록과 구술자료집 발간의 시작

2013년, 4·3 발발 65주년을 맞아 도서출판 한울과 다시 손을 잡았다. '제주4·3 구술자료 총서'를 5권부터 해마다 두 권씩 발간하기로 계약을 맺은 것이다.

4·3에 대해서는 그간 숱한 상처를 안으로만 떠안고 인고의 세월을 보낸 만큼 할 이야기가 많다. 또한 고개 숙여 듣고 기록해야 할 이야기도 많다.

1989년 5월 10일 창립한 '제주4·3연구소'가 4·3 이야기에 눈을 돌린 것은 창립 2년 전부터였다. 연구소의 초기 활동가들은 창립을 준비하며 제주시와 가까운 조천읍과 애월읍을 대상으로 구술증언 채록을 시작했다. 이 두 지역을 선택한 이유는 교통 문제도 있었지만, 4·3 당시 이 지역이 다른 지역에 비해 변화의 바람을 가장 갈망하고 있었다고 판단했기 때문이었다.

25년 전, 일주도로변에 면한 해안마을에는 시내버스가 자주 다녀 왕래가 비교적 쉬웠다. 그러나 중산간마을의 경우 하루에 버스가 세 편 정도밖에 없어 한 마을을 찾아 조사하려면 한 시간 이상을 걸어야 했다.

대놓고 4·3 이야기를 해달라고 조를 수도 없었다. 에둘러 마을 이야기를 나누다, "4·3 때는 어땠습니까?" 하고 넌지시 물어야 했다. 구술자의 이름은 물론, 구술에 나오는 여러 사람의 이름을 그대로 실을 수도 없었다. 구술자는 성은 있으나 이름은 없는 '김○○'이 되었다. 그렇게 1989년 연구소를 개소하며 증언자료집 두 권을 펴냈다. 제목도 4·3 경험자들이 '말을 하고 싶어도 하지 못해 가슴 깊이 꽁꽁 묻어두었던 이야기를 이제야 합니다'라는 의미의 『이제사 말햄수다』였다.

이렇게 경험자들이 4·3을 말한 지 딱 23년이 되었다. 이제는 제주어 표기법도 바뀌어, '말햄수다'는 '말햄수다'로 써야 옳다. 이것은 이 책이 그만큼 고전이 되었다는 의미도 될 터이다. 『이제사 말햄수다』가 그 후 4·3 진상규명 과정에서 여러 가지로 기여한 공로는 말로 다 할 수 없지만, 한 가지 덧붙이면 강요배 화백의 4·3 역사화 <제주민주항쟁사: 동백꽃 지다>(1992)는 강 화백이 이 책을 통독한 결과였다. 강 화백은 4·3 역사화를 그리며 『이제사 말햄수다』를 열 번은 더 읽었을 것이라고 술회했다. 강 화백의 역사화 중 <천명(天鳴)>은 1984년 11월 하순의 어느 날 군경토벌대가 중산간마을을 모두 불 질러 온 동네가 벌겋게 타는 광경에 '하늘도 울었다'는 사실을 그린 것으로, <동백꽃 지다> 전시를 시작하는 첫날, 이 그림 앞에 선 사람들의 가슴을 까맣게 타들어가게 만들었다.

이제 23년 만에 제주4·3연구소는 제주4·3 구술자료 총서를 다시 도서출판 한울과 손잡고 펴내게 되었다. 23년 전 구술 채록과 총서 발간의 목적이 진상규명에 있었다면, 지금의 목적은 그간 채록된 수많은 구술자료의 공개를 꾸준히 요구해온 연구자들의 요구에 일정 부분 부응하면서 구술사의 학문적 연구에 기여해야겠다는 시대적 당위성에 있다.

제주4·3연구소는 제주도의 각 지역을 빙 둘러가며 매해 연차적으로 구술총서를 두 권씩 엮어갈 것이다. 2013년 한림읍을 시작으로 한경면·대정읍·안덕면·중문면·서귀포·남원읍·표선면·성산읍을, 그 후에는 최근 몇 년 전부터 채록되고 있는 9연대, 2연대 군인들과 경찰·우익 단체원들의 구술을 차근차근 엮어, 4·3의 날것 그대로의 얼굴을 다시 한 번 세상에 내놓을 것이다.

2. 시기별 4·3 구술증언 채록

제주4·3연구소가 1989년 창립된 이래 가장 중점적으로 사업을 벌인 분야가 4·3 체험자의 구술증언 채록이다. 이러한 연구소의 채록 작업을 시기별로 구분해보면 다음과 같이 나눌 수 있다.

1) 『이제사 말햄수다』 탄생에서 연구소 창립까지(1987.6.10~1989.5.10)
   · 연구가·활동가들이 개별적으로 연구소 창립 기념 증언집 발간을 위해 준비하던 기간이다.
   · 결과물로 1989년, 『이제사 말햄수다』 1, 2권이 발간되었다.

2) 현장채록 정착기(1989.5.11~1998.4.3)
   · 이 기간에는 4·3 연구소의 기관지 『4·3 장정』과 무크지 ≪제주항쟁≫(1991)을 통해 채록된 구술이 발표되었다. 그중 ≪제주항쟁≫에는 당시 개인적 증언도 꺼리던 시대 상황 속에서 제주4·3 연구소 현장채록 팀이 한림면을 조사해 「통일되면 다 말허쿠다 — 증언으로 보는 한림읍의 4·3」을 게재하기도 했다.

- 또한 4·3 50주년이었던 1998년에는 제주도의 '잃어버린 마을'을 집중 조사해 『잃어버린 마을을 찾아서』를 발간하기도 했다.

3) 「4·3 특별법」 정착을 위한 채록 조사기(1998.4.4~2003.12.31)
   - 이 기간에는 4·3연구소가 「4·3 특별법」 제정과 정착에 매진하게 됨에 따라 이에 도움이 될 수 있는 구술 채록에 주력하고, 1999년 12월 「4·3 특별법」 제정 후에는 4·3의 진상규명에 도움이 될 수 있는 구술의 채록에 주력했다.
   - 2002년에는 4·3 수형 생존인을 만나 증언을 듣고, 『무덤에서 살아나온 수형자들』을 간행했다.
   - 이 시기부터 녹취 장비들도 점차적으로 디지털화되었다.

4) 1,000인 증언 채록기(2004.1.1~2008.12.31)
   - 이 기간에는 '제주4·3 1,000인 증언채록 사업'을 기획해 더욱 집중적이고, 과학적인 채록 사업을 벌였다.
   - 이 사업은 당시 「4·3 특별법」에 따라 정부에서 이루어지고 있던 '4·3 진상규명 작업'의 보완적 측면도 있었다.
   - 이 사업은 전국적으로 이루어진 과거사 관련 증언채록 사업 중에서 그 유례를 찾을 수 없을 정도로 방대한 작업이었다.
   - 5년간 도 내외 체험자 1,028명으로부터 생생한 증언을 채록했다.
   - 또한 이 기간에 이제까지 구술조사를 벌이며 확보했던 모든 아날로그 자료를 디지털화했다.

5) 주제별 채록 및 구술자료집 발간기(2009.1.1~현재)
   - 이 기간에는 주로 '주제별 구술 채록 사업'을 벌여 1차로 4·3 당시

군인·경찰·우익단체의 단체원을 중심으로 채록 사업을 진행했으며, 현재도 이루어지고 있다.
- 그동안 4·3연구소가 채록한 구술자료의 발간계획을 수립해 2010년부터 해마다 두 권씩, 제주시에서부터 각 읍면별로 연차적 발간 사업을 진행해나가고 있다.
- 2010년, 제주4·3 구술자료 총서 1권『갈치가 갈치 꼴랭이 끊어먹었다 할 수밖에』와 2권『아무리 어려워도 살자고 하면 사는 법』을 발간했다(4·3 당시 제주시에 거주했던 체험자들의 증언집).
- 2011년, 제주4·3 구술자료 총서 3권『산에서도 무섭고 아래서도 무섭고 그냥 살려고만』과 4권『지금까지 살아진 것이 용헌 거라』를 발간했다(4·3 당시 조천면과 구좌면 거주자들의 증언집).

3. 4·3 구술증언 자료집의 발간

제주4·3연구소는 그간 많은 구술증언 자료집을 발간했다.『이제사 말햄수다』처럼 단행본 형태의 구술자료집도 있었지만, 기관지『4·3 장정』과『4·3과 역사』를 통해 부분적인 구술조사 자료를 계속해서 세상에 내놓았다. 그중 대표적인 것은 <표 1>과 같다.

〈표 1〉 제주4·3연구소 구술증언 자료집

서적명	발간연도	출판사	주요 내용
이제사 말햄수다 1	1989년	도서출판 한울	제주도 조천읍 증언조사
이제사 말햄수다 2	1989년	도서출판 한울	제주도 애월읍 증언조사
4·3 장정 1	1990년 4월	도서출판 갈무지	4·3 증언채록
4·3 장정 2	1990년 8월	백산서당	4·3 증언채록

4·3 장정 3	1990년 11월	백산서당	4·3 증언채록
4·3 장정 4	1991년 10월	백산서당	4·3 증언채록
4·3 장정 5	1992년 4월	나라출판	4·3 증언채록
4·3 장정 6	1993년 9월	도서출판 새길	4·3 증언채록
제주항쟁	1991년	실천문학사	제주도 한림읍 증언조사
잃어버린 마을을 찾아서	1998년	학민사	'잃어버린 마을' 증언조사
무덤에서 살아나온 수형자들	2002년	역사비평사	4·3 수형생존자 증언채록
재일제주인 4·3 증언채록집	2003년	도서출판 각	재일제주인 4·3 증언채록
그늘 속의 4·3	2009년	선인	4·3 경험자의 삶을 중심으로
갈치가 갈치 꼴랭이 끊어먹었다 할 수밖에	2010년	도서출판 한그루	제주4·3 구술자료 총서 01 (제주시)
아무리 어려워도 살자고 하면 사는 법	2010년	도서출판 한그루	제주4·3 구술자료 총서 02 (제주시)
산에서도 무섭고 아래서도 무섭고 그냥 살려고만	2011년	도서출판 한그루	제주4·3 구술자료 총서 03 (조천면·구좌면)
지금까지 살아진 것이 용헌 거라	2011년	도서출판 한그루	제주4·3 구술자료 총서 04 (조천면·구좌면)

4. 4·3 구술증언 채록의 이론적 생각

 제주4·3연구소는 구술사에 대한 여러 논란 속에서 지난 20여 년 동안 4·3 체험자들을 만나며 그 나름대로 작업을 꾸준히 진행해왔다. 그 작업의 방대함이나 성과는 민간 연구소임에도 엄청났다. 그러나 앞으로는 좀 더 명확한 구술조사의 지향점이 필요하다. 양적 관리 작업에 매달리기보다, 질적으로 향상된 구술조사를 통해 4·3의 진상과 체험자들의 아픔을 마주해야 하는 전환점에 서 있다.
 국사편찬위원회는 2004년부터 구술자료 수집 사업을 시작했다. 당시

이 사업의 목적은 "격동의 20세기를 살아온 다양한 인물들의 경험을 구술로 채록·정리함으로써 문헌사료의 제약과 공백을 보완하는 새로운 근현대 역사자료를 생산"[1]해, 근·현대사 연구와 이해의 폭을 넓히겠다는 것이었다. 결국, 이 사업은 장용경의 표현대로 "문헌사료의 제약과 공백을 보완하는 역사자료 생산의 일환"이었던 것이다. 그러나 이러한 문제의식은 인류학계의 구술사 방법론인 "구술의 주관성에 대한 맥락적 이해를 통한 개인적 삶의 전략에 대한 이해 또는 경험의 확장"이라는 지향과는 다소 차이가 있었다.

사실 역사학계 내에서도 '관행적 사실과 개인의 기억 사이의 긴장'은 피할 수 없는 것이었다. 이러한 긴장 관계에서 객관적 사실(Fact)을 지상 제일로 여기는 역사학자들은 구술 자료를 불신해 상대 진영을 공격하기도 했다. 4·3의 구술증언 채록을 통한 진상규명 과정도 이와 비슷한 면이 많았다. 지금까지의 4·3 구술증언 채록 작업은 이 두 논점이 공존해온 면이 많았다. 이것은 4·3이 단순한 '사실'만의 문제가 아니라 희생자와 유족의 아픔까지도 감싸 안을 수 있어야 한다는 시대적 요청이 있었기 때문이다.

구술사가가 즐겨 쓰는 말 중에 이런 말이 있다. '구술자는 면담자와 이야기를 나누는 과정에서 스스로 자기 자신을 재구성하면서 자신의 삶에 의미를 부여한다'는 표현이 있다. 이는 여러 가지로 해석될 소지가 있다. 그러나 4·3 구술증언 채록자들은 이 인류학자의 말을 다음과 같이 인식할 필요가 있다. '구술자는 구술을 통해 한풀이를 한다. 구술은 구술자의 상처 치료에 많은 도움을 준다.' 4·3 구술증언 채록이 여전히 '면

---

[1] 장용경, 「구술자료의 독자성과 그 수집방법」, 『구술자료 만들기』(서울: 국사편찬위원회, 2009), 5쪽.

담자와의 신뢰를 바탕으로' 진행되어야 하는 이유가 바로 여기에 있다. 그러나 그럼에도 허호준의 다음과 같은 토로는 분명 경청해야 한다.[2]

"제주4·3사건의 구술 채록은 「4·3 진상조사 보고서」나 기존의 연구에서 다하지 못한, 역사적 사건들을 직접 경험하거나 목격한 사람들이 아직 살아 있고, 60여 년의 세월이 흐른 시점에서 대부분 연로한 이들이 돌아가시거나, 기억력이 더 이상 흐려지기 전에 그들의 증언을 기록해놓을 필요성에서 출발했다. 이것이야말로 '밑으로부터의 역사'의 전형이기 때문이다. 역사를 생생하게 목격한 사람들의 목소리, 잊혀가는 사람들의 목소리를 수집하는 데 구술사는 매우 강력한 수단이다. 이러한 점에서 그동안 4·3 진상규명 및 명예회복 과정에서 소외되었던 부분들에 대한 조명은 필요하며, 활동가들의 구술증언이나 그 가족들이 평생 당했던 고통스러운 이야기, 후유장애 불인정자, 연좌제와 호적으로 인한 갈등 등의 이야기는 중요하다. 역사를 탐구하는 데 행위자의 생각이나 활동이 주목을 받아야 한다는 입장에 서면, 4·3 전체에서 한 부분인 이들의 이야기에 대한 구술사의 가치는 아무리 강조해도 지나치지 않다."

---

2 허호준, 『그늘 속의 4·3: 死·삶과 기억』(서울: 선인, 2009), 14쪽.

주요 4·3 용어 해설

계엄령

1948년 11월 17일, 제주도 전 지역에 계엄령이 발포되었다. 이 계엄령으로 더 많은 민간인이 희생되었으며, 당시 정부의 계엄령 선포가 불법이었다는 주장이 있다.

남조선국방경비대(南朝鮮國防警備隊)

한국군의 모체로 1946년 1월에 설립되었다. 경찰력 보충과 국가 중요시설 경비, 좌익의 폭동 진압, 4·3사건 진압을 목적으로 시작되었다. 1946년 6월 15일 '조선경비대'로 명칭을 바꾸었으며, 1948년 8월 15일 대한민국 정부가 수립되자 9월 1일 국군으로 개편되었으며, 9월 5일 대한민국 육군으로 개칭되었다. 11월 30일 「국군조직법」에 따라 정식으로 대한민국 국군으로 편입되었다.

대청(대동청년단)

1947년에 결성되었던 청년운동단체이다. 상하이(上海) 임시정부의 광복군 총사령관을 지낸 지청천(池靑天)이 1945년 12월 환국한 뒤, 당시의 모든 청년운동단체를 통합해 대동단결을 이룩한다는 명분으로 결성한 단체이다.

민보단
1948년 5·10 총선거 때 조직되어 1950년 봄까지, 경찰의 하부 지원조직으로 활동한 민간단체이다. 제주도에서는 4·3 기간에 각 마을의 청장년을 중심으로 민보단이 결성되어 성을 쌓고, 보초를 섰다.

민애청(조선민주애국청년동맹)
민청이 1947년 6월 개명한 조직의 이름이다.

민청(민주청년동맹)
좌익단체의 청년 조직이다. 1945년 12월 11일 조선청년동맹(약칭 청총)으로 발족했고, 1946년 4월 조선민주청년동맹(약칭 민청)으로 재조직되었다. 그러나 민청은 미군정에 의해 해산명령을 받자, 1947년 6월에 조선민주애국청년동맹(약칭 민애청)으로 이름을 바꿔 활동했다. 제주지역은 1947년 2월에 리 단위까지 민청이 조직되었고, 활동이 활발했다.

비학동산 학살사건
1948년 12월 10일, 하귀리의 개수동 비학동산 앞밭에서 경찰이 개수동 주민과 소개민을 모아놓고 그중에서 36명을 골라내어 학살한 사건을 말한다. 이날 경찰은 한 임산부를 팽나무에 매달아놓고 죽창으로 잔인하게 학살하며 사람들에게 강제로 현장을 지켜보도록 했다.

빌레못굴 학살사건

봉성리 구몰동이 무장대에 습격당한 뒷날인 1949년 1월 16일, 토벌대와 민보단은 대대적인 합동 수색작전을 벌여 어음리 빌레못굴에 숨어 있던 사람들을 발견했다. 당시 토벌대는 굴속에 있던 강규남의 가족(어머니, 아내, 아들, 딸, 누이)과 송제영, 강성수, 양신하, 양승진, 양세옥 등 29명을 학살했다.

서청(서북청년회)

대공투쟁의 능률적인 수행을 위해 북한에서 월남한 청년들로 조직된 우익 청년운동단체로, 1946년 11월 30일 설립되었다. 우익세력의 선봉으로 경찰의 좌익 색출업무를 전면에서 도왔다. 제주도에서는 1947년 11월 2일, 서북청년회 제주도본부(위원장 장동춘)가 발족되어 4·3 진압에 나섰으나 그 방법이 가혹해 많은 원성을 샀다.

소개(疏開, 소카이)

적의 공습이나 화재 등으로부터 손해를 적게 하기 위해 한곳에 집중되어 있는 주민이나 시설 따위를 분산시키는 작전이다. 일제강점기에 일본군이 주민들을 미군의 공격으로부터 분산시키기 위해 소카이 작전을 벌인 것이 시초이다. 제주도에서 4·3 기간에 군경토벌대가 초토화 작전을 벌이면서 중산간마을 사람들을 해안마을로 이주시킨 것을 당시 체험자들은 '소까이'시켰다고 표현한다.

수장(水葬, Water burial)

수장은 원래 사람의 시체를 물에 넣어 장사 지내는 장례 관습의 한 가지를 말한다. 하지만 제주도에서는 4·3 당시 학살의 한 유형으로 많이 자행되었다. 수장은 학살을 은폐하기 위함이 그 목적이었으나, 현재 당시 수장된 유해가 일본의 대마도에서 발견되고 있다.

예비검속(豫備檢束, Preventive Detention)/ 보도연맹사건(保導連盟事件)

예비검속의 법적 의미는 피고인의 석방이 사회에 이익이 되지 않는다는 전제하에 재판 전에 피고인을 구금하는 것이다. 그러나 1950년 한국전쟁이 발발하자 정부에서 이를 명목으로 전국적으로 보도연맹원과 양심수 약 20만 명을 검거해 집단학살했다. 이 사건을 타 지방에서는 '보도연맹사건'이라 한다.

제주도에서는 4·3 등에 연루된 사람들을 예비검속해 A·B·C·D급으로 분류하고 그중 제주·모슬포·서귀포경찰서에 구금되었던 C·D급 예비검속자들을 총살했다. 그러나 당시 성산포경찰서 문형순 서장은 이 학살명령을 부당하다고 여기고 이에 거부해 많은 인명을 구하기도 했다.

외도지서 장작사건

1948년 12월 5일, 외도지서에서는 월동용 장작을 하러 간다는 명분으로 하귀 주민을 불러 모아놓고 그중 37명을 지서로 연행해 폭행한 사건이다. 그 후 이들은 타 지방 형무소로 보내진 후 행방불명되었다.

유해봉안관

4·3사건 당시 암매장되었던 유해들을 발굴해 화장한 후 봉안한 곳으로, 제주4·3평화공원 내에 있다. 현재 이곳에 안치되어 있는 발굴유해 396구 중에는 DNA 감식으로 유족을 찾은 유해 71구도 함께 안치되어 있다.

육시우영 학살사건

1948년 11월 13일 새벽, 원동마을로 향하던 제9연대 군인들(중대장 전순기 중위)이 애월면 하가리를 지나다 정순아 씨 제삿집에 있던 사람들과 그 이웃 사람들을 강제로 마을 안의, 속칭 '육시우영'으로 끌어내 학살한 사건이다. 이 날 27명이 공개적으로 집단학살되었고, 주변 가옥 16채도 전소되었다.

잃어버린 마을

1948년 11월 중순 이후 약 한 달 동안, 군경토벌대는 중산간마을과 산간마을에 소개령을 내려 주민을 해안마을로 이주케 했다. 이 과정에서 주민을 무차별 학살하고, 마을을 모두 불태워 인적·물적 희생을 키웠다. '잃어버린 마을'은 4·3이 끝난 후에도 원주민이 마을로 돌아오지 않아 지금까지 복구가 되지 않고 사람이 살지 않는 마을을 지칭한다.

애월읍의 잃어버린 마을은 현재 하귀리의 광동, 상귀리의 부처물동, 광령리의 덴남밧·상태·진밧, 고성리의 웃가름, 장전리의 자구나미, 소길리의 윤남비·원동, 유수암리의 동카름(범미왓), 어음리의 고지우영·뒷동네·너산밧·송아물·빌렛거리·새동네·동돌궤기·봉성리의 자리왓, 지름기·말밧·고도리왓·열류왓, 화전동 솔도 등으로 조사되고 있다.

정뜨르 비행장 4·3 유해 발굴

4·3 당시 정뜨르 비행장(현 제주국제공항)에서 있었던 집단학살 암매장지 2개소를 제주4·3연구소가 2007~2010년에 발굴했다. 그 결과 4·3 유해 총 380구와 다수의 유물이 발굴되었다.

제주4·3평화공원

제주시 봉개동 일원, 39만 6,700m²(12만평)에 자리 잡은 제주4·3평화공원은 4·3희생자의 넋을 위령하고, 유족 및 도민의 아픈 상처를 달래는 한편, 평화·인권 교육의 장으로 2003년 4월부터 조성되기 시작했다. 총 3단계로 나누어져 진행된 조성사업은 1단계 사업으로 112억 원이 투입되어 위령제단, 위령탑, 추념광장, 상징조형물을 조성했고, 2단계 사업은 2004년에서 2008년까지 총 480억 원이 투입되어 위패봉안실, 주차장, 조경·전기 시설 등의 기반시설과 4·3평화기념관, 기념관 내 전시시설 등을 조성했다. 그러나 문화센터 등을 건립할 3단계 사업은 정부가 예산을 지원해주지 않아 지연되고 있다.

제2연대

조선경비대의 향토연대로 대전지역에 창설된 연대이다. 1948년 12월 29일, 4·3사건의 진압을 맡고 있던 제9연대와 교체되어 제2연대는 제주도로, 제9연대는 대전으로 이동 배치되었다.

제9연대

조선경비대(남조선국방경비대)는 각 도(道) 단위마다 한 개의 향토연대를 설립했다. 1946년 11월 16일 제주도에 마지막으로 향토연대가 창설되면서 제9연대가 되었다(초대 연대장, 장창국).

초토화 작전

1948년 10월 17일, 제9연대 연대장 송요찬은 해안선으로부터 5km 이상 들어간 중산간 지대를 통행하는 자는 폭도배로 간주해 총살하겠다는 포고문을 발표했다. 이어 11월 17일 계엄령이 선포되었다. 이때부터 제9연대는 중산간마을 주민을 해안마을로 강제 소개하고, 집들을 불태우는 초토화 작전을 벌였다. 무장대의 거점을 없앤다는 명분으로 시작된 이 강경 진압 작전으로 중산간마을과 산간마을 주민이 가장 많은 인적·물적 피해를 입었다.

하귀국민학교 눈 감으라 사건

1948년 12월 20일경, 토벌대는 하귀국민학교에 하귀리 주민과 인근 마을에서 소개 온 주민을 모아놓고 눈을 감게 한 후, 산에서 잡아온 아무개를 데려와 아는 사람을 지적하게 했다. 이때 지적된 사람 72명은 제주 읍내로 끌려갔다가 12월 28일, 자운당에서 학살당했다.

하귀중학원(단국중학교)

중학원은 해방 직후 정규 중학교 설립인가를 받지 못한 단계에서 주민이 중심이 되어 임시로 세운 학교를 말한다. 당시 제주도에서는 자주적인 학교 설립운동이 지역마다 활발하게 벌어지고 있었다. 하귀중학원은 1945년 10월 15일, 하귀리 학원동 출신 고창옥 씨를 학원장으로 6학년까지 수용하는 고등교육기관을 목표로 제주도에서 가장 먼저 설립되었다.

그 후 하귀중학원은 애월면 주민의 노력으로 정식인가를 받아 부지를 확보하고 교실 신축에 들어갔다. 그러나 4·3 발발 후, 서울에서 내려온 조정구가 학교를 인수하고 교장에 취임하면서 이름도 단국중학교로 바뀌었다. 단국중학교는 1948년 여름과 가을에 일부 학생을 대상으로 집중 강의를 하고 수료증을 수여했으나, 조정구가 제주도를 떠난 그 해 12월경 폐교되었다.

학련(전국학생총연맹)

1946년 7월 31일, 서울에서 결성된 우익 학생단체이다(약칭 전국학련). 재경학생행동통일촉성회 등의 좌익 학생단체에 대항해 반공·반탁운동을 펴기 위해 반탁학련·독립학생전선 등의 우익 학생단체가 모여 결성한 단체이다.

행방불명 희생자 표석

제주4·3평화공원 부지 내에 행방불명된 희생자의 표석 3,500여 기가 세워져 있다. 이 희생자들은 4·3 기간에 제주도 내에서 행방불명된 이들과 도외 형무소에 수감되었다가 한국전쟁 이후 행방불명된 이들이다.

4·3 축성(築城, Fortification)

어느 지역의 자연적인 방어력을 증강하고 적의 행동으로부터 사람과 물자를 보호하며 적군의 행동을 제한하고 아군의 병력 절약을 위하여 그 지형에 적합한 군사시설을 구축하는 것을 말한다. 제주지역의 4·3 축성은 1948년 11월 이후, 주민들이 해안마을로 소개했다가 다음 해 봄에 대부분 고향마을로 돌아오면서 자신의 마을을 무장대로부터 보호하기 위해 마을을 빙 둘러 돌로 쌓으면서 시작되었다. 지금도 당시 흔적이 마을마다 조금씩 남아 있다.

「4·3 특별법」

「4·3 특별법」은 제정 2000년 1월 12일, 개정 2007년 1월 24일, 일부 개정 2007년 5월 17일의 과정을 거쳤다. 「4·3 특별법」은 '제주4·3사건의 진상을 규명하고 희생자와 유족의 명예를 회복시켜줌으로써 인권신장과 민주발전 및 국민화합에 이바지함'을 목적으로 하고 있다.

제주시 애월읍 지도

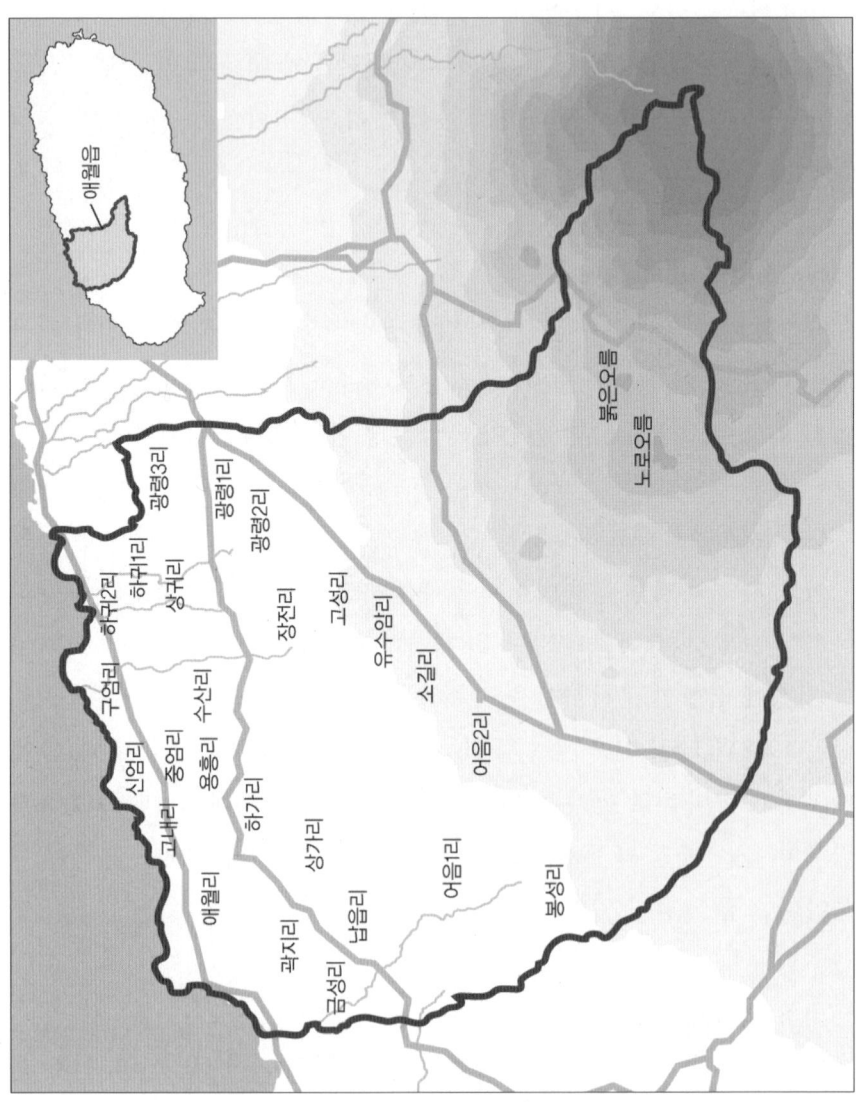

제주시 애월읍은 2012년 12월 기준으로 주민 약 3만 명이 64개의 자연마을에 거주하고 있는 지역으로, 면적은 약 202km² 정도이다. 1935년 신우면이 애월면으로 개칭되었고, 1980년 북제주군 애월읍으로 승격되었으며, 2007년부터 제주시에 편입되었다. 제주4·3 구술자료 총서 5권과 6권은 이 지역 주민의 증언을 바탕으로 만들어졌다.

주요 제주어 용례

-곡 [연결어미]	(표준어) -고 이듸서 밥 먹곡 ᄒᆞ명 놀암시라. ¶여기서 밥 먹고 하면서 놀고 있어라.
-ㄴ뎅 [연결어미]	(표준어) -ㄴ다고, -ㄴ다고 하는 그 사름 오늘 온뎅 소식 와서라. ¶그 사람 오늘 온다고 하는 소식 왔더라
-ㄴ디, -는디 [연결어미]	(표준어) -는데 비 오는디 어디 감디? ¶비 오는데 어디 가고 있니?
-난 [연결어미]	(표준어) -니까 봄 뒈난 날이 ᄃᆞᆺᄃᆞᆺᄒᆞ다. ¶봄 되니까 날이 따스하다.
-난게 [연결어미]	(표준어) -니까 잡을 수 어신 장수난게. ¶잡을 수 없는 장수니까.
-덜 [접미사]	(표준어) -들
-라나신디 [연결어미]	(표준어) -았었는데 옛날은 저 폭낭의도 올라나신디 이젠 보호수렌 ᄒᆞ명 못 올라가게 ᄒᆞ여. ¶옛날은 저 팽나무에도 올랐었는데 이제는 보호수라고 하면서 못 올라가게 해.
-라수게¹ [종결어미]	(표준어) -랐습니다. 저 오름도 올라수게. ¶저 오름도 올랐습니다.
-라수게² [종결어미]	(표준어) -았(었)습니다. 건 우리 집 쉐라수게. ¶그것은 우리 집 소였습니다.
-라시난 [연결어미]	(표준어) -랐으니깐, -랐으니까는 물건 깝 막 올라시난 돈 더 ᄀᆞ졍 가라. ¶물건 값 막 올랐으니깐 돈 더 가지고 가거라.
-레¹ [연결어미]	(표준어) -러 어멍은 일ᄒᆞ레 밧듸 갓저. ¶어머니는 일하러 밭에 갔다.
-레² [연결어미]	(표준어) -려고 무싱거 보레 와시니? ¶무엇 보려고 왔니?

-ㅁ- [선어말어미]	(표준어) -고 있-
	느 어디 감다? ¶너 어디 가고 있니?
-ㅂ주 [연결어미]	(표준어) -ㅂ지요
	저건 우리 쉡주. ¶저건 우리 소지요.
-ㅅ- [선어말어미]	이야기하는 시점에서 볼 때 (이미 이야기가) 완료되어 현재까지 지속되거나 현재에도 영향을 미치는 상황을 나타낼 때 사용.
	먹언 감서. ¶먹고 간다.
-ㅇ^1 [연결어미]	(표준어) -서
	오랑 상 갑서. ¶와서 사서 가십시오.
-ㅇ^2 [연결어미]	장차 할 일을 말하는 데 쓰임. (표준어) -고
	그 사름 닐 옵네뎅 굴으라. ¶그 사람 내일 옵니다고 말해라.
가의, 가이 [명사]	(표준어) 그 아이
경 [부사]	(표준어) 그렇게

	* 경허고 (표준어) 그렇게 하고
	  경헤도 (표준어) 그래도, 그렇게 해도
	  경헤서 (표준어) 그렇게 해서
	  경헨 (표준어) 그렇게 해서
	  경헷다가 (표준어) 그렇게 했다가

그듸 [대명사, 부사]	(표준어) 거기, 그곳
그르후제 [명사]	뒷날의 어느 때
뎅기다 [동사]	(표준어) 다니다
	* 뎅기멍 (표준어) 다니면서
뒈다 [동사]	(표준어) 되다
	* 뒈곡 (표준어) 되고 뒈난 (표준어) 되니까
마씀, 마씨, 마씸 [종결보조사]	서술어 뒤에 연결되어서 존대를 표시함.
	이젠 밥도 잘 먹엄서마씀. ¶이제는 밥도 잘 먹고 있습니다.
	이제랑 가게마씨. ¶이제랑 가십시다.
	첵 보암서마씸. ¶책 보고 있습니다.

멧 [관형사]	(표준어) 몇
밧 [명사]	(표준어) 밭
불다 [동사]	(표준어) -아/어/여 버리다 이거 저레 치와 불라. ¶이거 저쪽으로 치워 버려라.
사, 이사 [조사]	앞에 나오는 단어를 한정하거나 뜻을 강조할 때 사용. (표준어)야, 이야 느사 거 못ᄒᆞ크냐? ¶너야 그것 못하겠냐?
사름 [명사]	(표준어) 사람
쉐 [명사]	(표준어) 소
실렵다 [형용사]	차가운 느낌이 있다. * 실려와서 (표준어) 시려워서
-아근에, -어근에 [연결어미]	(표준어) -고서 경 앚아근에 무신 거 헴시니? ¶그렇게 앉아서 무엇을 하고 있니?
-아난[1] [연결어미]	(표준어) -았던 ᄌᆞ주 타난 ᄆᆞᆯ은 ᄆᆞ음 놩 타도 뒌다. ¶자주 탔던 말은 마음 놓고 타도 된다.
-아난[2] [종결어미]	(표준어) -았었소 난 것도 하영 보아난. ¶나는 그것도 많이 보았었소.
-아낫주 [종결어미]	(표준어) -았었지 밤의 성창의서 몸 ᄀᆞᆷ으명 놀아낫주. ¶밤에 선창에서 미역감으면서 놀았었지.
-아노니, -아노니까 [연결어미]	(표준어) -았으니, -았으니까 술 열 사발쯤 들이싸노니 온전ᄒᆞᆯ 거라? ¶술을 열 사발쯤 들이켰으니 온전하겠니?
-아단 [연결어미]	(표준어) -아다가 바당의서 궤기 나까단 지져 먹엇저. ¶바다에서 고기 낚아다가 지져서 먹었다.
아주망 [명사]	남자가 제수(弟嫂)를 부르거나 남자가 동기(同氣) 이외의 손아래 여자를 부르는 말.
안티, 한티 [조사]	(표준어) 한테

-암수다 [종결어미]	(표준어) -고 있습니다, -고 계십니다
	난 이듸서 놀암수다. ¶난 여기서 놀고 있습니다.
어떵 [부사]	(표준어) 어떻게
-어사 [연결어미]	(표준어) -어야
	보리 고고리 ᄒ나라도 더 주워사 헌다. ¶보리 이삭 하나라도 더 주워야 한다.
-언¹ [연결어미]	(표준어) -어서
	밥 하영 먹언 베불엇저. ¶밥 많이 먹어서 배불렀다.
-언² [연결어미]	(표준어) -고서
	ᄀ사 밥 먹언 흑교에 가라. ¶아까 밥 먹고서 학교에 가더라.
엇다 [형용사]	(표준어) 없다
영 [조사]	(표준어) 하고
	화리영 숫이영 ᄀ져오라. ¶화로하고 숯하고 가져오너라.
-우다 [종결어미]	(표준어) -ㅂ니다
	저건 우리 쉐우다. ¶저건 우리 소입니다.
-으멍 [연결어미]	(표준어) -으면서
	자의 밥 먹으멍 첵 보아라. ¶저 아이 밥 먹으면서 책 보더라.
-으믄, -으민 [연결어미]	(표준어) -으면
	그 말 ᄀ르으믄 욕 듣나. ¶그 말 이야기하면 욕 듣는다.
이듸 [대명사, 부사]	(표준어) 여기, 이곳
이레 [부사]	(표준어) 이리, 이곳으로
-이옌, -이옝 [연결어미]	(표준어) -이라고
	저 사름이 강벨감이옌 ᄒ여라. ¶저 사람이 강별감이라고 하더라.
잇다, 싯다 [형용사]	(표준어) 있다
-저¹ [종결어미]	(표준어) -겠다
	이레 도라, 내 ᄒ저. ¶이리 다오, 내 하겠다.

-저² [종어미]	(표준어) -다
	비 하영 오람쩌. ¶비 많이 오고 있다.
저듸 [대명사, 부사]	(표준어) 저기, 저곳
-젠¹ [연결어미]	(표준어) -려고
	걷젠 ᄒᆞ난 다리 아프곡, 차 타젠 ᄒᆞ난 돈 읏곡. ¶걸으려고 하니 다리 아프고, 차 타려고 하니 돈 없고.
-젠² [연결어미]	(표준어) -다고
	그 사름 밥 먹엇젠 굴아라. ¶그 사람 밥 먹었다고 하더라.
-주¹ [연결어미]	(표준어) -지
	가의난 거주 똔 아의민 경 아니ᄒᆞ다. ¶그 아이니까 그렇지 딴 아이면 그렇지 아니한다.
-주² [종결어미]	(표준어) -지
	비 하영 오람주. ¶비 많이 오고 있지.
-주게 [연결어미]	(표준어) -지
	저런 건 우리 집의도 싯주게. ¶저런 것은 우리 집에도 있지.
-카부뎬 [연결어미]	(표준어) -ㄹ까 보다고, -ㄹ까 싶다고
	간밤의 비 오카부뎬 ᄒᆞ난 아니 오라. ¶간밤에 비 올까 보다고 하니까 아니 오더라.
-쿠다 [종결어미]	(표준어) -겠습니다.
	오널 난 밧듸 가쿠다. ¶오늘 나는 밭에 가겠습니다.

자료: 현평효·강영봉 엮음, 『제주어 조사·어미 사전』(제주: 도서출판 각, 2011)
제주특별자치도 엮음, 『개정증보 제주어사전』(제주: 제주특별자치도, 2009)

찾아보기

주제어

〔ㄱ〕
감찰청 통신과 95
　경찰청 통신과 92, 95
강제징용 235
　징병 42
　징용 80, 176, 178, 235
거류민단 신원증명 190
건국준비위원회 181
검은 개 152, 159
검찰청 49, 218
경우회 100
경찰대 148
경찰 토벌대 163
계엄령 34, 110, 150, 152
계엄사령부 34
고문 73, 164
고사리 공출 41
고성간이학교 159
공습 41, 177
공업학교 전기과 94
공작원 31, 189
공항 학살지 137
과거사 128
　과거사법 211
과거사진상규명위원회 137
　과거사위원회 209, 210, 211
　과거사진상위원회 129
관구왓 25, 27

관덕정 20, 44, 57, 65, 146, 147, 160, 197
관서도민회 198, 199
관음사 109
광신병원 64
광양국민학교 181, 197
광주 지방법원 44
광주사범학교 220
광주지법 목포지청 44
교원 양성소 203
구엄국민학교 94, 184, 185, 217, 248
　구엄초등학교 176
구엄지서 147, 148, 154
구타 66
국가보안법 159, 168, 173
국가유공자 96, 113
국회의원 선거 122
군대환 57
군법회의 92, 93
군사 쿠데타 112
군사재판 136
군정 154
귀일중학교 197
기동대 243
기와공장 240

〔ㄴ〕
나사로병원 64
남로당 19, 21, 22, 129, 133

남로당원 26
남문통 105
노랑 개 152, 159
논산훈련소 186
농업학교 104~106, 110, 119, 120, 164,
　　　 165, 176
　　농림학교 159, 164
눈 감으라 사건 27, 118, 193

〔ㄷ〕
단국중학교 17, 19, 27, 197
단독정부 수립 26
닭 잡아먹는 날 86
당면공장 135
대공분실 189, 190
대구복심법원 44
대구사범 37
대구지방법원 171
대구교도소 97
　　대구형무소 136
대동청년단 103, 147, 208, 251
　　대동청년단원 236
대일청구권 180
도피 147, 152
　　도피자 가족 98
독립유공자 43, 44
동척회사 103, 159, 165
　　주정공장　102, 104, 106, 113, 114,
　　　 210
　　신한공사 제주 주정공장 104
등사기 32

〔ㅁ〕
마포형무소 19, 108, 114

명예회복 99, 155, 231
모스크바 3상회의 21, 22
모슬포 훈련소 235
목포사범 135
목포시장 122
목포형무소 119, 120, 126, 130, 131, 136
목포형무소 탈옥사건 128, 129
　　목포형무소 폭파사건 132
　　형무소 탈옥사건 121
무공수훈자 225
무장대 28, 34, 250
　　공비 96, 192
　　산사름 30, 31, 115, 154, 200
　　폭도 96, 243, 244
　　무장폭도 34, 118, 129, 240
미군 179, 241
민보단　27, 28, 30, 34, 111, 118, 120,
　　　 126, 192
민애청 23, 27
민애청가 24
민주주의 민족전선 23
　　민전 23, 24
민주여성동맹 181
민주주의 26
민주청년동맹 181
　　민청 181, 182, 191, 193
민주화운동 112
민청위원장 181
밀항 199

〔ㅂ〕
바지부대 250
반공법 188, 189
발굴 126, 128, 209

찾아보기 275

발굴단 137, 138
발포 사건 44, 182
방두리왓 학살사건 241
방위군 186
방위병 30
변사 118, 141
보도연맹 201
보병사단 172
보안법 29
부산 보충대 172
북국민학교 20, 21, 46, 122, 123, 147
    북교 181, 197
    북소학교 106
북부예비검속유족회 137, 139, 196, 209
    북부예검 210
불순서적 20
붉은 기 23, 24, 27
    적기가 23
비료배급소 107
비행장 104, 125~127, 138, 186, 235
빗개 148
빨갱이 26, 123, 135, 141, 159, 181, 193, 204, 212
빨갱이마을 112, 115
    빨갱이촌 103
삐라 22, 57

〔ㅅ〕
사령부 30, 31
사망신고서 118
사상범 170
사회주의 115
    사회주의자 115
산림조합장 196

산지축항 폭격 103
삼면유족회 138
서북청년단 150
    서청 99, 109
    서북 25
    서북청년 26, 95, 99
서청 경찰 99
선무공작원 200
성담 154, 247
성산포경찰서 96, 97
세화지서 96, 97, 99
소개 59, 95, 159, 199, 243
    소까이 59, 199, 216
소개령 28, 152
소년단 168
소년형무소 160
수송학교 172, 173
수장 125, 126, 138, 140, 186, 209, 210
수형인명부 92
스리쿼터 25, 105, 106, 107, 111, 113, 124, 134, 163, 169
신엄중학교 247, 249
신엄지서 163, 164, 198, 200, 202, 218, 221
    신엄구치소 200
신우사립 일신학교 176
신원조회 34, 125, 186
신탁통치 21, 22

〔ㅇ〕
아지트 43, 47, 152
애기무덤 31
애월국민학교 159, 228
애월금융조합 106

애월면사무소 176
애월중학원 218
양민증 46, 49, 201, 202
엄쟁이 파출소 162
   엄쟁이 지서 74, 78
연구소 137, 138
연좌제 33, 35, 173, 174, 189, 199, 207, 212, 213, 223, 230
연탄차 160
영모원 35, 115
영창 159
예비검속 50, 126, 135, 138, 139, 184~186, 201, 203
   예비검속유족회 211
오현고등학교 109, 134
오현중학교 25, 49
옥천경찰서 114
외도지서 44, 47, 108, 132, 134, 150, 151, 154, 242
외도지서 장작사건 108, 151
외도초등학교 132
요시찰 인물 126
움막 200
웃드르 28, 94
원대 복귀 219
월남 36
위령공원 115
   위령탑 36
위령제 115, 139
위생병 32
유격대 148, 171
유족회 128, 211, 240
유해 발굴 128, 136, 140, 209
육군사관학교 168, 170

응원대 119, 120, 121, 133
의용군 170
이북 26, 64, 114, 120, 170, 171, 203
   이북 사람 99
   이북 청년 58
인민군 113, 114, 129, 148, 168, 170, 171, 185
   인민군 포로수용소 219, 225
인민위원회 21
인천소년형무소 151, 165, 166
   인천형무소 92, 150, 160, 161, 165~168
일반재판 92, 203
일신학교 185

〔ㅈ〕

자운당 28, 42, 43, 119, 151
자유당 225
장공장 122
장애인증 77
장전국민학교 203
재건 155
재심사 161, 170
재판 160, 171
재향군인회 212
적산관리처 104
전기고문 46~48
전매청 94
정뜨르 비행장 43, 110, 207, 209, 210
제2차 세계대전 24
제주 목관아지 181
제주4·3연구소 92
제주경찰 감찰청 94
제주경찰서 34, 45~47, 49, 50, 95, 96,

181, 186, 207, 210, 222, 229, 243
제주경찰서장 21
제주경찰청 105
제주도 비행장 204
제주신문사 94, 127
제주실록 147
제주일보 122
제주중학교 124
　제중 17
제주차부 113
제주항 125
제주향교 164
제헌의원 선거 26
조수리 사건 32
조일약국 105
조총련 189, 190
조풍환 176
조흥버스 28
종친회 209
주둔소 109, 247
주둔지 148
주모자 150, 154
중공군 포로수용소 219, 225
중앙 천주교 105
중엄지서 243
중정 212, 223
즉결처분 188, 200
지로인 31
지유당 34
진상규명 128
집행유예 49

〔ㅊ〕
찬탁 23

참전용사 113
참정권 149
청년단 243
　청년단장 63
총감방장 121, 130
총살 43, 158, 162, 166
축성 247
치안유지법 44

〔ㅋ〕
콩 볶는 광령 192

〔ㅌ〕
태성약국 248
토벌 30, 31, 96, 153, 199, 200, 221, 242, 243, 246
　토벌작전 114
토벌대 36, 153, 159, 188, 192, 200, 208, 234
통장협의회 208
통행증 49
투표 149
트럭 섬 177~179
특공대 29, 73, 188, 192, 199, 243, 250
　특공대원 27

〔ㅍ〕
평화의 섬 128
포로수용소 171
폭동사건 131
표선지서 96
프락치 130
피난 147, 162

〔ㅎ〕

하귀교회 45
하귀국민학교 118, 119, 135, 185, 228
　하귀소학교 115
하귀발전협의회 35
하귀중학교 25, 43, 44, 46
하귀중학원 16, 27; 37, 40, 45
하귀지서 30, 33, 34, 47, 49, 186
하귀출장소 134, 176, 189
하치마키 도로 152
학살 28, 29, 42
　학살터 137
한국전쟁 135
한국전쟁 직후 예비검속 수장 희생자
　유족회 139
한림항 217
함바집 202
합격통지서 35
합동수사반 229
합동위령비 128
항일애국지사 35
행방불명 19, 82, 92, 94, 95, 129, 167,
　205, 208, 222
　행방불명자 217
　행불자 102
행정구역 146, 155
혁명가 21, 23, 24
형무계장 160
　형무관 161, 168, 169
형무소 탈옥사건 121
화북국민학교 106
후유장애 68
　후유장애인 50, 51
　후유장애자 56

후유증 67
희생자 210
　희생자 통지서 155

〔기타〕

27연대 235
2·7사건 18
2연대 30, 104~106, 109, 110, 246
3·1사건 146, 181, 197
　3·1운동 60, 191
　3·1절 19, 20, 21, 44, 57
　3·1절 기념식 45, 46, 146
4·19 133, 206
　4·19 혁명 112, 133
4·3공원 230
4·3사건 25, 32, 33, 57, 59, 68, 72, 95,
　96, 100, 102~104, 112, 113, 115,
　118, 120, 125, 126, 133, 135, 146,
　148, 158, 159, 161, 162, 170, 191,
　193, 199, 201, 205, 226, 234~236,
　243
　4·3 18, 26, 36, 50, 61, 73, 77, 79, 93,
　94, 115, 135, 147, 152, 184, 199,
　209, 217, 219, 222, 250
4·3사건 유족회 241
　4·3유족회 136, 138, 139
4·3사건 희생자 35
4·3사업소 139
4·3연구소 128, 137, 138, 209, 211
4·3위령제 86
4·3유족 지정 병원 84
4·3후유장애인 카드 84
4·3 장한 어머니상 72
4·3 특별법 99, 137, 211, 213

5·10 선거　26, 149
5·16　34, 35, 112
　　5·16 군사쿠데타　207
　　5·16 군사혁명　34
6·25　36, 50, 57, 97, 105, 108~110, 113,
　　114, 124, 126, 127, 168, 184, 186,
　　211, 219, 226, 230, 235, 243

6·25 사변　123, 129, 135, 154, 161,
　　202
9연대　104, 105, 109, 110, 118, 193, 226
B29기　217
DNA 검사　125, 138
LST　105, 110, 114, 235

인명

[ㄱ]

강계윤 185
강기량 107, 133
강기선 133
강동효 21, 45
강명학 121
강문일 44
강상부 208
강세숙 135
강우정 92
강우택 91
강재생 132
강재철 124
강종국 101, 133
강창식 150
강창영 145
강창옥 117
강창용 122, 123
강창일 137
강창택 150
강창효 42
강창흠 150
강태중 15
강필생 243~245, 250
강항례 202, 203
고남진 198
고순호 55
고창빈 235
고창옥 45, 133
고현술 19
고형호 181
김능권 119

김득중 120
김묘생 100
김봉식 96
김영중 120
김용철 135
김용하 122
김용해 197
김윤옥 137
김인선 160, 212
김정식 167
김정후 107, 111
김종관 99
김홍률 181, 192, 228

[ㄴ]

노무현 128

[ㅁ]

맥아더 장군 113
문기관 181
문두원 224
문영백 181
문효배 168

[ㅂ]

박경아 100
박경훈 21
박기출 202, 203
박동수 157
박영순 37, 43, 45
박은수 162
박정희 112
박종실 21
박창호 175, 182~184, 186, 190

찾아보기 281

박헌영 22
백창원 181, 191, 228
변정일 190
부기전 205
부장우 205

〔ㅅ〕
성순경 96
송구장 241
송요찬 109
신두방 133

〔ㅇ〕
안성찬 106, 111
안세훈 21, 197
양경숙 71
양군옥 181
양두일 199
양상원 165, 166
양용해 195
양창범 82
양창보 125, 202
양창수 208
양창희 82
오용국 26
이근병 149
이근식 202
이덕구 99, 247
이성주 113
이세영 96
이승만 26, 47, 171
이용준 109

이재만 216, 217, 220, 228
이창우 216, 217, 222, 228
이창현 215
임두병 233
임두식 180
임두창 182
임치관 226

〔ㅈ〕
장면 112
전응준 114
전창수 35
조정구 25, 27
조창호 106, 110
진두화 162
진성규 167
진용성 121
진창원 162

〔ㅊ〕
차명택 243, 244

〔ㅎ〕
하달제 241, 242
함병선 109, 246
홍문종 206
홍술생 37
홍창윤 235

지명

〔ㄱ〕
고성 28, 121, 123, 221
관전동 30
광령리 26, 30, 60, 115, 181,
　　　　192, 241
　　광령2리 152
광주 167
구엄 18, 29, 104, 199, 248
군산 216, 218, 224, 227
금덕리 92, 152, 244

〔ㄴ〕
남군 26
남양군도 177
납읍 78
노꼬메오름 31, 199
노형 146
논오름 200

〔ㄷ〕
다끄내 235
다케시마 177
대구 219
대마도 125, 138, 139, 210
더럭 162
덕지동 120, 134
도두리 63
도평 115, 120
돌오름 42
동광리 208
동귀리 16, 19, 34
　　동귀1리 28

동노루오름 153
동문통 20
동수동 96
등터진궤 153

〔ㅁ〕
모슬포 63, 172
무등이왓 208
무수천 146
물레물 127
물장오리 244~246
미국 178

〔ㅂ〕
바굼지오름(파군봉) 81, 178
배부른동산 105
베나모를굴 162
별진밧 236, 250
별진오름 236
　　새별오름 236, 250
볼레오름 152
불덴밧궤 153
붉은오름 96, 153
봉개 244
북제주군 26
비양도 217

〔ㅅ〕
산천단 109
삼도2동 94
삼양 106
상귀리 124, 146, 149, 150
서문시장 65
서문통 65, 164

찾아보기 283

서울 114
석(색)달리 96
성산포 97
성판악 245, 246
셍깃동산 164
소길리 158, 162, 163, 167, 173
소앵동 150
수산리 72~75, 80, 146, 154, 155, 165, 241
수산봉 134
신엄리 18, 29, 74, 95, 103, 107, 119, 151, 199, 201, 216, 222, 235, 241, 228
  엄쟁이 164, 247

〔ㅇ〕
아라동 20
애월읍 65, 82, 206
어승생봉 235
예원동 146, 153
오라리 20
  오라3동 159, 173
오사카 43
  대판 198
오키나와 178
옹포리 224
외도 63, 120
용흥 200
원동 31
유수암리 92, 94, 95
인천 113, 160, 171
일본 56, 57, 197

〔ㅈ〕
장전 60, 68, 73, 79, 196, 200, 202, 203
적악오름 96
제주읍 26
조수리 32
조천 20, 46, 167
중문 96
중엄리 176, 180, 182, 187, 203, 235, 236, 240, 243, 249
지리산 167

〔ㅊ〕
천아오름 148

〔ㅍ〕
파군봉 164
표선 99

〔ㅎ〕
하귀리 18, 28, 31, 35, 36, 63, 64, 81, 82, 103, 104, 110, 112, 115, 118, 125, 178, 188, 242
  하귀1리 16, 28, 36
  가문동 56, 151, 154, 184, 188
  개물 132
  개수동 26
  학원동 132
한대오름 30, 32, 33
항개동네 16, 25
함덕 109
화북 106
흐령돗궤 149

엮은이
제주4·3연구소

사단법인 제주4·3연구소는 민간연구단체로, 제주4·3사건을 전문적으로 조사·연구해 4·3의 역사적 진실과 진상을 규명하고, 이에 대한 정당한 평가를 통해 한국 역사의 올곧은 발전에 기여하고자 1989년 5월 개소했다. 이후 제주 공동체를 폐허로 만든 제주4·3의 진상규명과 명예회복운동에 앞장서왔다. 제주4·3연구소는 각종 국내외 학술대회와 토론회, 역사교실 등을 통해 4·3 관련 연구논문 및 자료집을 발간하고 있으며, 국내외 관련 자료 수집, 4·3 경험자들에 대한 증언채록 사업, 4·3유적 및 유물 조사 사업, 암매장·학살지 조사 및 유해 발굴 사업 등을 벌이고 있다.

구술 정리
김창후(제주4·3연구소 소장)

채록
김은희(팀장), 강태권, 고성만, 송지은, 이은영, 장윤식

제주어 감수
권미소(제주대학교 국어국문학과 박사과정)

한울아카데미 1538
제주4·3 구술자료 총서 05
다시 하귀중학원을 기억하며

제주4·3연구소 ⓒ 2013

엮은이 | 제주4·3연구소
펴낸이 | 김종수
펴낸곳 | 도서출판 한울
편집책임 | 배유진
편집 | 서성진

초판 1쇄 인쇄 | 2013년 3월 18일
초판 1쇄 발행 | 2013년 4월 3일

주소 | 413-756 경기도 파주시 파주출판도시 광인사길 153(문발동 507-14) 한울시소빌딩 3층
전화 | 031-955-0655
팩스 | 031-955-0656
홈페이지 | www.hanulbooks.co.kr
등록번호 | 제406-2003-000051호

Printed in Korea
ISBN 978-89-460-5538-4 93910(양장)
    978-89-460-4707-5 93910(학생판)

* 책값은 겉표지에 표시되어 있습니다.
* 이 도서는 강의를 위한 학생판 교재를 따로 준비했습니다.
  강의 교재로 사용하실 때에는 본사로 연락 해주십시오.